행복한 독서를 위한 독서 태도 교육

한국초등국어교육연구소 번역총서 ❷

# 행복한 독서를 위한 독서 태도 교육

초판 1쇄 발행  2017년  3월  2일
초판 2쇄 발행  2019년 12월 16일

저     자  Eugene H. Cramer, Marrietta Castle
역     자  이경화, 박태호, 안부영, 하근희, 최민영
펴 낸 이  박찬익
편 집 장  한병순

펴 낸 곳  ㈜**박이정**
주     소  서울시 동대문구 천호대로 16가길 4
전     화  02) 922 - 1192~3
팩     스  02) 928 - 4683
홈페이지  www.pjbook.com
이 메 일  pijbook@naver.com
등     록  2014년 8월 22일 제305-2014-000028호

ISBN  979-11-5848-282-4 (93370)

한국초등국어교육연구소 번역총서 2

행복한 독서를 위한

# 독서
# 태도
# 교육

Eugene H. Cramer, Marrietta Castle 지음

이경화, 박태호, 안부영, 하근희, 최민영 옮김

(주)박이정

인간의 삶에서 독서의 중요성은 따로 이유를 들어 설명하지 않아도 누구나 알고 있다. 새로운 정보를 얻을 때에도, 학교에서 학습을 할 때에도, 시험지의 문제를 읽을 때에도 독서는 필요하다. 독서는 독자와 다른 세상을 연결해 준다. 그리고 독서는 자신의 삶을 성찰하고 미래를 통찰하게 해 준다. 또 독서를 통해 인성 함양은 물론 상상력, 창의력 등의 사고력 계발도 가능하다.

이러한 독서의 중요성에도 불구하고 실제 우리나라 성인이나 학생의 독서량은 매우 낮은 편이다. 이러한 현상은 독서 습관과 관련된다. 오늘날 독서 능력이 뛰어난 사람은 많지만 책을 즐겨 읽는 습관을 가진 사람은 드물다. 학년이 올라감에 따라 이런 현상이 두드러지고 있다. 학생들의 독서 습관 형성을 저해하는 이유는 다양하겠지만, 그 중에서도 다양한 즐길거리의 발달과 독서 교육 부재가 가장 크다고 할 수 있다.

학생들은 학년이 올라감에 따라 점차 다양한 종류의 오락물들을 접하게 된다. 특히 스마트폰이 대중화된 이후에는 조금도 심심하거나 생각할 시간이 없어졌다. 걸어가면서도, 차 안에서도, 잠자기 전에도 스마트폰의 버튼만 누르면 손쉽게 오락을 즐길 수 있다. 다양한 게임, 친구들과의 대화, 동영상 시청 등 독서에 비해 훨씬 적은 인지적 부담을 요구하면서 재미있는 것들을 너무나 쉽게 접할 수 있다. 물론 그들 대부분이 말초적이거나 단순한 즐거움만을 제공하고, 생각하는 힘을 길러주는 것과는 거리가 있지만 오히려 그러한 점 때문에 학생들은 독서보다는 이러한 활동을 더 즐겨하게 된다.

다음으로, 지금까지 독서 교육에서는 어떻게 하면 더 잘 읽을 수 있는 능력을 길러줄 것인가에 초점을 맞추어 왔다. 즉, 독서를 하면서 글의 내용을 잘 이해하고, 요약하며, 평가하는 능력을 기르는 것을 독서 교육의 목적으로 삼았다.

이렇게 독서의 인지적 영역을 강조하게 되면서 학년이 올라감에 따라 학생들의 독해 능력은 향상되었다. 그러나 독서를 즐겨 하는 태도에 대한 교육인 정의적 영역(情意的 領域, affective domain)에 대한 교육은 소홀해지는 결과를 낳았다. 구슬이 서 말이라도 꿰어야 보배라는 말처럼, 아무리 독서 능력이 우수하다 하더라도 독서를 하지 않는다면 소용이 없다. 그러므로 앞으로의 독서 교육은 어떻게 하면 독서를 생활화할 수 있는가, 어떻게 하면 독서를 스스로 하려는 사람으로 자라나도록 할 수 있는가에 초점을 두어야 할 것이다.

한편에서는 독서의 정의적 영역 교육 가능성에 대하여 회의적인 시선을 가지고 있는 것이 사실이다. 독서에 대한 태도는 어릴 적 가정에서부터 길러진다거나, 단기적 교육으로는 변할 수 없기 때문에 특정한 교육으로 독서 태도를 변화시키는 것이 가능하지 않다는 생각, 재미있는 책을 스스로 찾아 읽을 때에 독서 태도가 자연스럽게 형성된다는 생각이 오래전부터 존재해 왔다. 또한 독서 태도를 긍정적으로 변화시킬 수 있는 특별한 방법을 알지 못하거나 그런 방법은 있을 수 없다는 생각들 때문에 효과를 검증받은 다양한 전략이 계발되어 있는 독서의 인지적 영역에 대한 교육이 더욱 강화되기도 했다.

이 책은 독서 태도의 교육적 가능성에 대한 부정적인 시선을 거부하고, 학부모와 독서 교육에 관심을 가지고 있는 사람, 교사들이 쉽게 접근할 수 있는 다양한 전략을 소개한다. 그래서 각급 학교 현장에서 학생들에게 독서의 즐거움을 느끼게 하고 행복한 독서 교육을 실천하고자 하는 교사, 예비교사, 독서 동기를 높이고자 하는 독서지도사, 가정에서 자녀를 성공적인 독자로 성장시키고자 하는 부모 등에게 좋은 안내와 지침이 될 것이다.

이 책은 총 5부로 나뉘어져 있으며, 각 부의 제목은 독서 태도의 이해, 독서 태도에 영향을 주는 요인, 독서 동기 증진, 자율적인 독자로 이끌기, 독서의 생활화를 위한 프로그램이다. 이 책을 읽는 독자는 독서 태도 모형을 이해하고 독서 태도에 영향을 주는 다양한 요인을 파악할 수 있을 것이다. 그리고 학생들을 성공적인 독자로 성장시키기 위한 교사, 부모의 역할을 알고, 학생들의 독서 동기를 높이기 위한 다양한 독서 수업 아이디어를 적용할 수 있을 것이다. 나아가 자율적인 독자로 이끌기 위해서 책 읽어주기 활용 등의 맞춤형 프로그램을 활용할 수 있을 것이다.

이 책을 읽고 이 책에서 소개하고 있는 다양한 방법과 전략이 학생들의 독서 태도 교육에 도움이 되기를 바란다. 또한 이 책에서 소개한 방법을 활용하고 발전시켜 다른 더 좋은 전략이 개발되고, 소개되기를 바란다. 그래서 더 많은 학생들이 더욱 긍정적인 독서 태도를 가지기를 바라는 역자들의 바람이 이루어지기를 기대해 본다.

이 책이 나오기까지 여러 번의 교정을 해 준 한국교원대학교 강동훈, 최종윤, 강미정 박사, 신윤경, 이경남, 송민주, 인민지, 신선희 박사과정, 강서희, 박혜림, 신유경, 심선연, 유정오, 김창열, 신의경, 육인경, 이정인, 이향래, 정재임 석사 선생님에게도 고마움을 전한다. 끝으로 독서 태도 교육의 필요성에 공감하며 흔쾌히 책을 발간해 준 박이정 사장님, 박이정 편집진에 심심한 사의를 표한다.

2017년 2월
역자 일동

이 책은 독서 교육에서 가장 중요하고 핵심적인 목적 즉, 어떻게 하면 학생이 읽기를 좋아하게 만들 수 있을까에 대한 고민을 담고 있다. 이 책은 즐거움 및 정보 얻기 등 다양한 목적으로 읽기를 수행하는 학생의 독서 동기를 자극하여 내적 보상만으로 읽기를 즐겨 하는 학생을 만드는 것과 그것을 위한 교사의 역할에 대한 논의를 담고 있다.

독서 교육 프로그램의 성공 여부는 학생들이 자발적으로 독서를 하는 빈도와 열정적으로 독서를 하려는 태도로 평가할 수 있다는 점에 대부분 동의할 것이다. 이것은 교사, 학부모, 정부, 연구자들이 서로 협력해야만 이루어낼 수 있다. 독서 환경을 변화, 발전시키기 위해 이들 모두가 협력한다면 독서를 좋아하는 학생을 길러낼 수 있다. 이 책은 가정에서 시작된 독서에 대한 흥미를 교실에서 발전시키고 이를 바탕으로 평생 독자를 기를 수 있다는 내용을 담고 있다.

어찌 보면 이 책의 출간은 매우 시기적절한 셈이다. 1992년 미국에 있는 IRA(International Reading Association)소속 학회 중 하나인 National Reading Research Center는 교사를 대상으로 가장 중요하게 인식되어야 하는 학문 분야가 무엇인가에 대한 설문을 실시한 적이 있었다. 설문 결과, 상위 10개 영역 중 4개가 독서 동기와 관련이 있는 것으로 나타났다. 구체적으로는 읽기에 대한 흥미를 가지는 것, 그래서 많은 책을 읽게 하는 것, 내적 동기에 의해 책을 좋아하게 만드는 것, 그런 학생을 기르기 위해 교사, 친구, 부모가 어떤 역할을 해야 하는지에 대한 것과 같은 독서 동기에 대한 것이다. 이 책에서는 그러한 관심을 해결하기 위해 학생들에게 독서 동기를 부여하는 다양한 방법을 제시하고 있다.

동기에 대해 많은 관심을 기울이는 이유는 교사와 연구자들이 독서 교육에서 직면하는 여러 가지 문제가 동기와 직접적으로 관련이 있다고 인식하기 때문이다. 이 책은 학생들의 독서 능력 발달과 관련되는 동기 이론과 연구에 터하고 있다. 이 책의 저자들은 독서에 대한 즐거움과 가치를 알도록 교실의 환경을 변화시키는 방법에 대해 새로운 관점을 안내하고 있다. 이 책은 모든 교사에게 도움이 될 것이다.

누구나 모든 학생이 평생 동안 독서를 하는 사람이 되기를 바라기 때문에 독서에 대한 흥미를 발달시키는 것은 교육과정에서 가장 중요한 요소가 될 것이다. 이 책은 이러한 가치 있는 목적을 달성하기 위해 교사들에게 풍부하고 의미 있는 자료가 될 것이다.

Linda B. Gambrell
Maryland 대학 교수

## 3부 독서 동기 증진

## 4부 자율적인 독자로 이끌기

## 5부 독서의 생활화를 위한 프로그램

# 평생 독자를 기르기 위하여

*Eugene H. Cramer*

*Marrietta Castle*

왜 사람들은 책을 읽지 않는가? 왜 책을 읽을 수 있는 능력이 있음에도 책을 읽지 않는가? 왜 정보를 얻기 위해서, 즐거움을 얻기 위해서 독서를 하지 않는가? 글을 읽고 쓸 수 있으면서, 또 학교의 교육과정을 제대로 수행하였으면서 왜 즐거움을 얻기 위한 독서를 하지 않는가? 독서는 우리의 삶에서 얼마나 중요한가? 평생 독서를 하는 독자를 만들기 위해 학교는 무엇을 해야 하는가? 교사는 읽기를 좋아하는 독자를 만들기 위해서 무엇을 해야 하는가? 이 책에는 독서 흥미와 독서 동기에 관한 여러 가지 이론이 소개되어 있다.

과거 몇 년 동안 독서 태도에 대한 관심이 높아지고 있다. 학교 교육 전문가나 연구자들은 독서 교육, 독서 동기나 독서 태도의 중요성을 점차 제기하기 시작했다. 그러므로 독서 교육 프로그램에는 다음과 같은 내용이 포함되어야 할 필요가 있다.

1. 독서 태도는 독서의 인지적인 부분만큼 중요하다.
2. 그러나 독서 태도에 관한 지도는 중요하게 다루어지지 못하고 있다.
3. 독서 태도 요소는 측정될 수 있다.
4. 독서 태도 분야에 관한 체계적인 연구가 필요하다.

## 문맹은 심각한 문제이다.

여러 나라에서 국민들의 문맹률에 관한 충격적인 보고서가 여러 차례 나온 바 있다. 거의 매일 방송에서는 읽기 수준을 향상시키기 위한 노력이 필요함을 강조한다. 이에 관한 연구가 많이 쏟아져 나올 뿐 아니라 정부도 문식성(literacy, 읽기와 쓰기 능력)을 향상시키기 위한 기관을 설립하는 데 엄청난 재정을 쏟아붓는 등 읽기 수준을 향상시키기 위해 나서고 있다. 이 문제를 해결하려면 읽기의 정의적 영역을 고려해야 한다.


## 문맹보다 책을 읽지 않는 것이 더 큰 문제이다.

문맹이 심각한 문제임은 말할 것도 없지만 책을 읽지 않는 것은 그보다 더한 문제이다. 책을 읽지 않는다는 것은 '읽기 습관의 부족'으로 정의할 수 있다. 특히 "책을 읽을 능력이 있지만 자발적으로 책을 읽지 않는 사람(Harris & Hodges, 1981, p.11)"이 더 큰 문제이다.

미국에서 문맹자는 대략 1/5정도라고 본다. 즉 읽을 능력이 없는 성인이 인구의 대략 20%라는 셈이다. 한편 미국의 인구 중 '읽을 수 있으나 읽지 않는 사람들'의 수를 정확하게 측정하는 것은 매우 어렵다. 조사에 따르면 성인의 대략 20% 정도만 자발적으로 읽는다. 다시 말해서, 미국인 5명 중 4명이 읽을 수 있으나 단지 1명만 실제로 책을 읽는다. "학교를 벗어나면 성인 미국인의 60%가 단 한 권의 책도 읽지 않으며, 그 나머지는 1년에 한 권 정도 읽는다."는 연구도 있다 (Woiwode, 1992, p.1). 슈피겔(Spiegl, 1981)은 1972년 갤럽 여론 조사를 통해 미국 인구의 10%가 미국에 있는 책 80%를 읽는다는 연구 결과를 제시하기도 하였다. 1986년 갤럽 여론 조사에서는 미국 성인의 14%가 "여가 시간을 보내는 가장 좋은 방법이 독서"라고 말하였는데 이 수치는 1938년 텔레비전이 나오기 전 시절에 독서를 좋아한다고 말했던 21%보다 적은 수치이다.

학생들은 대략 12년 동안 읽기의 방법을 배우는데 이 기간 동안 읽기 전략은 매우 정교화된다. 저학년 학습자들은 기초 해독을 학습하고 글(책)을 읽으며 의미를 구성하는 방법을 배운다. 초등학교 고학년 학습자들과 중,고등학교 학습자들은 다양한 읽기 목적을 가지고 여러 가지 읽기 자료를 재구성하고 이해하고 정보를 이용하는 것을 배운다. 그러나 학교 정규 교육과정이 끝나면 많은 사람들이 독서를 자발적으로 하지 않게 된다.

읽기에 대한 긍정적인 태도를 형성하도록 하기 위해 수 년 동안 여러 가지 활동이 전개되었으나 읽기 지도 측면에서 이러한 활동은 성공적이지 못했다. 1908년 휴이(Edmund Burke Huey)는 다음과 같이 언급하였다.

널리 퍼져 있는 독서 교육의 방법 중에는 책에 대한 잘못된 습관과 태도를 길러주는 것들이 있다. 방법은 변화하지만 학생들의 정서적 요구와 관련된 필수적인 요소에 대한 제대로 된 교육방법이 부족하다. 또한 학생의 요구를 충족시켜 줄 계획이 부족하다. 학생에게 꼭 필요한 읽기 자료만이 새로운 독서 동기(motive)를 불러 일으킨다.

학생들은 독서를 기계적으로 배우기를 원치 않는다. 학생들은 분명히 읽는 것에 대한 "개인적인 갈망"을 가지고 있다. 학생들은 자신의 경험을 바탕으로 읽고 그것의 의미를 알아야 한다(pp.305-306).

예전에 어떤 교사가 "모든 교사는 학생이 독서를 좋아하도록 만드는 것을 교육의 목적으로 삼아야 한다. 그래야만 그들이 평생 동안 책 읽기를 하는 독자가 될 수 있다. 만약 학생이 독서를 좋아하게 된다면 읽기 전략들도 큰 어려움 없이 학습할 수 있다."고 하였다(Mayne, 1915, p.40). 현재에도 이와 같은 생각이 이어지고 있다. 미국 독서 위원회(U.S Commission on Reading)에서 출판한 『독서 국가로 성장하기(Becoming a Nation of Readers)』는 "독서를 잘하고 좋아하는 학생 수가 증가한다는 것은 유능한 독자가 증가한다는 것뿐만 아니라 독서 교육의 목적이 달성되고 있음을 의미한다(Anderson et al., 1985, p.15)."고 언급한다.

최근에는 독서 동기가 낮은 원인을 규명하려는 연구가 진행되었다. 이 문제에 관한 연구의 결론은 다음과 같다.

독서 교육의 가장 큰 장애는 읽기에 대한 인지적 문제가 아니라는 점이 명백해졌다. 책을 읽지 않는 원인은 학생들이 배울 수 없어서가 아니라, 학생들이 읽기를 원하지 않기 때문이다. 읽기, 쓰기, 기초 연산 및 다른 교과의 학습에서 나타나는 문제는 학생들이 학습에서 얻을 수 있는 내적 보상이 있을 때 좀 더 잘 해결될 수 있다(Csikszentmihalyi, 1990, pp.115-116).

## 책을 읽지 않는 이유

사람들이 책을 읽지 않는 이유를 생각해 보자. 여기에는 역사적인 견해에 기댄 이유도 있고 상식적으로 짐작해 볼 수 있는 이유도 있다.

첫 번째 이유는 사람들이 강제성을 지닌 전통적인 독서 지도 방법들을 긍정적으로 인식하지 않기 때문이다. 그래서 동기를 강조하는 프로그램과 주입을 위한 프로그램 사이에 적정한 프로그램이 필요하다. 이에 여러 학교에서는 독서 지도를 강제적으로 하지 않고 "그냥 읽도록 하는 방법"으로 지도하려고 한다.

두 번째 이유는 "주입식 교육을 피하려는" 정책에 기인하였다고 볼 수 있다. 이러한 의견을 따르는 사람들은 긍정적인 독서 태도가 개인적이고 개별적인 것이어서 공적인 방법이나 안내로 길러질 수 없다고 본다. 즉, 독서는 개인적(personal)이라 철저한 검사나 등급화의 문제가 될 수 없다고 보았다. 또한 일부 교육자들은 정의적 영역이 학교 프로그램이 시행되기 이전에 형성되며 어린이들의 긍정적인 태도가 자연스럽게 발전된다고 믿는다.

이전에, 교육자들 사이에는 독서의 정의적 요인이 비교적 짧은 교육 기간에는 획득될 수 없으므로 평가(evaluate)할 수 없다는 공통적인 가정이 있었다. 이 가정은 일부분은 맞는 말이긴 해도 학생들의 실제 독서 태도를 평가하기(assess)를 원한다면 몇 가지 방법이 있다.[1] 에스테스 태도 평가(Estes, 1981), 미커렉키 독서 태도 측정(Mikulecky, 1978), 맥케나와 키어의 기초적인 독서 태도 조사(McKenna & Kear, 1990), 털록—로디, 알렉산더(Tullock-Rhody & Alexander, 1980)의 중고등학교 학생들의 독서 태도 측정 검사 등을 비롯한 여러 가지 도구들은 학생들의 독서 태도를 측정하는 유용한 도구이다. 정책 입안자들이 인지적 영역의 평가만큼 독서의 정의적 영역 평가를 중요하게 생각한다면 측정할 수 있을 것이다.

세 번째 이유는 교사들이 독서 지도법을 배울 때에 정의적인 측면에 대한 교육을 거의 받지 못했기 때문이다. 요즘 인기 있는 독서 지도법 책을 살펴보아도 독서의 정의적인 면에 대한 내용

---

1 우리말로 번역을 하면 assess와 evaluate 모두 '평가하다'가 된다. 그러나 여기에서는 평가의 초점이 다른 두 개의 뜻으로 볼 수 있다. assess가 교육의 질 보장과 지속적인 개선을 목적으로 한 평가로서 정보의 제공을 중요하게 생각함을 뜻한다면, evaluate는 상대평가의 개념이 강하여서 서열화에 좀 더 초점을 둔 낱말이다. (역자 주)

을 거의 다루지 않거나, 포함되어 있더라도 책의 마지막 장 정도에서 다루고 있다. 독서의 정의
적인 면의 중요성을 고려할 때 독서 동기는 예비교사는 물론 현장 교사에게도 매우 중요한 학습
주제이다.


## 이 책의 내용

이 책의 장들은 독서 태도와 읽기 지도 방법 간의 관계를 이해하고 이에 관한 견해를 가질 수
있도록 하는 목적에서 제시되었다. 이 책의 저자들은 독서 칼럼에서 독서의 정의적인 면에 대해
서 다양한 관점을 보여주고 있으며, 정의적 영역의 중요성을 강조하고, 교사가 학생이 즐거움과
지식을 얻기 위해 독서를 하는 평생 독자로 발전시킬 수 있음을 강조한다.

1부에서는 독서 태도의 의미와 개념을 분명히 하였다. 1장에서 클라인(Lloyd Kline)은 책을
읽는 것이 사회의 맥락을 읽는 것이라고 한다. 그는 '정의적'이라는 의미 속에 "신념을 지키는
것"을 포함시킨다. 맥케나(Michael Mckenna)는 2장에서 독서 태도 형성에 관한 이론적 모형을
소개한다. 이 모형에 대해서는 이 책의 여러 곳에서 논의가 될 것이다. 3장은 넬(Victor Nell)의
책 『즐거움을 위한 읽기』(Lost in a Book: The psychology of Reading for Pleasure(1988))
의 일부분을 발췌한 내용이다. 그는 사람들이 어떻게 독서를 하게 되는가에 대한 독서 모델을
제시하였다.

2부는 학생들의 독서 태도에 대한 논의와 긍정적인 독서 태도를 발달시키기 위한 방법에 대한
논의를 담고 있다. 4장에서 피셔(Peter Fisher)가 제시하는 어른과 어린이의 독서 태도에 대한
통찰은 흥미로운 시사점을 제공한다. 또한 4장에서는 여러 다양한 집단의 어린이들에게 인기 있
는 도서가 무엇인지 소개하고 있다. 5장에서 에드워드와 듀이어(Edward & Evelyn Dwyer)는
학생에 대한 교사의 태도와 이 학생들의 읽기 성취 수준과의 관계를 통해 의미 있는 결과를 제시
한다. 이러한 연구를 통해 교사는 학생들 간의 차이를 고려할 수 있게 될 것이다. 6장에서 스피겔
(Dixie Lee Spiegel)은 지난 4세기 동안 독서 흥미를 길러주기 위한 부모의 역할과 그 자녀의
성취 정도에 관한 연구를 제시한다. 이 장에서는 성공적인 독자를 기르기 위한 부모의 역할을
살펴볼 수 있다.

3부에서는 읽기 전문가, 교사, 그리고 부모가 학생들의 동기를 길러줄 수 있는 전략을 소개하

였다. 7장에서 존과 반리스버그(Jerry Johns & Peggy VanLeirsburg)가 내적 동기, 외적 동기와 이들의 효율적인 관계에 대해 소개한다. 이들은 읽기 능력이 부족한 독자들과 일반 독자를 위한 교실 전략을 소개하고 있다. 8장에서 시나트라(Richard Sinatra)는 문학과 시각 예술이 어떻게 통합될 수 있는가를 보여주고 있다. 교사와 교육과정 전문가는 읽기와 쓰기를 시각 예술과 의미 있게 통합한 다양한 학교 프로그램에서 흥미 있는 읽기 전략들을 이용할 수 있을 것이다. 9장에서 세실(Nancy Lee Cecil)은 교사가 어떻게 읽기와 쓰기의 기본이 되는 어휘를 가르치는 것이 좋은가에 대하여 논의한다. 그에 따르면 역동적인 언어 학습 프로그램의 5가지 구성요소를 활용하면 학생들은 활기를 띠며 공부를 하게 된다. 그리고 어떻게 이러한 요소들을 성공적으로 적용할 수 있는가를 많은 예를 들어 상세히 설명한다. 크래머(Eugene Cramer)는 교사가 읽기와 쓰기를 통해 동기를 자극할 수 있다고 보았다. 그 생각은 10장에서 볼 수 있는데, 지난 5년 동안 워크숍을 통해 얻은 생각들을 정리하여 평균 수준의 일반 학습자들뿐만 아니라 특수 교육, 이중 언어 교육, 다문화 교육 그리고 읽기 부진아 교육 담당자들에게 유용한 내용을 안내한다.

4부는 학습자가 독서와 자신의 삶을 연결지을 수 있도록 도와주는 장치를 소개하고 있다. 11장에서 캐슬(Marrietta Castle)은 능숙하지 않은 독자를 도와주기 위해서 교사는 책을 고르는 모델이 되어주거나 적절한 읽기 자료를 제공해 주거나 책 읽기를 장려하는 역할을 해야 한다고 강조한다. 이 장에서는 긍정적이고 상호작용적인 태도를 불러일으키기 위해서 구성주의적으로 접근하고 있다. 12장에서 네이플(June Knafle)은 어린이와 청소년을 위한 책에 나타난 가치들의 연관성을 분석한다. 그녀는 학생과 교사 사이에서 활발한 논쟁이 일어날 수 있는 문화적, 정치적 이슈의 비밀을 풀어낸다. 13장에서는 중요하지만 제대로 다루어지지 못했던 새로운 관점 즉, 어린이 도서의 독자로서 예비교사에 대한 내용을 담고 있다. 블라코비치와 위메트(Camille Blachowicz & Cathryn Wimett)는 예비교사는 학생들이 읽는 작품을 읽어야 함을 강조하며, 읽기 과정에서 어떠한 교수 전략을 제시해야 하는가에 대한 내용도 제시한다.

5부는 독서 태도 프로그램의 발달에 대한 내용을 담고 있다. 14장에서 히팅턴(Betty Heathington)은 읽기에 대한 긍정적인 태도를 길러주기 위해 교사가 교사로서의 역할과 교육과정 사이에서 어떤 선택을 해야 하는가를 시나리오를 통해 보여준다. 또한 학생들의 독서 태도를 긍정적으로 발달시키고 유지시키기 위한 특별한 교수 전략을 제시한다. 15장에서 리처드슨(Judy Richardson)은 중, 고등학교 학생들에게 소리 내어 읽어주기를 어떻게 적용하면 좋은가를 제시한다. 또한 이 장에서는 내용교과와 소리 내어 읽어주기를 어떻게 통합하는가를 보여주고 학생들의 상호 작용과 전략을 어떻게 사용하는가를 예를 들어 설명한다. 슐츠(Irene Schultz)는 16장에서 독서에 소극적인 학생들을 위해 읽기 자료를 어떻게 제작하고 만들 수 있는가를 보여준다. 이 장의 내용은 교사뿐만 아니라 부모, 고등학교 학생들에게도 매우 유용하다. 가르시아(Cara Garcia)는 현직 교사 교육에 영향을 주는 요인에 대해 논의하고, 정의적 독서 교육 프로그램을 도입할 때에 수요자 중심(client-centered)이 되어야 함을 제안한다. 17장에서는 비지시적이고 비형식적인 교사 교육을 통해서 이러한 기술이 발전되는 과정을 보여준다.

독서 칼럼에서 미커랙키(Larry Mikulecky)는 문자 사회를 위해 필요한 요소들을 이야기하고 있다. 그는 읽을 수 있을 뿐만 아니라 이해를 하면서 혹은 몰두를 하면서 읽기를 하는 것이 필요하다고 보았다. 효율적인 읽기 지도를 위해서 교사가 모든 수준에서 필수적인 도움을 제공해야 한다는 그의 이러한 생각은 이 책의 여러 부분에서 강조되고 있다.

이제 정의적 영역은 독서 교육의 그림자로서의 위치에서 벗어나 자신의 모습을 드러낼 것이다. 독서 동기는 학문의 케이크 위에 있는 장식과 같은 존재가 아니다. 정의적 영역은 독서 방법을 지도하는 책에서 마지막 장에 기술되어서는 안 된다. 많은 교육자들은 독서 지도에서 정의적 요인이 독자를 발달시키는 핵심임을 인식해 가고 있다.

이 책의 내용은 예전부터 교사들을 위한 책에 명확하게 언급되었으며(에이튼Aiton, 1916, p.61), 오늘날에도 매우 적절하다.

독서 교사는 다음의 세 가지를 학생들에게 반드시 가르쳐야 한다.
1. 읽는 방법(How to read)
2. 읽어야 할 책(What to read)
3. 읽기 그 자체(To read)

# 1부
# 독서 태도의 이해

오늘날 교육 기관이 걱정하는 가장 큰 문제는 아마도 책을
읽을 수는 있지만 독서를 선택하지 않는 학생일 것이다.
우리가 고민할 문제는 책을 읽지 못하는 것에 대한 것이
아니라 책을 읽지 않는 것에 대한 것이다.

- K. Thomas & G. Moorman

# 1장

# 독서에 대한 오해

*Lloyd W. Kline*

우리는 그동안 정의적 독서(affective reading)[1]에 대해 꾸준히 배워 왔다. 그런데도 정의적 독서에 대해 알지 못한다고 생각하는 사람이 많다. 아래 내용은 정의적 독서와 관련하여 흔히 들어봤을 내용이다. 지금까지 정의적 독서와 관련이 없는 내용이라고 생각했을 세 가지 근거 없는 믿음에 대해 생각하면서 정의적 독서와 독서가 어떻게 관련이 있는지 생각해 보자.

오해 1
## 책을 읽는 사람이 점점 줄어들고 있다.

책을 읽는 사람이 점점 줄어들고 있다! 이 말은 사실이 아니다. 미국 쓰레기 매립장의 40%는

---

1  정의적 독서(affective reading)는 독서 자체 혹은 독서 내용에 대하여 독자가 어떻게 평가하고 생각하고 있는지에 대한 심리적, 정서적 반응을 말한다. 정의적 독서는 독서 동기(motivation), 독서 행동과 내용에 대한 태도(attitude), 독자의 입장(stance), 사회문화적 가치와 신념 등으로 구성된다(Ruddell & Unrau, 2013). (역자 주)

대부분 글을 출력한 종이이다. 미국 사회가 되돌릴 수 없는 문맹의 길에 들어섰다고 단언하는 것은 틀린 말이다. 사람들이 읽는 대상과 읽는 까닭은 분명 변화하고 있다. 그러나 그러한 변화는 쿠텐베르크 이후 계속된 것이다.

도시의 낙서, 범퍼의 스티커, 티셔츠의 글귀도 메시지를 전달한다. 대부분 화려한 그림으로 이루어졌지만 일부는 순수시이며, 놀라운 지혜와 통찰을 담고 있다. 사실 잡지는 가치있는 소설을 소개하거나 누군가를 계몽하는 것보다 주로 마케팅이 목적인 경우가 많았다. 그런데 어린이 잡지의 일부분은 어린 독자의 관심과 즐거움을 목적에 두었고 Sassy[2]와 같은 잡지는 불과 몇 년 동안 큰 발전을 하여 미국의 베스트 잡지가 되었다. 정기 간행물이 급증하면서 가판대에 다 올리지도 못할 정도가 되었다.

전자 시대가 도래하여 종이를 더이상 쓰지 않게 될 것이라고 생각하는 사람들도 있다. 그러나 컴퓨터를 활용하는 요즈음도 계속해서 종이 인쇄물은 생산되고 있다. 키보드는 26개의 알파벳 글자로 표준화되어 사용되고 있다. 컴퓨터는 누구든지 즉각적으로 인쇄할 수 있게 하여 인쇄물을 계속해서 만들어내고 있다.

여전히 책은 많은 의미를 전달하고 있고 전자 시대에 오히려 책의 종류가 급증하는 모습을 볼 수 있다. 가수들은 신화에 나오는 인물의 이름을 차용하거나 그것을 이용하여 노래의 주제나 제목을 정하기도 한다. 책은 여전히 많은 의미를 주고 있고 많은 사람들은 책을 읽고 있다.

## 오해 2
## 독서를 하면 좋은 것이고, 독서를 하지 않으면 나쁜 것이다.

독서가 좋다는 것은 누구나 알고 있다. 그런데 이 말은 거짓은 아니라고 할지라도 오해의 소지가 있는 말이다. 본질적으로 독서는 좋은 일이다. 또한 독서가 본질적으로 나쁜 것도 아니다. 독서를 언제 하느냐보다 중요한 것은 누가 무엇을 왜 어떻게 읽느냐 하는 점이다. 위험한 교차로에서 정지 표지판에 주의하지 않거나 표지판 읽기에 실패하면 사고가 날 수 있다는 것을 알지만 아무도 독서광이 더 도덕적으로 우수하다거나 안전을 추구하는 운전자라고 생각하지는 않는다.

---

2 십대 소녀를 위한 간행물이며, 지금은 발간되지 않음. (역자 주)

독서 여부가 절대적으로 중요한 것은 아니다. 스스로 일상에서 독서를 자주한다고 자부하는 사람들도 종종 독서하지 않는 것을 효율적으로 선택하곤 한다. 처음으로 일요일 판 '뉴욕타임즈 (The New York Times)' 전체를 읽으려고 시도했을 때, 그 다음 주 수요일이 되어도 절반조차 읽지 못하는 사람이 많은 것은 당연하다. 우리 주변에는 읽고자 하는 의욕에 비해 더 많은 읽을 거리가 넘쳐난다. 다독하는 사람이라고 해도 주변에 있는 모든 읽을거리를 읽지는 않으며 그것을 우리는 비난하지 않는다.

모든 학생들이 독서 수업에서 독서의 모든 부분에 흥미 있게 참여해야 하고 또 그것이 당연하다고 믿고 있는가? 독서에 어떤 마법이 숨어있을 것이라고 맹신하지 마라. 독서는 독자에게 아이디어와 느낌을 불러일으킬 때 유익하며, 그것은 혼자 읽을 때 혹은 다른 독자와 공유할 때 이루어지기도 한다. 어떤 사람이 독서를 어느 지점에서 시작하여 지금에 이르렀는지 알 수 있다면, 그 사람이 가진 독서에 대한 동기도 발견할 수 있을 것이다. 그 사람에 대하여 면밀히 관찰한다면, 그 사람이 무엇때문에 독서를 가치있게 여기게 되었는지 알게 될 것이다.


오해 3
## 정의적 독서 지도가 중요한 이유는 독서를 '좋아하게' 만들기 때문이다.

보고서, 업무 전달서, 은행 관련 서류, 진단서 등을 재미있게 읽었던 경험이 있는가? 아마 대부분은 위와 같은 읽기 자료를 읽을 때 재미를 느끼지 못할 것이다. 사람들은 일상에서 이런 읽기 자료를 좋아해서 읽는 것이 아니라 그런 일들이 신경 쓰이거나 필요해서 읽는다.

어떻게 보면 교사 혹은 부모들은 학생들이 '재미 있어서 읽어요'라는 말을 하기를 바라는지 모른다. 또 바람직한 목적으로 독서를 좋아하기를 바라고 있다. 그러나 정의적 영역의 지도가 독서를 좋아하게 만드는 것만을 말하는 것은 아니다.

농약 사용에 대하여 농화학자를 인터뷰 하였을 때, 그가 이런 말을 한 적이 있다. "우리는 자연 그대로의 환경을 원한다고 생각하지만, 실제로 그것을 간절히 원하지는 않는다. 대부분의 사람들이 원하는 것은 세심하게 관리된 자연 환경이다. 우리는 토끼를 좋아하지만 쥐는 좋아하지 않고, 미나리아재비는 좋아하지만 엉겅퀴는 좋아하지 않으며, 버섯은 좋아하지만 곰팡이는 좋아하지 않는다."

교사의 경우, 학생들이 독서를 좋아하기를 원하지만, 이것은 진심이 아니다. 교사는 학생들이 광고지보다는 책을 좋아하길 원하고, 야한 잡지보다는 시를 좋아하기 원하며, 자동차 번호판 읽기 대신 문학을 좋아하길 원한다.

이제 농화학자가 사용한 접근 방식을 독서에도 적용해 보자. 독서를 '선택'한다는 것은 독서를 좋아하는 것보다 더 중요하다. 그리고 그 때의 선택은 주위의 상황에 많은 영향을 받는다. 독서를 좋아하는 것이 전혀 중요하지 않을 수도 있다. 회사 경영자들은 인터뷰에 임할 때, 내용이 어떻게 기사화될지 상당히 긴장하면서 인터뷰를 한다. 그들은 그 걱정 때문에 발행된 기사를 찾아서 읽으며, 그 내용이 즐겁지 않더라도 읽는다. 사보(社報)를 읽을 때를 생각해보면, 사람들은 대체로 정보를 담고 있는 글을 별로 좋아하지 않는다. 하지만 자신의 동료나 자신의 삶과 관련된 글은 즐긴다. 정의적 영역은 매우 거대하고 복잡하다. 광대하고 복잡하지만 정의적 독서를 개념화하려 노력하고 정의적 독서의 무한한 가능성에 대해 생각하여야 한다. 기쁨과 슬픔, 희망과 절망, 증오와 사랑, 지혜와 어리석음, 사실과 허구 등 정의적 영역의 내용은 단어 속에 존재하는 것이 아니라 실제로 독서를 통해 나타나는 현상이다.

# 2장

# 독서 태도 모형의 개관

*Michael C. McKenna*

　모든 교사들은 독서에 대한 긍정적인 태도를 기르는 것이 중요하다고 생각할 것이다. 하지만 많은 요인들이 이러한 목표에 도달하기 어렵게 한다. 그리고 대부분 인지적인 성장에 관심을 갖기 때문에 정의적 독서 지도에 대한 관심이 소홀하다.

　크래머와 캐슬(Cramer & Castle)이 언급한 것처럼, 독서 능력의 인지적 성장만을 강조한 것이 정의적 영역에 대한 관심을 부족하게 한 원인 중 하나라고 할 수 있다. 어데이(Athey, 1985)는 정의적 영역이 확인하기 힘든 변인이라고 하였다. 이러한 정의적 영역의 특성 때문에 교사들은 독서 수업 시간에 인지적 능력의 향상만 강조한다. 그러나 교사는 독서 태도가 어떻게 발달하고 어떤 조건에서 변화하는지 관심을 가질 필요가 있다.

고대 그리스 세리시우스 도서관 전경

# 1. 독서 태도와 그것을 변화시키는 힘은 무엇인가?

아래의 상황을 읽어 보고, 각각의 사례에서 학생이 글을 읽을 것인지 O, ×로 표시해 보자.

- 읽기 능력이 낮은 고등학생이 자신이 관심 없는 주제의 책을 선물로 받았다. (O, ×)
- 읽기 능력이 낮은 고등학생이 호감을 갖고 있는 여학생에게 쪽지를 받았다. (O, ×)
- 책을 펼치자마자 부모님께 책 좀 보라고 꾸중을 들었다. (O, ×)
- 초등학생이 다 읽지 않은 책을 읽기 위해 꺼냈는데, 마침 TV 편성표가 눈에 띄었다. (O, ×)
- 자기 전에 매일 책을 읽는 학생이 새로운 소설의 처음 부분을 읽고 실망했다. 다음날 밤 학생은 다시 그 책을 읽을 것인지 고민한다. (O, ×)

각 사례에서 독서에 영향을 주는 심리적 요인들이 있다. 이 요인에는 자아 개념, 성공에 대한 기대, 즐거움에 대한 기대, 사회 문화적 환경 등이 있다. 이러한 요인들은 독서 태도(attitude)에 영향을 준다. 알렉산더와 필러(Alexander & Filler, 1976)는 독서 태도를 '독서를 피하거나 독서를 하는 독서와 관련된 느낌(p.1)'이라고 정의하였다. 독자의 독서 태도는 점진적으로 형성되며 쉽게 변하지 않는 특성이 있다. 학생들의 긍정적인 독서 태도를 형성하기 위해서는 교실에서 고려할 수 있는 요인들을 밝히는 것이 중요하다. 최근에 소개된 모형들은 이러한 요인들이 독서 태도 형성에 어떻게 영향을 주는지, 그리고 교사가 긍정적인 독서 태도 형성을 위해 어떻게 지도해야 하는지에 대한 시사점을 준다.


# 2. 독서 태도 모형

독서 모형에 관한 연구 중 독서의 정의적 요인을 고려한 연구는 거의 없었다(예를 들어, Just & Carpenter, 1987; Rayner & Pollatsek, 1989; Stanovich, 1991 참고). 최근에 일부 연구자들이 정의적 요인을 고려한 독서 태도 모형을 연구하였다.

## 가. 매튜슨(Mathewson) 모형(1994년)

매튜슨(Mathewson, 1994)은 독서 과정에서 인지적 요인과 정의적 요인들이 상호작용하는 모형을 제시하였다. 이 모형은 이전에 매튜슨(1985)이 만든 모형을 발전시킨 것으로 독서 태도 이론에 많은 기여를 하였다. 매튜슨(Mathewson)의 주요 관심사는 독서를 하거나 독서를 위한 학습을 할 때 인과관계 요인으로 독서 태도의 역할이었다. 그리고 매튜슨 모형은 처음으로 독서 태도에 관한 모형을 제시하였다는 점에서 의의가 있다.

매튜슨(Mathewson)의 모형(〈그림 1〉 참고)을 보면, '독서를 지속하려는 의도'에 세 가지 요인에 영향을 준다고 설명하고 있다. 세 가지 요인으로 '내적 감정 상태', '외적 동기', '독서 태도'를 제시하고 있다. 이 중에서 매튜슨은 '독서 태도'가 '독서를 지속하려는 의도'에 가장 많은 영향을 준다고 설명하였다.

〈그림 1〉에서 확인할 수 있듯이 매튜슨은 '독서 태도'에 영향을 주는 요인으로 두 가지 주요 요인(실선)과 부수적 요인(점선)을 독서 태도와 연결하여 설명하고 있다.

(주요 요인)
- 근본 개념(cornerstone concept): '근본 개념'은 개인적 가치, 목적, 자아개념으로 이루어져 있다.
- 설득적 의사소통(persuasive communication): '설득적 의사소통'은 교사가 직접적으로 독서의 장점을 설명하는 것과 관련된 '중심 경로'와 읽고 싶은 독서 자료와 관련된 간접적인 방식인 '주변 경로'로 구성되어 있다.

(부수적 요인)
- 독서를 통해 얻은 인지적 만족감: '독서를 통해 재구성된 생각'은 독서를 통한 인지적 만족감에 간접적으로 영향을 주고, 또한 이러한 인지적 만족감이 독서 태도에도 간접적으로 영향을 주는 것을 확인할 수 있다.
- 독서를 통해 얻는 정의적 만족감: '독서를 통해 얻은 정의적 만족감'은 '독서를 하면서 축적된 구체적인 느낌'에 영향을 받고, 이러한 느낌은 내적 감정 상태에 영향을 준다. 결과적으로 '독서를 지속하려는 의도'에 영향을 주는 것을 모형에서 확인할 수 있다.

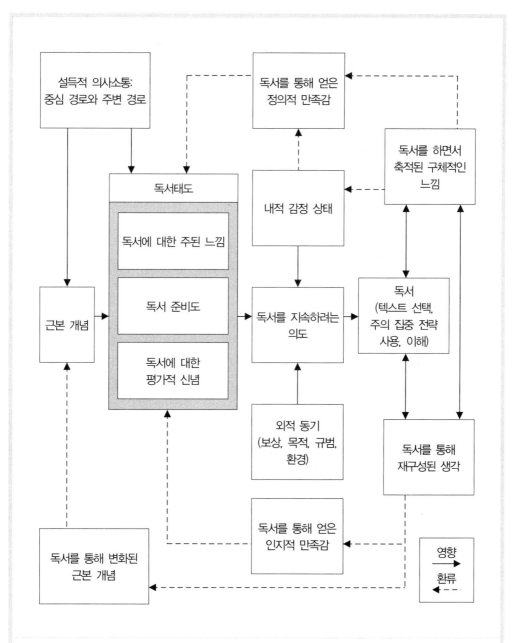

(출처) G. C. Mathewson, "Model of Attitude Influence upon Reading and Learning to Read" (p.149). In R.B. Ruddell, M. R. Ruddell, & H. Singer (Eds.), Theoritical Models and Process of Reading. 4th ed., 1994. Reprinted by permission of the International reading Association and Grover C. Mathewson.

[그림 1] 독서와 독서 학습에 영향을 미치는 태도 모형(Mathewson, 1994)

〈그림 1〉에서 보면, 독서 태도는 다른 요인에 영향을 주지 않고 '독서를 지속하려는 의도'에만 영향을 준다고 설명하고 있다. 다시 말해 독서 태도는 '독서'에 직접적으로 영향을 주는 것이 아니라 독서 의도에 영향을 주고, 독서 의도가 있는 독자가 독서를 하게 된다.

매튜슨 모형에서는 독서 태도를 세 가지 요소로 정의하였다. 세 가지 요소에는 '독서에 대한 감정', '독서 준비도', '독서에 대한 평가적 신념'이 포함된다. 알렉산더와 필러(Alexander & Filler, 1976) 등의 심리학자들은 태도를 인간이 느끼는 감정이라고 정의하였는데, 매튜슨은 독서 태도에 감정과 신념을 모두 포함하여 설명한 점에서 차이가 있다. 〈그림 1〉에서 보듯이, 독서 태도는 감정, 신념 등을 포함한 복잡한 구인이라고 설명하는 것을 모형에서도 확인할 수 있다.

이 모형의 또 다른 특징은 다른 독서 태도 모형에서 별도로 제시되어 있는 '규범'을 외적 동기의 하위 요소에 포함하고 있다는 것이다. '외적 동기'가 '독서를 지속하려는 의도'에 직접적으로 영향을 준다는 것을 확인할 수 있듯이, 외적 동기의 하나인 '규범'이 '독서를 지속하려는 의도'에 영향을 준다고 설명한다. 가령, "도서관에서 한 고등학생이 책을 읽어야 하는 도서관의 일반적인 규범에도 불구하고, 친구들과 대화를 하고 싶어 하는 준거 집단의 규범이 중요하게 고려될 때에는 책을 읽지 않고 친구들과 대화를 하게 된다."(1994, p.1136)고 설명하였다. 이 경우는 친구들과 대화하고 싶어 하는 준거 집단의 규범 때문에 독서를 지속하려는 의도가 줄어들게 된 경우이다.

## 나. 러델과 스피커(Ruddell-Speaker) 모형(1985년)

러델과 스피커(Ruddell & Speaker, 1985) 모형은 독서 과정에서 상호작용하는 네 가지 구성 요인으로 되어 있다. 독자 환경 요인, 지식의 활용과 조절 요인, 선언적·절차적 지식 요인, 독서 결과 요인이 그것이다.

먼저, '독자 환경' 요인은 독서 행동에 영향을 주는 직접적인 맥락과 관련된다. '독자 환경' 요인은 독자가 읽고 있는 텍스트의 특징, 독자와 필자의 다른 역할에서 나타나는 대화적 특징, 독서 상황에 영향을 주는 교육적 특징으로 구성된다(Ruddell & Unrau, 1994).

둘째, '지식의 활용과 조절' 요인은 "텍스트 표상과 독서 목적과 기대, 독서 행동에 대한 인지 전략, 독서 과정을 점검하고 평가하는 능력(p.751)"으로 구성되어 있다. 이 구성 요소는 독자의 사고에 대한 인지적, 상위인지적 차원뿐만 아니라 "정서적 상태"도 포함한다. 정서적 상태는 "독서 목적을 결정하는 독자의 흥미, 태도, 가치(p.756)" 등을 의미한다.

러델과 스피커는 정서적 상태가 인지적 상태와 상위인지 상태에도 영향을 준다고 강조한다. 러델과 스피커는 이러한 과정을 다음과 같이 설명한다.

> 정서적 상태는 독자의 독서 목적과 기대 및 독서 시간, 독서 결과에 영향을 미친다. 만약 독자가 현재 읽고 있는 책이 재미있는 책이라고 생각되거나 독자의 독서 목적에 중요한 영향을 주는 책이라고 생각을 한다면, 재미있게 책을 읽고 내용을 오래 기억할 것이다. 독자가 책에 별로 흥미가 없거나 중요하지 않다고 생각한다면, 책을 대충 읽을 것이고 그 내용에 대한 기억도 오래 지속되지 못할 것이다(p.757).

그러므로 독서를 하면서 독자의 목적과 기대와 관련된 정서적 상태는 독자가 사용하는 인지적 전략에 영향을 준다. 그리고 "정서적 상태는 독서 과정의 점검과 평가하는(p.759)" 상위인지 전략에도 영향을 준다.

셋째, '선언적, 절차적 지식' 요인은 해독, 언어(언어 능력), 세계(일반적 지식)로 구성되어 있다.

넷째, '독서 결과' 요인은 독서를 통해 나타날 수 있는 다양한 변화로 구성되어 있다. 독서 결과를 보면, 정서적 상태의 변화도 함께 포함하여 설명하고 있다.

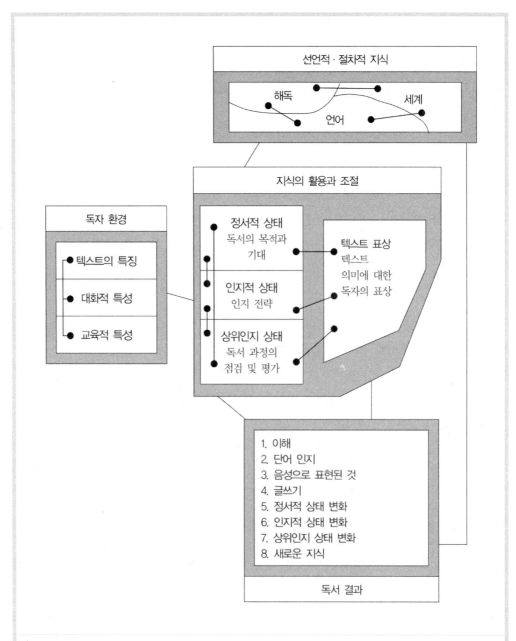

(출처) R. B. Ruddell & R. B. Speaker, Jr., "The Interactive Reading Process: A Model"(p.752). In H. Singer & R. B. Ruddel(Eds.), Theoritical Models and Process of Reading. 3th ed., 1994. Reprinted by permission of the International reading Association.

[그림 2] 상호작용적 독서 과정 모형(Ruddell & Speaker, 1985)

〈그림 2〉의 상호작용적 독서 과정 모형에서는 상호작용의 관계를 선으로 나타내었다. 이 모형에서는 정서적 상태가 다른 상태와 모두 연결되어 있는데, 러델과 스피커가 정서적 상태를 강조했다는 것을 확인할 수 있다. 이 모형에서 정서적 상태가 다른 요인과 연결되어 있는 이유는 정서적 상태에서 독자는 독서 목적, 독서 결과에 대한 기대, 독서 결과를 산출하기 위해 필요한 시간을 설정하기 때문이다. 이러한 독자의 정서적 상태는 독자 환경에 있는 텍스트의 특징, 대화적 특성, 교육적 특성 등의 독서 환경 맥락에 영향을 받는다.

선언적, 절차적 지식은 텍스트 표상 과정에서 활성화된다. 그리고 정서적 상태는 독서 목적과 기대와 텍스트 의미에 대한 독자의 표상의 결과가 일치하는지 평가하는 상위인지 과정의 결과에 따라 수정된다. 예를 들어, 독서 상황이 교육적 목표를 위해 주어진 과제라면 정서적 상태는 내적 기대보다는 외적 기대를 고려한다. 그리고 주어진 시간에 독서를 마치는 것이 목적이 된다. 반면에, 교육적 상황이 아닌 경우에는 선언적, 절차적 지식의 요인을 활용한 지식을 사용하여 내적 기대를 고려하게 된다(p.774).

국립세종도서관 (대한민국, 2013년 12월 개관)

# 3. 일반적인 태도 모형

## 가. 피쉬바인과 아젠(Fishbein & Ajzen) 모형(1975년)

태도가 어떻게 획득되는지에 대하여 잘 설명하고 있는 일반적인 태도 모형 중 하나는 피쉬바인과 아젠(Fishbein & Ajzen)의 연구이다(1975; Ajzen, 1989; Ajzen & Fishbein, 1980). 그들은 태도를 "목표에 대하여 지속적으로 좋아하거나 좋아하지 않은 방식으로 반응하는 학습된 성향"(Fishbein & Ajzen, 1975, p.6)이라고 정의하였다.

피쉬바인과 아젠은 기존의 연구에서 제시한 바를 바탕으로 태도의 구인을 재구성하였다. 재구성한 태도의 구인은 정의적 평가(affective evaluation), 궁금한 대상에 대한 개개인의 신념 체계를 반영한 인지(cognition), 행동적 의도를 설명하는 의욕(conation)을 포함한다. 이러한 개념은 태도가 어떻게 습득되고 어떻게 행동에 영향을 주는지에 대한 내용과 관련이 있다.

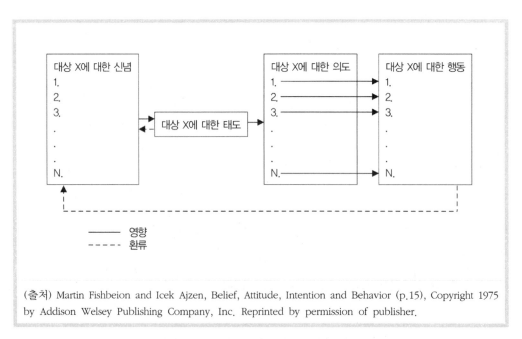

[그림 3] 신념, 태도, 의도, 행동(Fishbein & Ajzen, 1975)

〈그림 3〉은 피쉬바인과 아젠의 모형을 나타낸다. 이 모형은 일반적으로 '신념→ 태도→ 의도→ 행동'의 인과적 관계로 설명하고 있다. 신념은 태도에 영향을 주고, 태도는 행동에 대한 의도에 영향을 준다. 그리고 의도는 행동으로 이어진다.

먼저, 맨 왼쪽 칸에 신념을 확인할 수 있다. 이 신념은 '행동에 대한 결과로 만들어진 신념'과 고민이 되는 행동을 해야 할지 하지 않아야 할지에 대한 확실한 근거를 제시하는 '규범적 신념'으로 구성되어 있다. 행동의 결과로 만들어진 신념은 '대상 X에 대한 행동'에서 '대상 X에 대한 신념'으로 이어지는 점선의 환류(feedback)에서 확인할 수 있다. 이를 통해 행동이 개인의 신념에 환류되어 영향을 주는 것을 확인할 수 있다. 즉, 개인적 신념은 어떤 행동의 결과에 의해 수정되고 강화될 수 있다. 행동에 의해 강화되거나 수정된 신념은 행동에 대한 태도의 변화를 만들어낸다.

피쉬바인과 아젠의 태도 모형을 독서에 적용해 볼 수 있다. 예를 들어, 담임교사가 초등학교 3학년 학생들에게 집에서 사회 교과서 한 단원을 읽어 오라는 과제를 주었다. 담임교사의 과제 완수에 대한 기대는 학생이 사회 교과서를 읽어야 한다는 규범적 신념에 영향을 준다. 과제를 해야 하는 학생은 자신이 읽을 수 있을 것인지에 대한 주관적인 평가를 한다. 이러한 고민에는 친구와 놀고 싶은 생각이나 스마트폰을 하고 싶은 생각과 이전의 경험이 긍정적인 독서 태도에 방해 요인이 된다. 이러한 경험으로부터 얻어진 신념은 교사의 기대와 함께 영향을 준다.

한편, 만약 그 학생이 독서하기로 결심하였다면, 이 경험은 이전에 가지고 있던 신념을 교체하거나 강화할 수 있다. 성공적인 경험은 이 학생의 태도를 긍정적으로 바꿀 수 있다. 그러나 좌절과 실패를 할 경우에는 이전에 가지고 있던 부정적인 태도를 강화시킨다.

피쉬바인과 아젠의 모형을 보면, 신념과 태도가 상호작용하면서도 인과적으로 관련이 있다는 것을 알 수 있다. 이에 따르면 태도는 개인의 신념 구조의 변화에 영향을 받는다. 즉, 개인의 태도 형성은 개인의 신념 구조에 의해 영향을 받는다.

긍정적인 독서 태도 형성에 관심이 있는 교사는 먼저 개인의 신념의 유형을 이해하여야 한다. 그리고 현재 학생들이 생각하고 있는 신념을 파악하고(Mckenna & Kear, 1990 참고), 신념을 변화시키는 방안을 마련할 필요가 있다.

피쉬바인과 아젠은 신념을 세 가지 유형, 기술적 신념, 추론적 신념, 정보적 신념으로 제시하였다. 신념의 유형은 중요하지 않은 것부터 중요하다고 생각하는 것까지 다양한 수준으로 나타난다.

| 신념의 유형 | 개념 |
|---|---|
| 기술적(discriptive) 신념 | • "이 책은 지루해."와 같은 개인이 직접 관찰한 것에서 생겨난 신념 |
| 추론적(inferential) 신념 | • "이 책이 지루하므로, 아마 다른 책들도 그럴 거야."와 같은 현재의 신념에 근거한 결론 |
| 정보적(informational) 신념 | • "내 친구들이 책이 지루하다고 말해."와 같은 개인이 중요하다고 생각하는 정보나 자료에 의해 판단된 신념 |

학생들의 신념을 파악한 교사는 학생들의 독서 태도를 긍정적으로 변화시킬 수 있어야 한다. 교사는 학생들의 신념을 고려하여 다음의 세 가지 방법으로 신념을 변화시킬 수 있을 것이다.

| 신념을 변화시키는 방법 | 의미와 구체적인 사례 |
|---|---|
| 학생이 생각하고 있는 신념과 다른 증거 제공하기 | • 부정적인 신념을 줄임으로써 독서 태도를 향상시킴<br>예) 독서가 지루하다고 생각하는 학생들에게 매우 재미있는 책을 제공한다. |
| 학생에게 새로운 신념을 소개하기 | • 새로운 신념을 제공함으로써 독서 태도를 향상시킴<br>예) 책을 즐겨 읽지 않은 학생에게 독서가 얼마나 유용하고 정보를 얻는 데 도움이 되는지를 알려주거나 독서의 장점을 알려준다. |
| 학생들이 독서에 대해 가지고 있는 평가적 신념을 변화시키기 | • 기존에 갖고 있는 부정적인 신념을 긍정적인 신념으로 완전히 바꿈으로써 독서 태도를 향상시킴<br>예) 학생이 텔레비전을 보거나 스마트폰을 보는 것보다 독서를 하는 것에 부정적인 신념을 가지고 있는 경우에, 이 학생에게 독서가 가치 있는 것으로 인식하게 한다. |

## 나. 리스카(Liska) 모형(1984년)

코덴과 콜린스(Cothern & Collins, 1992)는 리스카(Liska)의 모형이 독서 태도 발달에 중요한 시사점을 준다고 하였다. 리스카(Liska, 1984)는 피쉬바인과 아젠 모형이 지나치게 단순하다고 주장했다. 피쉬바인과 아젠이 설명하는 신념, 태도, 의도, 행동으로 연결되는 인과관계는 모형 이외에 나타나는 다른 인과 관계를 설명하지 못한다(〈그림 3〉 참고). 〈그림 4〉는 피쉬바인과 아젠의 모형을 수정하여 제시한 리스카(Liska)의 모형이다. 그는 수정된 모형을 구성하면서 두 가지를 고려하였다. 첫째, 피쉬바인과 아젠 모형에서 제시한 네 가지 요인의 관계이다. 둘째, 다른 변인의 영향이 포함되었다.

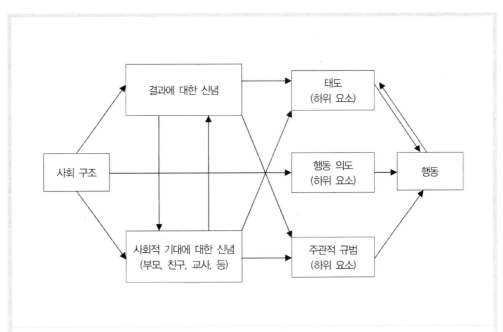

(출처) A. E. Liska, "A Critical Examination of the Casual Structural of the Fishbein-Ajzen Attitude −Behavior Model" in Social Psychology Quarterly, 47, 61-74. Copyright 1984. Reprinted by permission of the publisher ad the author.

**[그림 4] 리스카 모형(1984)**

〈그림 4〉를 살펴보면, 태도에 세 가지 요인이 영향을 주는 것으로 리스카 모형은 설명하고 있다. 태도에 영향을 주는 세 가지 요인은 '결과에 대한 신념, 사회적 기대에 대한 신념, 행동이다.

리스카 모형을 독서 태도를 고려하여 설명하면 첫째, '독서 결과에 대한 신념'이 독서 태도에 영향을 준다. '결과에 대한 신념'에는 결과에 대한 기대와 경험에서부터 강화된 신념과 관련되어 있는 것으로 '사회 구조'에 영향을 받는다. 이러한 점에서 리스카 모형은 사회적 맥락을 강조하고 있다는 것을 확인할 수 있다.

둘째, 다른 사람들에 의한 '사회적 기대에 대한 신념'이 독서 태도에 영향을 준다. '사회적 기대에 대한 신념'은 부모, 교사, 친구 등으로부터 학생 주위에 있는 사람에게 영향을 받는 신념을 의미한다. 예를 들어, 부모님의 참여 프로그램이 가정에서의 독서에 대한 긍정적인 기대를 만들어 내는 것에서 확인할 수 있다.

셋째, '행동'이 독서 태도에 영향을 준다. 피쉬바인과 아젠의 모형에서는 행동이 태도에 간접적으로 영향을 준다고 보고 점선으로 나타냈는데, 리스카 모형에서는 행동이 태도에 직접적으로 영향을 주고 있다고 보고 있다. 리스카 모형은 독서가 재미있다고 느낄 수 있도록 하는 많은 경험이 독서 태도에 영향을 줄 수 있다는 것을 시사한다.

〈그림 4〉의 모형에서 '의도'는 피쉬바인과 아젠의 모형과 달리 '사회 구조'에서 '행동'으로 영향을 주는 중간 역할을 하는 것으로 제시되어 있다. 리스카 모형에서 '의도'를 이와 같이 설명한 이유는 다양한 맥락적 환경 요인에 따라 의도가 행동에 영향을 줄 수 있기 때문이다. 가령, 학생이 읽고 싶은 의도가 높지만 사회적 상황이 독서 행동을 할 수 있는 상황이 아니라면, 독서 의도가 낮아지고 독서를 할 가능성이 낮아지게 된다.

리스카 모형은 '태도'와 '행동'은 직접 연결되어 서로에게 영향을 주는 것으로 설명하는 특징이 있다. '태도'가 '의도'에 영향을 주지 않고 바로 '행동'으로 이어질 수 있다고 설명하고 있다. 태도가 형성된 학생은 자연스럽게 행동을 할 수 있을 때도 있다. 항상 의도를 가지고 행동으로 이어지는 것은 아니기 때문이다.

리스카 모형에는 '신념'과 '행동'이 직접적으로 연결되어 있지 않다. 피쉬바인과 아젠의 모형에서는 행동이 신념에 환류되어 영향을 준다고 제시한 반면, 리스카 모형에서는 결과에 대한 신념과 사회적 기대에 대한 신념이 태도와 주관적 규범에 모두 영향을 주며, 이 결과 행동의 변화가 일어난다고 본다. 신념과 행동 사이에 다양한 변인이 관여된다는 점을 알 수 있다.

또한 리스카 모형은 '주관적 규범'을 독립적인 요인으로 제시하고 있는 특징이 있다. 주관적 규범은 독자의 주변에 있는 사람들이 독서의 가치를 생각하는 방식에 따라 자신의 특정 행동을 해야 하거나 하지 말아야 한다고 인지하는 보편적인 생각을 말한다. '주관적 규범'은 '결과에 대한 신념', '사회적 기대에 대한 신념'에 영향을 받고 '행동'에 직접 영향을 준다. 자신이 행동을 해야 할지 말아야 할지를 인지하는 '주관적 규범'은 주변의 인식과 결과에 대한 긍정적, 부정적 신념이 영향을 주게 된다. 이러한 행동에 대한 규범은 학생들에게 독서를 하게 할 수도 있고, 하지 않게 할 수도 있다. 따라서 '결과에 대한 신념'과 '사회적 기대에 대한 신념'을 독서를 할 수 있도록 긍정적으로 조성한다면, 학생들은 독서를 할 수 있게 된다.

## 4. 맥케나(Mckenna)의 독서 태도 모형(1994년)

맥케나(Mckenna)는 선행 연구에서 제시된 일반 태도 모형과 독서 태도 모형을 종합하여 〈그림 5〉와 같은 모형을 제시하였다. 맥케나 모형은 리스카 모형의 전체 구조에 독서 태도를 설명하는 매튜슨 모형, 러델과 스피커 모형에서 제시된 독서 태도와 관련된 내용을 추가하여 만든 모형이다. 예를 들면, 상위인지 상태, 인지적 상태, 텍스트 표상 등의 변인은 러델과 스피커 모형에서 반영한 것이다. 그리고 매튜슨 모형의 '외적 동기'에 포함된 '규범'을 보완하여 리스카 모형에 제시된 것처럼 '주관적 규범'을 독립 요인으로 제시하였다.

〈그림 5〉의 멕케나 모형과 가장 비슷한 모형은 일반 태도 모형인 리스카 모형이다(Ajzen & Fishbein, 1980; Fishbein & Ajzen, 1975; Liska, 1984)[1]. 모형의 화살표는 요인들 간의 인과적 관계를 의미한다.

아래의 내용은 맥케나 모형에서 제시된 독서 태도의 요소에 대하여 근거를 제시하는 연구를 검토한 내용이다. 그 중에서 '주관적 규범'(사회적 기대에 대한 신념 및 독서 결과에 대한 신념과 인과적 관계로 연결됨), '독서 결과에 대한 신념'(독서 태도와 인과 관계로 연결됨), '독서에 몰입하는 구체적인 행동'에 대하여 자세히 검토하고자 한다.

---

1 〈그림 5〉 멕케나 모형의 전체 구조는 〈그림 4〉의 리스카 모형을 세로로 세운 형태와 유사하다. (역자 주)

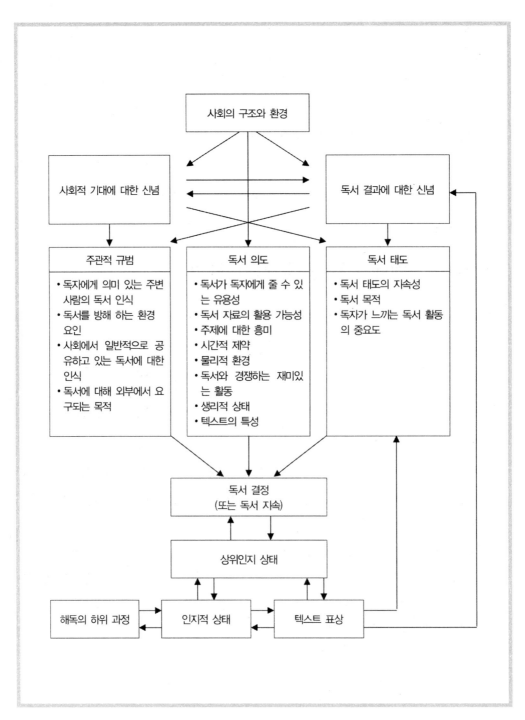

[그림 5] 독서 태도 모형(McKenna, 1994)

## 1) 주관적 규범에 대한 신념

문화, 가정, 또래집단 등 환경 요인은 독서 신념 형성에 영향을 준다. 즉 자신의 주변에 있는 사람들이 지니고 있는 독서의 가치는 독자에게 영향을 준다. 그렇다면 이러한 가치를 독자가 수용하게 할 수 있는 방법이 중요하다. 독자에게 긍정적인 환경을 만들어 준다고 해서 독자가 항상 긍정적인 신념을 갖게 되는 것은 아니다. 독자는 친구나 부모가 강조하는 가치를 거절하거나 독서에 대한 부정적인 인식을 선택하기도 한다. 이러한 주변의 가치 중 다시 검토할 필요가 있는 성별 차이와 다양한 환경적 요인에 대하여 살펴보고자 한다.

### 성별 차이

규범적 기대에서 중요한 영향을 주는 것은 독자의 성별이다. 다양한 이유로 남학생과 여학생의 독서 행동에 대한 다른 기대를 갖는다. 이러한 인식은 태도 발달에 도움이 될 수도 있고 방해할 수도 있다. 미국에서는 많은 연구에서 남학생보다 여학생이 긍정적인 독서태도를 가지고 있다고 밝히고 있다(Anderson, Tollerfson, & Gilbert, 1985; Ross & Fletcher, 1989; Shapiro, 1980; Smith, 1990; Stevenson & Newman, 1986; Wallbrown, Levine, & Engin, 1981). 또한 여교사가 지도하는 교실이 더욱 긍정적인 독서 태도를 갖는 다는 연구(Shapiro, 1980)는 독서 활동에서 주관적 규범의 영향력을 뒷받침한다. 남성보다 여성이 독서에 더 긍정적인 태도를 지니고 있다는 유사한 연구가 아일랜드(Greaney & Hegarty, 1987)와 일본(Ishikawa, 1985)과 같은 다른 문화에서도 관찰된다는 사실은 비교 문화적으로 동일한 가치를 공유하고 있음을 나타낸다.

그러나 학생들이 독서는 남성적인 특성보다는 여성적인 특성을 지닌 활동이라고 믿는 것은 지나치게 단순화하는 것이다. 여학생이 독서에 관심이 많다는 생각은 성취와도 연결될 수 있다. 여학생이 독서 능력에서 우수함을 보인다는 연구 결과(Mullis, Campbell, & Farstrup, 1993)의 증거는 독서 태도의 성별 차이가 능력의 차이로 이어질 수 있다는 것을 보여준다. 독서 태도와 능력의 관계는 많은 연구에서 입증되었다(Anderson, Tollerfson, & Gilbert, 1985; Lipsky, 1983; Martin, 1984; Richards & Bear, 1986; Swanson, 1982a; Walberg & Tsai, 1985). 성별에 따른 독서 능력의 이점이 여학생들에게 긍정적인 독서 태도를 형성하게 한다면, 맥케나 모형에서 독서 결과에 대한 신념의 효과를 잘 설명해 준다. 즉 여학생들이 독서가 성공적인 경험을 만들어 줄 것이라는 믿음과 같은 사회적 기대에 대한 신념이 있기 때문에 여학생들의 태도는 자연적으로 좋아지는 것이다.

이러한 두 가지 가설이 상호 배타적이지 않다는 것을 확인하는 것이 중요하다. 사회적인 분위기가 여학생들이 독서를 많이 하도록 영향을 주고 독서를 많이 한 결과 긍정적이 독서 태도에 영향을 주었을 것이다(Johnson, 1973 참고). 결국 독서 태도는 사회적 가치와 여학생들의 독서 능력이 여학생에게 영향을 주었기 때문에 긍정적으로 형성될 수 있을 것이다. 다시 말해 어떤 문화적 환경이 여학생의 문식성의 발달을 유도하고 이것이 태도에 영향을 주었다고 할 수 있다.

### 다른 환경적 요인들

맥케나 모형은 주관적 규범이 복잡하고, 개인의 주관적 규범 신념이 성별 차이와 연결되어 있지 않다고 주장한다. 성별 차이와 관계 없이 다른 요인이 영향을 준다는 다양한 연구 결과가 있었다. 먼저, 로스와 플레처(Ross & Fletcher, 1989)는 초등학교 3~5학년 학생들이 사는 지역의 차이에 따라 중요한 차이가 난다는 결과를 제시했다. 머로우(Morrow, 1983)는 유치원 학생들이 학교 교육을 받기 전에 독서 태도가 잘 형성되었다는 결과를 보여주었다. 학교에서와 달리 가정에서 독서태도에 영향을 주는 환경적인 원인으로는 부모가 가정에서 책을 읽어 주는 독서 빈도와 여가 활동으로 책을 읽는 모습을 보여주는 정도를 들 수 있다. 스완슨(Swanson, 1982b)은 독서 태도와 사회 경제적 지위 사이의 정적인 상관관계가 있다는 것을 제시하였다. 사라초와 데이튼(Saracho & Dayton, 1991)은 민족에 따라 독서 태도의 중요한 차이점을 발견하였다. 이러한 최근의 연구는 독서 태도 습득에 영향을 주는 환경적인 요인들을 잘 보여준다.

## 2) 독서 결과에 대한 신념

맥케나 모형은 독자가 독서를 한 후, 독서에 몰입했는지 스스로 평가한 결과로 만들어진 신념이 독서 태도에 영향을 준다고 강조한다. 이러한 신념은 또한 다른 독서 경험에 의해 영향을 받기도 한다. 여기에서 중요한 것은 다른 독서 경험에 의해 영향을 받는 신념이다.

이러한 관계는 〈그림 5〉에서 상위인지 상태가 '독서 결과에 대한 신념'으로 이어지는 것으로 확인할 수 있다. 이렇게 반복되고 축적되는 과정은 만족하지 않은 독서 결과가 독서 태도를 부정적으로 만들 때에도 발생한다.

반대로 긍정적인 독서 성공 경험은 긍정적인 태도에 영향을 준다. 학생이 성장하면서 여가를 즐길 수 있는 다양한 것들을 만나게 되는데 독서는 이러한 것들과 경쟁해야 한다. 따라서 긍정적인 독서 태도를 가진 독자도 독서에 대한 긍정적인 태도가 감소할 수 있다(Anderson, Tollerfson, & Gilbert, 1985; Martin, 1984).

맥케나 모형은 독서에 대한 실패를 경험한 독자의 경우 시간이 지날수록 독서 태도가 더 악화될 수 있다고 본다. 이러한 발달적 특징을 입증하는 연구가 있다(Isikawa, 1985; Ross & Fletcher, 1989; Shapiro, 1980). 일부 연구에서는 어떤 학년 수준 사이에서 특별한 감소가 없지만(Wallbrown, Levine, & Engin, 1981), 특정 학년 수준에서 급격한 증가가 나타났다(Parker & Paradis, 1986)는 연구도 있다.

수업에서 다양한 전략이 학생들의 능력에 대한 신념의 효과와 대응하는 연구가 있다. 예를 들어 긍정적인 태도를 갖는 방법으로 학생들에게 소리 내어 책을 읽어 주기(예를 들어, Herrold, Stanchfield, & Serabian, 1989 참고), 좋은 책을 소개하기(Morrow, 1983), 독서 그룹에 참여하기(Walbrown, Brown, & Engin, 1978), 상위인지 훈련하기(Payne & Manning, 1992), 책과 학생들의 실제 삶을 연결하기(Guzzetti, 1990), 학생들의 신념에 대해 토의하기(Hudley, 1992), 선행 지식을 활성화하는 질문하기(Jagacinski & Nicholls, 1987) 등이 있다.

마지막으로 맥케나 모형은 입문기 독자의 독서 교육에 대한 시사점을 준다. 입문기 독자는 아직 스스로 글을 읽을 수 없기 때문에 독서 태도는 다른 사람이 소리 내어 읽어 주는 경험에 한정된다. 입문기 독자는 아직 부정적인 독서 태도를 아직 가지고 있지 않다. 따라서 독서에 대한 긍정적인 환경을 만들어 준다면 독서에 대한 긍정적인 태도를 가질 수 있다. 그 이유는 Paris(1991)에서 언급한 것처럼 입문기 독자는 자기 평가에 서툴고 낙천적이기 때문이다. 이것을 달리 표현하면, 이들에게 실패의 경험이 누적되지 않았다고 할 수 있다.


### 3) 독서에 몰입하는 구체적인 행동

멕케나 모형에서 독서 태도가 구체적인 독서 경험에 의해 직접적, 간접적 영향을 받는다고 설명한다.

독서 태도에 직접적인 영향을 주는 요인은 독서 태도와 화살표로 연결되어 영향을 주는 것을 말한다. 이 모형에서 태도에 영향을 주는 직접적인 요인으로 1) 사회적 기대에 대한 신념, 2) 독서 결과에 대한 신념, 3) 독서 경험을 제시하였다. 독서 경험은 맥케나 모형에서 텍스트 표상이 독서 태도와 화살표로 연결되어 있는 것으로 확인할 수 있다.

그리고 독서 태도에 간접적인 영향을 주는 요인들이 있다. 이러한 간접적인 요인이란 독서 태도와 직접적으로 연결된 요인에 영향을 주는 요인을 말한다.

가령, 교실에 학급문고를 만들거나 학교에 학교도서관을 설치한 교사는 〈그림 5〉에서 제일 위에 제시된 요인인 책을 읽을 수 있는 '사회적 구조와 환경'을 변화시켰다고 볼 수 있다. 이 모형에서는 '사회의 구조와 환경'이 독서 태도에 직접적으로 영향을 주지는 않지만 책을 이용할 수 있는 가능성을 높여 줄 것이다. 그리고 학생들은 독서를 더 많이 하려는 독서 의도를 통해 독서 결정을 하고, 이러한 독서 경험은 궁극적으로 독서 태도에 영향을 준다. Morrow(1985)는 이러한 예측을 지지하는 연구를 제시하였다.

독서 태도에 영향을 주는 간접적인 영향으로 '외적 보상'이 있다. 외적 보상은 학생들의 환경을 변화시키는 것으로 '사회의 구조와 환경'에 포함된다. 이러한 환경의 변화는 독서 의도에 영향을 준다. 외적 보상은 독서를 방해하는 환경을 극복하게 하고 독서에 몰입하게 한다. 일부 연구에서만 독서 태도에 대한 외적 보상 프로그램이 영향을 준다고 제시하였다. 하지만 학생들에게 적절한 외적 보상은 긍정적인 독서 태도에 영향을 줄 수 있다(외적 동기와 내적 동기를 설명한 7장 참고). 물론 이러한 외적 보상은 학생의 수준과 독서 환경을 고려하여 제시애야 한다.

간접적인 영향을 주는 요인은 독서 결과에 대하여 독자가 느끼는 독서 활동의 중요도에 대한 인식을 변화시켜 주는 것을 말한다.


## 5. 독서 태도 함양을 위한 시사점

### 1. 독서에 대한 학생들의 신념을 평가한다.

학생들이 독서를 어떻게 생각하는지에 대한 유용한 정보를 얻기 위해 투사 기법(prohective techniques)[2], 평청 척도(rating scale), 프로젝트 학습 등을 활용할 수 있다. 평청 척도

---

2 투사 기법은 사람들이 여러 가지로 해석할 수 있는 자유 반응을 확인하여 특성을 확인하는 기법이다. 예를 들어, 로르샤하(Rorschach)검사, 주제통각(TAT)검사, 집·나무·사람(HTP)검사, 벤더게스탈트검사 (BGT)등이 있다. (역자 주)

(rating scale), 프로젝트 학습 등을 활용할 수 있다. 평정 척도(McKenna & Kear, 1990 참고)는 학생의 태도에 대한 신념의 특징을 잘 평가할 수 있는 문항으로 구성해야 한다.

## 2. 독서에 대한 긍정적 신념을 갖게 한다.

학생과 개인적으로 상담을 하여 부정적인 신념이 있는지 확인해야 한다. 그리고 학생들에게 좋은 책을 선물하는 등 긍정적인 가치를 전달하는 보상을 활용하여 독서에 대한 긍정적인 신념을 갖게 한다.

## 3. 독서를 촉진하는 환경을 조성한다.

독서 활동의 기회가 풍부한 교실을 만드는 것은 학교 밖의 부정적인 독서 환경을 벗어나 학생들이 책을 읽을 기회를 많이 만들어 줄 수 있다.

## 4. 다양한 독서 프로그램을 계획한다.

학생들에게 다양한 장르와 주제의 책을 소개한다. 독서가 다양한 목적에 도움을 줄 수 있다는 것을 알 수 있도록 한다. 좋은 책을 권장할 수 있는 프로그램을 활용하고 다양한 장르의 책을 읽을 수 있도록 한다(Hiebert & Fisher, 1990).

## 5. 입문기 독자에게 독서 성공을 경험하게 해야 한다.

입문기 시기의 학생들이 독서 실패 경험을 하지 않도록 교사가 관심을 가져야 한다. 독해 실패가 지속적으로 이어진다면 독서 중재 프로그램(예를 들어, Hiebert 등, 1992)이나 독서 치료(Fried & Esice, 1990) 등을 활용해야 한다.

## 6. 학생들에게 독서를 자신의 삶과 관련짓도록 한다.

인물의 행동, 문제, 환경을 학생들의 삶과 관련짓도록 한다. 인물의 삶이 내 삶과 어떻게 관련되는지 보여주고, 나라면 어떻게 문제를 해결할 것인지 생각해 보도록 한다. 인물 이야기, 전기문 등을 구비해 두면 좋다.

## 7. 독서에 대한 긍정적인 모델을 제공한다.

교사는 학생들에게 독서가 유용하고, 마음의 긴장을 풀어주고, 재미있음을 보여주는 긍정적인 모델을 소개할 필요가 있다. 물론 교사도 모델이 될 되어야 한다. 그러나 교사 이외에도 학생이 신뢰할 수 있는 사람을 소개하는 것이 훨씬 더 영향력이 있다. 예를 들어, 독서에 긍정적인 도움을 주는 유명 운동선수나 연예인의 책 광고 포스터 등을 제시하는 것도 한 방법이다.

## 8. 독서에 대한 긍정적인 학생 모델을 제공한다.

독서에 대한 부정적인 신념을 바꾸어 줄 수 있는 예시를 보여주어야 한다. 좋아하는 친구가 도움을 줄 수 있고 상급 학년의 학생이 직접적으로 도움을 줄 수 있다. 독서 동아리에 참여하는 독자들이 서로에게 도움을 주고받을 수 있다. 그리고 서로에게 잠재적으로 성공적인 독서 모델이 될 수 있다.

## 9. 독서 프로그램에 부모를 참여시킨다.

부모와 함께 독서 활동을 함으로써 가정 독서 환경의 긍정적 변화에 영향을 줄 수 있다. 읽어 주는 방법, 책 선택, 시범 보이기의 중요성 등에 대해 부모님에게 설명을 할 수 있는 기회를 마련한다. 부모님이 학생들과 독서 활동을 함께 하는 것은 학생들에게 긍정적인 독서 태도 형성에 도움을 준다.

## 10. 학생들에게 책을 소리 내어 읽어 준다.

책 읽어 주기가 독서 태도 형성에 효과적이라는 것을 알고 있지만(Anderson 등, 1985), 실제 많이 이루어지고 있지는 않다. 책 읽어 주기 프로그램을 체계적으로 개발하고 다양한 주제와 관련된 독서 자료를 개발할 필요가 있다(이 활동에 대해서는 15장 참고).

## 11. 폭넓은 교과 독서를 통해 학습을 촉진한다.

독서 실패가 누적되어 부정적인 독서 태도가 형성되면 교과 학습에 부정적인 영향을 준다. 중,고등학교에 다니는 독서 부진아는 다른 교과보다 교과 학업 성취가 매우 낮았다(McKenna, 1986). 실제 교과 학습을 잘 하기 위해서는 교과서에 제시된 제재보다 해당 교과 분야에 대한 독서량이 많이 요구된다. 학생들에게 적절한 독서 자료를 제공하여 내용 교과 문식성에 도움이 될 수 있도록 지도해야 한다(McKenna & Robinson, 1993; Wood, Lapp & Flood, 1992).

## 12. 학생들이 관심 있는 책을 추천한다.

교사가 주도적으로 책을 추천하기보다 학생들이 관심을 갖는 주제를 고려하여 책을 추천해야 한다. 그 이유는 학생들의 선택이 주관적 규범에 영향을 주기 때문이다(Carter & Herris, 1981 참고). 다시 말해, 학생들이 관심을 가지는 책을 추천하여 많은 책을 선택하게 하는 것은 독서를 지속할 수 있는 주관적 규범을 형성하는 데 도움을 준다.

# 3장

# 독서의 즐거움

*Victor Nell*

## 1. 즐거움을 위한 독서

즐거움을 위한 독서는 매우 특별한 행위이다. 하얀 종이 위에 휘갈겨 쓴 검은 글자는 쥐죽은 듯 조용하고 달빛이 비친 사막처럼 아무 빛깔이 없다. 그러나 능숙한 독자에게는 사랑하는 사람의 손짓처럼, 현실의 그 무엇보다 활기차고 다채로우며 변화하는 커다란 기쁨을 줄 수 있다. 마음에 큰 감동을 주는 책일수록 독자는 더욱 몰입하여 읽게 된다. 즉, 독자가 독서에 즐거움을 느끼면 별다른 노력 없이도 책에 몰입하게 된다.

몰입(absorption)은 즐거움을 위한 독서 행위에 늘 나타난다. 몰입은 공상이나 몽상 혹은 최면과는 다르다. 몰입은 의식의 상태를 변화시키는 것이다. 즐거움을 위해 독서를 할 때에는 일반적으로 소설을 읽는 경우가 많다. 하지만 몰입이 소설을 읽을 때만 나타나는 것은 아니다. 독자는 스콧 선장이 쓴 일기를[1] 읽으면서 얼어붙은 남극의 황야를 탐험할 수 있다. 그리고 열차 탈선에

---

[1] 남극 탐험가 Robert Falcon Scott이 쓴 글은 1911년 초 탐험대가 남극생활을 시작하던 때부터 1912년 3월 29일 마지막 일기를 남기고 전원이 조난으로 사망하기까지의 과정이 담겨있다. 그의 탐험일기는 국내에서 〈스콧의 마지막 탐험〉이라는 제목으로 발간되었다.

대한 신문기사는 어떤 가상의 재난 이야기보다 더 독자를 긴장시키거나 놀라게 할 수 있다. 소설이 아닌 사실적인 글(예를 들면 여행 서적, 자서전 등)도 독자에게 영향을 줄 수 있다.

즐거움을 위한 독서는 그 자체가 놀이이다. 즐거움을 위한 독서를 하는 동안 독자는 자율적으로 책을 읽고, 몰입하여 책을 읽으며, 시간과 공간의 제약에서 벗어나게 된다(Caillois, 1985; Huizinga, 1938/1950). 라틴어 ludo에서 온 "놀이 독서(Ludic reading)"[2]는 "나는 놀이한다(I play)"라는 뜻이다(Stephenson, 1964). 이 말은 즐거움을 위한 독서의 특성을 나타낸다. 놀이 활동이 본질적으로 감동을 주고 자극을 주어 그 자체로 참여하게 되는 것처럼, 놀이 독서도 놀이의 즐거움 때문에 독자가 의욕을 가지고 참여하게 되는 것이다(Apter, 1979; Deci, 1976). 놀이로 책을 읽는 독자(Ludic readers)는 그들 스스로를 독서광이라 하며, 사실상 굉장히 많은 시간을 독서에 할애하고, 책을 많이 읽는다. 그들은 일주일에 열 권의 책을 읽기도 하고, 이보다 더 많은 책을 읽기도 한다. 스스로 일주일에 최소한 한 권 이상의 책을 보는 독자를 '놀이로 책을 읽는 독자'라고 할 수 있다.


## 2. 의식의 변화로서의 독서

독서는 꿈처럼 우리를 다른 세계로 인도하는 굉장한 일을 한다. 그러나 독서는 책을 읽고자 하는 우리의 의지에 따르는 것이기 때문에 꿈과는 다르다. 읽고자 하는 의지만 있다면 우리는 책을 통해 다른 세상을 바라볼 수 있다. 책은 우리가 갖고 싶어 하는 꿈이고, 꿈처럼 우리의 의식을 바꿀 수 있는 힘이 있다. 슬픔을 기쁨으로, 그리고 자아에 대한 불안한 생각을 다른 시간과 공간에서의 편안한 사색으로 바꾸어준다.

신문을 읽는 독자도 소설을 읽는 독자와 같이 쉽게 몰입하고 변화한다. 신문사의 편집장이 글을 읽고 뉴스거리가 되는 것과 아닌 것을 정확하게 구별해 내는 과정은 신문을 읽는 독자의 경험

---

2 놀이 독서(Ludic reading)는 네델란드의 역사학자 요한 하위징아가 '놀이하는 인간(homo ludens)'을 일컫는 데서 비롯되었다. 그는 놀이의 특징을 자유로운 행위이며, 자유 그 자체라고 하였는데, 그런 점에서 놀이 독서는 의무적으로 수행하는 일이 아니라 언제라도 자유롭게 연기되거나 중단될 수 있는 독서를 의미한다. (역자 주)

의 본질을 잘 보여준다. 1949년에 대중문화 연구의 권위자 윌버 슈람(Wilbur Schramm)은 다음과 같이 말했다. 의사소통의 양상은 전달자와 수용자 사이에서 생겨나는 많은 양의 선택과 배제를 통해 달라진다(p.289). 여기에서 인상적인 현상은 다음과 같다.

첫째, 언론인들이 신문 기사의 가치 순위를 거의 비슷하게 매긴다는 점이다. 그것은 마치 경험이나 뉴스의 규범에 관한 일반적인 지식들과는 아무런 관련이 없어 보인다(Nell, 1978b). 신문을 읽는 경험이 많은 사람들은 의식의 변화로 인해 30년 경력의 베테랑처럼 정확하게 뉴스거리의 순위를 매길 수 있다. 둘째, 뉴스에 대한 공공의 욕구가 가지는 특성이다. 뉴스에 대한 갈망은 이야기에 대한 갈망이 변형된 것으로 볼 수 있다. 옛날 사람들이 이야기꾼(storyteller)에게 이야기 듣기를 좋아했던 것처럼, 이러한 갈망은 사람들을 극장이나 텔레비전, 도서관이나 신문 읽기로 이끈다.

만족할 수 없는 욕구는 가장 인상적인 의사소통의 양상이다. 경제적인 필요성 때문만이 아니라(엔터테인먼트 산업이 발달하는 것에서 볼 수 있듯이), 매일 사람들의 삶에 일상적으로 작용하여 많은 시간을 지속적으로 집중하게 만드는 이야기 제공자(provider)의 강력한 강화 때문에 의사소통이 일어난다. 일화적인(anecdotal) 대화와 정보를 제공하는 이야기는 책, 라디오, TV 프로그램에서 계속해서 나온다. 이처럼 다양한 이야기에 익숙해지게 되면 만족할 수 없는 욕구로 인해 즐거움을 위한 독서가 이루어진다.

엔터테인먼트는 경제 분야와 관련되는 놀이의 한 양상이다. 그리고 거대하고 광범위하게 수익이 생기는 엔터테인먼트 산업은 의식적인 변화를 보여준다. 우리는 우리의 의식을 다르게 변화시키는 웅장하면서 자극적이고 클로즈업된 비극을 위해 아낌없이 비용을 치른다. 그러나 엔터테인먼트 산업의 산물 중에서 가장 휴대하기 편하고 도처에 존재하는 책은 도서관이나 책 교환, 친구들을 통해 거의 무료로 사용이 가능하다.

독서의 즐거움은 두 가지 범주에 다 걸쳐있다. 돈을 지불하는 엔터테인먼트와 돈을 지불하지 않아도 즐길 수 있는 활동(다른 사람과 이야기하기, 친구 집 방문하기) 사이에 놓여 있다. 다음으로, 놀이 영역 내에서, 독자는 관중이자 참가자 모두가 될 수 있다. 독자가 책을 읽기 시작하기 전까지 책은 존재하지 않는 것과 같기 때문에 독자는 참가자라고 할 수 있다. 그럼에도 불구하고, 독자는 다른 관중들처럼 책의 세계를 따르며 글을 읽게 된다. 이러한 경계를 넘나드는 투과성(permeability)은 독자가 마음 속에 즐거움과 외적인 보상 사이의 본질적인 차이를 기억하고 있을 때에 강조된다. 한 독자가 같은 책을 읽는다 하더라도, 시험을 준비하기 위해 읽을 때는 따분하게 느낄 수도 있지만 여가 시간에 읽을 때는 즐거움을 느끼며 독서를 할 수도 있다.

## 3. 독자 수준에 관계없이 즐거움을 주는 독서

전통적으로 비평가와 문학가들은 독자를 교양이 높은 사람과 낮은 사람으로 구분해왔다. 그리고 독자들 중 독서 훈련을 받은 사람과 받지 않은 사람은 같은 느낌을 공유할 수 없다고 본다. 만약 이러한 구분이 문화의 생산과 소비에 정확히 반영된다면, 놀이 독서의 풍부함과 다양성은 의도적이고 깊이 있는 독서를 하는 사람들에게만 수렴될 수 있다. 반대로 "잘 알지 못해서 낮은 수준의 컨텐츠를 찾는"(Oxford, 1976) 사람들에게만 초점을 맞추게 될지도 모른다. "수준 낮은 소설이 교육받지 않은 사람들의 마음에 미치는 영향"(Sterba, 1939)에 관한 책은 수준 높은 독자들의 관심을 전혀 끌지 못했을 것이다. 왜냐하면 이 책이 수준 높은 독자들의 놀이 독서 경험을 반영하는 데에는 실패했을 것이고, 수준 높은 독자들은 이 책에 함축된 오만한 내용을 불쾌하게 느낄 수 있기 때문이다.

독서는 교양이 높은 사람이나 교양이 낮은 사람에게만 한정되지 않는다. 엘리트주의 비평가들이 가정하는 두 계층의 독자는 존재하지 않는다. 엘리트주의 비평가들은 지적 교양이 있는 사람은 상스러운 취향이 사라진다는 잘못된 신념을 가지고 있다. 이것을 "엘리트주의의 오류"라고 한다. 그러나 밀란 쿤데라(Milan Kunder)의 『참을 수 없는 존재의 가벼움』이나 짐 쿳시(Jim Coetzee)의 『포』[3]를 읽고 즐거워하는 사람들도, 어릴 적 즐겁게 읽었던 윌리엄 얼 존(William Earl Johns)의 『Biggles and the Blue Moon』이나 리치말 크롬튼(Richmal Crompton)의 『Just William』을 여전히 읽고 싶어하며, 비행기에서 승객을 위해 제공하는 『할리퀸 로맨스 문고』[4]를 몰입하여 읽기도 한다.

보통 세련된 독자는 감정이 깊고 섬세한 문학작품을 즐기고 싶어하며 읽을 수 있는 능력을 갖추었고, 습관적으로 그런 작품을 읽을 것이다. 그러나 그들이 어린 아이 같이 "전능한 자아 His Majesty the Ego(Freud, 1908/1957)"의 승리담을 읽고 싶어한다면 그런 작품을 읽어야 한다. 또한 무적의 주인공이나 여주인공이 나와서 끝없이 승리하는 전형적인 형태의 서사를 읽을 수도

---

3 짐 쿳시(Jim Coetzee)의 『포』는 2003년 존 쿳시가 새로운 시각으로 다시 쓴 '로빈슨 크루소' 이야기이다. '포'라는 제목은 '로빈슨 크루소'의 작가 다니엘 디포의 '포'에서 온 것이다. 이 책은 철저하게 남성중심 이야기인 '로빈슨 크루소'를 수전 바턴이라는 여성의 시각에서 새롭게 바라본다. (역자 주)
4 청소년 취향 연애 소설 시리즈.

있다. 자신의 마음을 잘 표현할 수 있는 33명의 놀이로 책을 읽는 독자 중 평균 42.6퍼센트의 독자와 영문학 박사 중 90퍼센트가 하찮은 이야기(trash)를 읽고 즐거움을 느꼈다. 기자들도 고전 문학 작품이나 어려운 작품보다는 "재미있는 하찮은 이야기(good trash)"를 즐겨 읽는다고 하였다.

물론, 이러한 경향은 한 방향으로만 작용한다. 왜냐하면 미숙하거나 의욕이 없는 독자들은 높은 수준의 책을 읽기 어렵기 때문이다. 교양이 낮은 수준의 독자가 엘리트 문화의 산물을 기피한다면 비평가의 안내가 필요하다. 하지만 문화 소비에 대한 조사를 보면 높은 수준의 문화에서 낮은 수준의 문화로 가는 문은 열려 있으며, 독자가 초기에 가지고 있는 취향은 사라지지 않은 채 더 세련된 욕구로 발달한다. 은유적으로, 개체발생은 계통발생을 반복한다(Haeckel's "fundamental biogenetic law." 1867)거나 새로운 시스템은 낡은 것을 대체할 수 없고 다만 첨가될 뿐(Mclean, 1973 참고)이라는 진화론의 이론은, 초기 문화는 이후의 축적에도 불구하고 여전히 접근하기 쉽다는 생각의 토대가 된다. 프로이드(Freud)의 정신분석학에서는 의식에 대한 고고학적 은유(예를 들면, 1909/1984, p.57)에서 초기의 원시적인 요구나 욕망은 성숙함이나 교육에 의해 제거되지 않으며, 단순히 뒤덮인 채로 남아 있다가 위장이나 현란한 방식으로 활성화된다고 주장한다.

대중적인 독서 관습이 생긴 이래로, 엘리트주의 비평가가 교양이 낮은 계층의 작품에 대해 연구해 온 오만은 비평가의 생각이 문화적 중요성과 무관하게 일반적이라는 잘못된 전제를 낳았다. 그러나 특정 계층만이 즐기는 작품이 따로 있는 것은 아니다. 오히려, 교양이 높은 계층과 교양이 낮은 계층이 문학 작품을 읽으면서 다양한 욕구와 즐거움을 공유할 수 있다는 생각이 더욱 적절할 것이다. 물론 이것은 엘리트주의의 오류를 대중주의자들의 오류로 대신하는 것일 수도 있다. 그렇지만 중요한 것은 문화적 취향을 계층화해서는 안 된다는 점이다.

엘리트주의의 오류는 도덕적으로 비난받을 만한 행동을 하는 사람들이(고문하는 경찰, 독일 나치의 친위대 등) 비정상적이며 인간 이하의 사람이라고 믿게 만든다. 그리고 독서광에게도 결점이 있다고 생각한다. 이들이 부도덕적인 방식으로 행동하는 것이 적어도 인격의 일부일 수 있다는 생각이다. 하지만 독서광과 같은 특이한 독자는 "비정상적"으로 보일 수는 있지만 그를 인간 이하인 것으로 보는 것은 적절하지 않다. 헨리 머레이(Henry Murray)는 『Explorations in Personality』(1938)에서 하버드 남자 대학생 50명에 대한 임상치료적 연구를 한 바 있다. 머레이(Murray)는 다음과 같이 말한다.

우리의 연구는 대부분 심각한 불안, 열등감, 죄의식, 우울함을 가진 것으로 보이는 학생들을 대상으로 하였다...... 그들은 스스로가 그들 자신이나 부모님의 기준에 합당하지 못한 생활을 한 것을 걱정하였다. 그들은 빈번하게 신랄한 굴욕의 기억으로부터 고통 받았었다. 그리고 그들이 저녁에 책을 읽기 시작할 때, 미래의 실패와 압박감, 소외감 그리고 집중할 의지가 없는 무기력감 등에 대해서 심각하게 걱정했다고 한다. 자신감을 떨어뜨리는 것으로는 주로 자기 자신과, 혹은 부모님과의 불화와 관련이 있었다.

그러나 이 50명의 대학생들은 미국의 가장 재능 있고 높은 학업 성취를 보이는 청년들이었다.

## 4. 놀이 독서 모형

일반 사람들은 놀이로 책을 읽는 독자의 특성에 대해서 궁금증을 많이 갖고 있다.

- 놀이로 책을 읽는 독자는 책을 즐기는 독특한 방식이 있는가?
- 다른 독자와 공유하는 방식이 다른가?
- 과도한 양의 책을 읽고 있는가?
- 읽는 속도가 빠른가?
- 왜 훌륭한 문학작품이 아닌 스스로 하찮다고 생각하는 읽을거리들을 읽는가?
- 옛날에 좋아했던 작품을 다시 읽어도 여전히 즐거운 이유가 무엇인가?
- 잠들기 전 침대에서 책을 읽는 것이 즐거운 이유가 무엇인가?
- 책을 읽는 것이 텔레비전을 보거나 영화를 보는 것보다 즐거운 이유가 무엇인가?

그동안 놀이로 책을 읽는 독자들은 그들의 개인적인 독서 경험에 대해 이야기를 나눌 기회가 거의 없었다. 놀이로 책을 읽는 독자들이 모여 독서 성향에 대한 이야기를 나눌 때, 서로가 비슷한 방식으로 독서를 하고 있다는 사실을 알게 되고, 그들의 관심사가 비슷하다는 것을 알게 된다(놀이로 책을 읽는 독자의 전제조건이나 그 중요성, 놀이로 책을 읽는 독자는 표현을 잘 한다는 것, 박식하고 호기심이 많다는 것 등). 이러한 사실을 알아가기 위해서는 어린 시절의 두려움, 원작에서 감동을 받은 부분, 그들에게 영향을 준 저자 등에 대해 방해받지 않고 자유롭게 말하는 과정이 필요했다. 이렇게 드러난 놀이로 책을 읽는 독자의 특성은 놀이 독서 모형으로 설명할 수 있다.

놀이 독서 모형은 복잡하다. 그러나 즐거운 독서를 위해 독자가 따라야 하는 복잡한 여정을 설명하기 위해서 이 모형은 꼭 필요하다. 복잡함을 설명하는 가장 단순한 방법은 대상에 대한 모든 측면을 정돈된 방식으로 정리한 놀이 독서의 모형을 제시하는 것이다("모형"은 부분과 전체의 관계를 보여줄 수 있다. 잉글리쉬와 잉글리쉬(English & English, 1958) 모형은 가설을 발견하기에 유용하기 때문에 이 탐색적 연구에 적절하다). 이 모형은 독서를 보상 체계와 관련지었다는 점에서 일종의 동기 모형이 될 수 있다. 놀이 모형의 보상 체계는 독서 진행 중에 설정되고, 다른 활동을 더 선호하는가에 따라 지속되거나 중단된다.

이 모형의 시작점은 독자이다. 처음에는 독자가 놀이로 책을 읽는 독자가 될 것인지 아닌지를 알지 못한다.

놀이 독서가 시작되려면 놀이 독서의 전제 세 가지가 갖추어져야 한다. 놀이 독서의 첫 번째 전제는 독서 능력이다. 놀이로 책을 읽는 독자는 빠르고, 특별한 노력 없이도 책에 제시된 정보를 수용할 수 있는 숙련된 독자이다. 책이나 연속되는 텍스트를 읽기 위한 최소한의 독서 속도를 갖추지 못한 독자는 독서 능력의 부족으로 인해 보상을 얻기까지의 시간이 느리고 지루하게 느껴질 것이다.

두 번째 전제는 긍정적인 기대이다. 독서를 통해 즐거운 경험을 하게 될 것이라고 예상하는 것이다. 우리는 어린 시절에 처음으로 스토리텔링의 즐거움을 느낀다. 그 후, 독자는 책을 읽으며 유사한 즐거움을 느끼고, 이야기를 읽으면서 생각이 달라지는 경험을 하기도 한다.

세 번째 전제는 올바른 책 선택이다. 독자에게 적합한 책을 선택하는 것인데, 독자는 "즐거운 독서"를 보장받을 수 있는 책을 선정하기 위해 전략이 필요하다. 물론 이는 개인마다 다르다. 어떤 독자가 좋아하는 책이 다른 독자에게는 그렇지 않을 수도 있다. 이러한 이유로 이 연구에 참여하는 놀이로 책을 읽는 독자에게는 다른 책을 읽도록 허용한다. 독자들에게 읽고 싶은 책을 50쪽 정도 미리 읽어보고 즐겁게 읽을 수 있다는 확신이 생긴 책을 가지고 오게 할 수 있다.

이러한 세 가지 전제 중 하나라도 충족되지 않으면, 놀이 독서가 이루어지지 않거나 이루어지더라도 실패하게 된다. 만약 세 가지가 모두 충족된다면, 독서는 어떤 다른 활동보다 매력적인 활동이 된다. 놀이 독서가 시작되어 지속되면서 발생된 강화는 대안적인 다른 놀이에 빠지는 것을 막아낼 만큼 매우 강력하다.

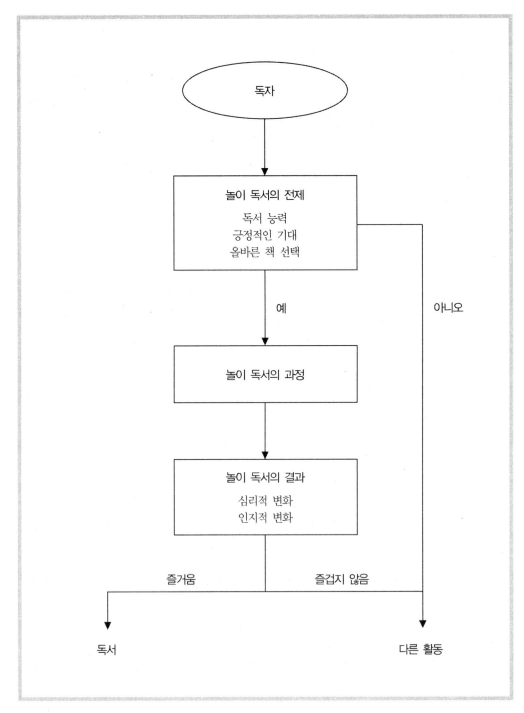

[그림 1] 놀이 독서의 모형

놀이 독서의 결과는 두 종류로 나타난다. 첫 번째는 근육의 긴장, 호흡, 심장 박동, 피부의 전기 신호 등과 같은 자율신경 계통에 의해 조정되는 독자적인 신경계통에 의한 일련의 생리학적 변화이다. 이러한 일은 무의식적으로, 광범위하게 나타나고 의식적으로 행복감을 느끼게 된다.

두 번째는 다양하고, 심오한 인지적인 변화로 나타난다. 독서는 집중(attention)의 초점을 자신에서 환경으로 변화시킨다. 독서가 독자의 집중을 요구하기 때문에 독자는 효과적으로 내부나 외부에서 오는 다른 요구로부터 벗어날 수 있다. 동시에 책을 읽고자 할 때에 책을 읽을 수 있게 하는 강한 집중력은 아마도 책과 독자 모두를 변모시키는 영향력을 가질 것이다. 독자들이 독서 과정에서 속도(pace), 내용(content), 시작(initiation), 지속(duration) 등을 완전히 조정하는 것은 독서가 의식을 무디게 하거나 의식을 고조시키는, 두 가지 서로 다른 목표를 달성하는 데 이용될 수 있다. 이 중 어떠한 목표를 추구할 것인지는 독자의 개인적인 기질과 현재의 관심이 결정한다. 대부분의 시간에 대부분의 독자는 이러한 두 가지 방식 중 하나를 지속적으로 선호한다.

놀이 독서의 전제와 놀이 독서의 결과 사이에 놀이 독서의 과정이 존재한다. 독서 과정은 종이 위의 기호에서 추출된 의미가 독자에게 내적인 경험을 형성하는 것을 의미한다. Gass와 Carroll에 따르면 다음 두 가지 과정(processes)이 가능하다. 하나는 Carroll이 접근하는 감정에 흔들리지 않는(tough-minded) 경험론에 기반한 의미 추출이다. 다른 것은 독자 경험의 "특이함(otherness)", 즉, 종이를 통해서 깊은 꿈으로 쉽게 빠져들게 하는 독서의 특별함이다. 하지만 감정에 흔들리지 않는 것과 특이함은 분리된 것이 아니다. 독서에 관한 정의에 따르면, 독서는 인쇄되거나 쓰여진 메시지에서 의미를 구성하는 것이다. 이러한 측면에서 Gass와 Carroll은 모두 의미에 관심을 가졌다. 어떻게 독자가 의미를 구성하는지, 구성된 의미로 독자는 무엇을 하는가에 대해 관심을 가졌다.

# 2부

# 독서 태도에
# 영향을 주는 요인

우리의 문명에 해가 되는 책을 없애는 것이 중요한 게
아니라 한 세대를 위한 책을 남겨두는 것이 중요하다.

— R. M. Hutchins

# 4장

# 도서: 사람들은 언제 어떤 책을 읽는가?

*Peter J. L. Fisher*

2차 세계대전 동안 책 판매량이 증가하던 시점인 1945년, 출판사는 지속적으로 책의 판매량을 높이기 위한 방안으로 독서 습관에 관한 연구를 의뢰하였다. 이와 관련이 있는 링크와 호프(Link & Hopf, 1946)의 연구에서, 연구자들은 미국 전역 106개 도시에 거주하고 있는 4천명을 대상으로 독서 습관에 관한 인터뷰를 하였다. 당시의 인터뷰에서 가장 많이 이루어진 질문 중 하나는 바로 "사람들은 어떤 책을 언제 읽는가?"였다. 링크와 호프(Link & Hopf)는 미국 전체 인구의 50%만이 독서활동에 참여하고, 전체 책의 70%를 인구의 단 21%만이 읽었다고 밝히고 있다. 또한, 21%의 인구는 매우 다양한 종류의 책을 읽었다고 했다.

이보다 20년 앞서 터만과 리마(Terman & Lima, 1925)는 2,000명의 학령기 아동들을 대상으로 독서 습관과 흥미에 관한 정보를 수집하였다. 그 결과 아이들은 스스로의 독서 흥미를 조절하기 어려워한다는 것을 알 수 있었다. "사람들은 언제 어떤 책을 읽는가?"라는 질문은 역사적으로 많은 연구자들의 관심을 받았다. 현재 이 질문에 대해 우리가 알고 있는 것은 오래전 이와 관련된 연구가 처음 이루어졌을 때와 별반 다르지 않다. 이 장에서는 특히 아이들과 관련이 있는 주요 연구를 검토하면서 질문에 대한 답을 시작하려고 한다.

# 1. 도서 선택과 관련된 경험담

우리가 어떠한 책을 접하게 되는 과정은 아이들처럼 제한적일 수도 있고, 학교나 가족이 선택해 준 것을 수동적으로 받아들인 것일 수도 있다. 어른이 되면서 우리의 독서 습관은 점차 안정되고 자기만의 방식을 갖게 된다. 우리가 독서를 위해 특정 소재와 책을 선택하는 근거는 물리적이고 사회적인 환경보다 오히려 개인적인 직관에 의해 결정될 수도 있다. 사람들이 언제 어떤 책을 읽고, 독서가 어떤 영향을 주는 지에 관한 지속적인 정보를 얻을 수 있는 방법 중의 하나는 바로 책을 읽는 사람들의 개인적인 경험담을 듣는 것이다.

칼슨과 쉐릴(Carlsen & Sherrill, 1998)은 사서나 교사가 되기 위해 교육을 받았던 학생들을 대상으로 30년 동안 유년기 독서 경험에 관한 회고담을 수집하였다. 그들은 이렇게 수집한 수천 건의 회고담을 통해 학생들이 언제 어떤 책을 읽는지에 대한 생각을 정리할 수 있었다. 취학 전에는 대부분 부모가 책을 읽어 주었고, 좋아하는 책을 반복해서 읽었던 경험이 많았다. 저학년 시기에는 학생들이 여러 번 읽었던 책을 좋아하고, 독서에 관심이 많은 학생들은 읽고 싶은 책이 도서관에 있다는 것을 알게 되었다. 이 학생들의 경험담을 살펴보면, 고학년에 올라가도 여전히 학생들의 독서 본보기는 가족이라는 것을 알 수 있다. 이 시기의 학생들은 말, 늑대, 개척자, 비행기 등과 같은 몇 가지 주제를 선호하는 경향이 있었다. 그리고 잡지와 만화책에 깊이 빠지기도 했다. 예를 들면, 소녀 탐정 이야기인 낸시 드류[1](Nancy Drew), 하디 보이즈[2](Hardy Boyes), 슈퍼맨(Superman)은 대학 입학을 앞둔 학생들이 학창 시절에 얼마 전까지만 해도 읽었던 책이었다.

많은 설문 참여자들이 중학교 시절에 읽었던 책에 관한 기록을 보관하고 있었다. 좋아한다고 언급한 책은 주로 모험과 미스터리에 집중되었으며, 어떤 이들은 전기물에 흥미를 가지기 시작했다. 이 시기의 여학생들은 대부분 로맨스 소설을 읽기 시작했다. 많은 설문 참여자들의 경험을 살펴보면, 당연하게도 남학생과 여학생이 좋아하는 책이 서로 달랐다. 연구자들은 고등학생 시절

---

1 1930년에 처음 출판되었으며, 파티에서 사라진 시티 걸 인형을 찾기 위해 나선 소녀탐정 낸시 드류의 이야기를 담은 책이다. (역자 주)
2 1990년대 초 미국의 프로레슬링 WWE의 폭발적인 성공을 이끌었던 전설적인 태그팀 '하디 보이즈'의 이야기를 다음 책이다. (역자 주)

에는 학생들이 책을 읽는 것에 더욱 많은 의미를 부여하고, 무엇을 읽을 것인가에 대해 신중하게 결정한다고 말했다. 그리고 이 시기에는 '고전'이나 특정 작가의 작품에 많은 관심을 갖는 것으로 나타났다. 이러한 학생들의 경험담은 고등학교 시기의 독서가 오락을 넘어 지적인 활동으로 자리 잡았음을 보여준다.

칼슨과 쉐릴(Carlsen & Sherrill, 1998)은 책이 독자에게 어떤 영향을 미치는가에 대한 논의에서 '전환점이 되는 책(내 삶에 영향을 준 책)'에 대해 언급했다. 전환점이 되는 책은 한 사람의 삶에 지대한 영향을 주었거나 인생의 전환기를 마련해준 책을 말한다.

사빈 부부(Sabine & Sabine, 1983)는 1,400명의 미국 시민들에게 "어떤 책이 당신의 인생에 가장 큰 영향을 주었습니까?" 라는 질문으로 한 사람의 인생에서 책이 어떠한 힘을 가지는지에 대해 물었다. 응답자들은 책이 직업, 거주 지역, 정치적·사회적인 단체에의 참여, 종교, 결혼에 어떻게 영향을 주었는지 대답하였다. 그리고 책이 어려움을 극복하는 데 어떻게 도움을 주고, 단점을 극복하는 방법과 자녀 교육 등에 어떤 도움을 주었는지에 대해서 답하였다. 어떤 사람은 등장인물에 감정을 이입하고, 어떤 사람은 독서가 자신의 기분을 좋게 한다고 대답하였다. 사빈 부부는 책이 저마다 살아가는 삶의 차이를 만들고 있다고 보았다. 즉, 독서의 경험, 목적, 결과는 매우 개인적인 것이기 때문에 어떠한 책도 '보편적인' 책이 될 수 없다는(누구에게나 같은 영향을 줄 수 없다는) 결론을 내렸다. 사빈 부부는 책의 영향을 받는 독자가 인종이나 성별과 같은 특정 요소에 의해 달라지는 것이 아니라고 말한다. 그들은 또한 사람들에게 강렬한 영향을 주는 대부분의 책은 결코 베스트셀러 목록에 나타나지 않는 책이기도 하다고 하였다(p.127). 베스트셀러 목록의 책과 사람들에게 영향을 주는 책은 차이가 있다.

메이(May, 1992)는 학교와 지역사회 연계 프로젝트의 하나로 지역 주민들을 대상으로 독서에 대한 개인적인 의견을 수집하였다. 그녀가 수집한 지역 주민들의 의견을 보면, "독서가 주는 이로움은 개인의 삶에 매우 깊고 긍정적인 방향으로 관여하고 있어서 독서를 배제한 삶은 상상하기 어렵다"(p.3)는 것을 보여주고 있다. 그들은 다양한 주제와 다양한 장르의 책을 읽는 것에 관심을 보였다.

학생들의 개인적 경험담은 모든 연령층과 상황에서 이루어지는 다양한 종류의 독서를 보여주었다. 어떤 사람에게는 상당한 영향을 주는 것이 다른 사람들에게는 중요하지 않을 수도 있다. 그러나 모든 학생들이 도서관 이용과 시리즈 도서에 관심을 갖는 경험을 빈번하게 언급하였다.

## 2. 도서관 이용

앞서 언급했던 개인적인 경험담을 살펴보면, 성인들의 도서관 이용 습관은 사춘기 시절에 형성되었다는 알 수 있다(Berelson, 1949; luckham, 1971; Razzano, 1975 참고). 이것은 독서 자료의 원천인 도서관을 어린 시절에 소개하는 것이 매우 중요함을 보여주고 있다. 전통적으로 성별, 인종, 수입, 교육 수준이 도서관 사용의 차이을 설명하는 데 활용되었다(Mendelsohn & Wingerd, 1967 참고). 하지만 크링(Kling, 1982)은 이러한 요소들이 성인의 독서 습관 차이를 가져오는 요소들 중 극히 일부일 뿐이라고 주장한다. 그는 개인의 독서 습관은 저마다 다른 특징을 보이는 경향이 있다고 했다. 그러한 특징은 성별, 수입, 교육 수준 및 인종보다 주로 개인적인 요인에 영향을 많이 받는다.

하지만 공공 도서관의 주요 이용자는 부모(가족)와 함께 도서관을 가는 18세 이하의 학생들이었다(Mendelsohn & wingerd, 1977; Ward, 1986; Westerhein, 1986). 공공 도서관은 학생들이 쉽게 책을 찾아 볼 수 있도록 환경이 구성되어 있기 때문에 어린 학생들이 찾는 비율이 높다. 로빈슨과 슐츠비(Robinson & Sulzby, 1984)는 취학 전 아이들은 부모와 함께 책을 많이 읽고, 부모와 아이가 함께 읽을 책을 구하는 경로는 다양하지만 그래도 가장 많은 비중을 차지하는 것은 도서관이라고 주장한다.

지난 50년간 이루어졌던 연구를 살펴보면, 도서관 이용은 연령이 높아질수록 감소하고, 남자보다 여자가 도서관을 자주 이용한다는 것을 알 수 있다. 또한, 공공 도서관의 전체 이용 횟수는 저소득층이 더 많지만 꾸준히 방문하는 이용자는 고소득층이었다(Berelson, 1949; Davies, 1986; Gallup, 1978; Mendelsohn & Wingerd, 1967). 또 다른 연구 결과는 도서관 이용이 개인의 교육 수준에 따라 증가한다는 점을 보여준다. 따라서 소득이 높은 계층의 사람들은 여가 시간을 보내거나 정보가 필요할 때 도서관에서 책을 빌린다는 것을 알 수 있다.

## 3. 베스트셀러 목록

개인의 삶에 크게 영향을 준 책들은 거의 베스트셀러 목록에 포함되어 있지 않다. 그럼에도 불구하고 이러한 목록은 대중이 어떤 책에 돈을 지불해야 하는지에 대한 좋은 정보를 제공해 준다. 로백(Roback, 1992)은 1980년대와 1990년대에 경기 침체에도 불구하고 아동도서의 구매는 증가했다고 말한다. 1980년부터 1988년까지 출판사들의 총 출판량은 73.3% 증가했다. 그리고 서점의 많은 공간이 어린이를 위한 도서로 채워졌다. 하지만 흥미롭게도 출판사에서 발표한 베스트셀러는 보통 출판된 지 10년에서 15년 정도 지난 흔히 '고전'이라고 부르는 오래된 책이었다. 사실, 전체 도서 구매의 40%를 넘게 차지하는 주된 구매자는 부모이며, 학생이 구입하는 경우는 15%에 지나지 않는다. 이를 통해 우리는 비록 베스트셀러 목록에 있는 책들을 읽는 사람은 주로 아이들이지만 그 목록에 있는 책들을 선택하는 사람은 주로 어른이라는 점을 이해할 필요가 있다.

매릴스(Maryles, 1989)는 역대 아동도서 베스트셀러 목록을 만들었다. 그가 만든 목록의 가장 위에는 『피터 래빗 이야기[3]』가 있고, 그 다음으로 『Pat the Bunny[4]』가 있었다. 그 뒤로 10위 안에는 수스 박사(Dr. Seuss)가 쓴 네 권의 책과 성경이 포함되어 있었다. 베스트셀러에는 고학년 학생(초등학생 이상)을 위한 책이 많았다. 이 목록에는 힌튼(Hinton)의 『아웃사이더[5]가 가장 위에 있으며, 상위 10위 안에는 『샬롯의 거미줄[6], 『나의 올드 댄, 나의 리틀 앤[7], 『어린 왕자』 그리고 로라 잉걸스 와일더(Laura Ingalls Wilder)가 쓴 두 권의 책을 포함한 고전들이 포함되어 있었다. 주디 블룸(Judy blume)의 책은 세 권이었으며, 힌튼(Hinton)의 책은 두 번째로 많았다. 두 작가의 책이 많은 것은 독자들이 지속적으로 선호하는 책이 있음을 보여준다. 하지만 월간 정기 구독 도서 목록은 여러 가지 이유로 인해 바뀌는 구매 변동을 보여준다.[8]

1991년 12월, 1992년 2월, 1992년 3월의 아동도서 주간 베스트셀러를 보면, 계절, 영화 그리

---

3 영국 작가 비아트릭스 포터(Beatrix Potter)가 그린 그림동화로 작은 시골농장과 숲 속 등을 배경으로 주인공 피터 래빗과 친구들이 경험하는 하루하루의 이야기들을 재미있게 담은 책이다. (역자 주)
4 유아그림책이며, 우리말 번역본이 출판되지 않았다. (역자 주)
5 미국의 작가 힌튼(Hinton)이 17세에 쓴 자전소설로, 십대들이 방황과 갈등, 어려움을 극복하고 성숙해 가는 모습을 다룬 작품이다. (역자 주)
6 20세기 미국의 동화 작가 엘윈 브룩스 화이트(E.B.White)가 1952년에 발표한 작품으로, 작은 시골 농장에서 태어난 아기 돼지 윌버와 거미 샬롯을 비롯한 생물들을 주인공으로 한 이야기이다. (역자 주)
7 윌슨 롤스의 장편동화로, 미국의 대공황기 당시 사냥개를 갖고 싶어하는 한 산골 마을에 사는 주인공 빌리와 사냥개 그리고 가난하지만 정이 많은 그의 가족의 이야기를 담고 있다. (역자 주)
8 『The Tale of Perter Rabbit(피터 래빗 이야기)』, 『The Outsiders(아웃사이더)』, 『Sharlotte's Web(샬롯의 거미줄)』, 『Where the Red Fern Grows(나의 올드 댄, 나의 리틀 앤)』, 『The Little Prince(어린 왕자)』 (역자 주)

고 유행이 도서 판매에 영향을 준다는 것을 알 수 있다.

예를 들어, 『우체부 아저씨와 크리스마스』가 12월 그림책 판매 순위 1위였지만, 3월에는 고전 『잘자요, 달님』으로 바뀌었다. 2월에는 월트 디즈니의 『미녀와 야수』가 영화 흥행 순위 1위를 차지하였고, 이것은 책으로도 출판되어 역시 아동도서 판매 순위 1위를 차지하였다.[9]

성인 독자들의 베스트셀러 목록에서는 로알드 달(Roald Dahl)의 신작 『마틸다』가 1위를 유지하였다. 3개월 내내 문고판 베스트셀러 목록 1위에는 『베이비 시스터즈 클럽』 모음집이 있었다. 엥겔하트(Engelhardt, 1991)는 "출판사 소식지에는 놀랍게도 6500만부의 『Sweet Valley』와 4300만부의 『베이비 시스터즈 클럽』이 팔렸다고 실려 있다"라고 말한다. 그는 또한 1990년에 가장 많이 팔린 세 권의 문고판 도서가 모두 『닌자 거북이』 시리즈물이었다고 말한다(상위 20위 안에는 6권의 책이 더 있다). 그 해의 베스트셀러 목록에서 시리즈 책이 강세를 보이는 것은 새로운 것이 아니다. 50년 전 『낸시 드류』와 『하디 보이즈』도 그러했다. 그러나 그 시리즈물이 빈번하게 바뀌는 것은 청소년 시장의 증가 때문일 수도 있으며, 출판사들 간의 판매량 경쟁 때문일 수도 있다(11장과 12장 참조).[10]

이러한 베스트셀러 목록을 보게 되면, 사람들이 아직도 고전을 선호한다는 것과 계절적인 요인이 사람들의 도서 구매 결정에 영향을 준다는 것을 알 수 있다. 하지만 아동도서 베스트셀러 목록에서 시리즈물이 강세를 보이는 이유가 책의 주된 구매자인 부모가 시리즈 책을 사기 때문인지, 아울러 아이들이 정말로 각기 다른 종류의 책보다 시리즈물을 선호하는지에 대해서는 여전히 의문이 남는다.

---

9 『The Jolly Christmas Postman(우체부 아저씨와 크리스마스)』, 『Goodnight Moon(잘자요, 달님)』, 『Beauty and the Beast(미녀와 야수)』 (역자 주)

10 『Matilda(마틸다)』, 『Baby Sitters Club(베이비 시스터즈 클럽)』, 『Sweet Valley(우리말 번역본으로 아직 출판되지 않음)』, 『Teenage Mutant Ninja Turtle(닌자 거북이)』, 『Nancy Drew(낸시 드류)』, 『Hardy Boys(하디 보이즈)』 (역자 주)

## 4. 아이들의 독서 선호도

독서 흥미와 독서 선호도에 대한 대표적인 연구자는 노벨(Norvell, 1950; 1958)이다. 노벨(Norvell, 1950)의 연구에 참여한 625명의 교사들은 200개가 넘는 학교의 5만 명이 넘는 학생들을 대상으로 자료를 수집하였다. 그리고 노벨(Norvell)은 1958년에 수행한 연구에서 초등학교 3~6학년에 재학 중인 2만 4천명의 아이들로부터 96만 개의 기초 자료를 얻었다. 이러한 연구들은 아이들의 독서 흥미와 독서 선호도를 평가하기 위해 쏟았던 열정과 자료들을 강조한다. 몬슨과 세베스타(Monson & Sebesta, 1991)의 고전 문학과 현대 문학에 대한 연구는 독서 선호도에 관한 매우 많은 정보를 제공해 주었다.

다양하게 이루어진 독서 흥미와 선호도에 대한 연구는 크게 세 가지 범주로 나누어 볼 수 있다. 이들 세 범주는 학생들이 읽고 있는 책, 읽고 싶은 책, 제시된 목록에서 선호하는 책에 관한 연구이다.

자료 조사 방법으로는 일기, 독서 일지, 조사하기, 인터뷰, 실제의/가공의 제목, 주제를 소리내어 읽기 등의 방법을 사용하였다. 대부분의 연구들이 내린 공통적인 결론은 아이들의 독서 흥미와 선호도가 성별과 연령의 영향을 받는다는 것이다(Monson & Sebesta, 1991). 일부 연구자들은 인종이 독서 흥미에 영향을 준다고 주장했지만 서로 다른 인종 간의 독서 흥미는 다르지 않고 오히려 유사해 보였다(Fisher, 1988; Wolfson, Manning & Manning, 1984). 이 결과는 또한 국제 비교에서도 사실인 것으로 밝혀졌다(Fisher & Ayres, 1990; Kirsch, Pehrsson & Robinson, 1976). 존슨과 그린바움(Johnson & Greenbaum, 1982)은 일반적으로 남자 아이들이 모험, 과학, 스포츠, 안내 책자를 선호하는 반면, 여자 아이들은 미스터리, 로맨스, 동화, 가정, 학교생활, 동물에 관한 책을 선호한다고 결론을 내렸다. 모험, 미스터리, 유머, 판타지에 대한 흥미는 남녀 모두 비슷하다고 하였다.

1974년 이후 아동도서위원회와 국제독서협회의 공통 프로젝트인 '아이들의 선택(children's choice)'에서는 매년 500권의 신간 도서에 대한 초등학생 만 명의 반응을 조사하였다. 그 결과, 저학년 학생들은 비현실적인 만화책을 1위로, 사람과 동물에 관한 이야기를 2위로 선택하였다. 초등학교 중학년 학생들은 모험, 유머, 안내서를 1위로, 판타지, 미스터리, 스포츠를 2위로 선택했다. '아이들의 선택'은 아이들이 실제로 읽고 싶어하는 책이 무엇인가에 대한 좋은 정보를 제공해준다.

아이들의 독서 선호에 관한 연구는 왜 흥미로운 것일까? 그 이유는 독서를 장려하고, 평생 독서를 할 수 있도록 아이들을 책과 연결시키기 때문인 듯하다. 책의 수와 종류가 변하면 아이들의 흥미가 변할 것이라 생각했다. 하지만, 이 가정은 잘못된 것으로 보인다. 어떤 교사는 『닌자 거북이』와 같은 책에 대한 일시적인 관심보다 좋은 이야기가 더 중요하다고 말할 수 있다. 게다가 좋은 이야기는 하나의 장르에 국한되지 않을 수 있다. 언제나 인기 있는 『나니아 연대기』 시리즈는 모험물인가, 판타지인가, 동물 이야기인가? 『나니아 연대기』는 각각의 요소를 모두 가지고 있다. 무엇보다 어른들이 각기 다른 여러 책의 영향을 받는 것처럼 아이들은 다른 책에 관심을 갖기 쉽다. 그러나 앞서 이야기했듯이 특정 책에 대한 인기는 지속되는 것처럼 보이며, 출판사들은 판매 목록에 수록되어 있는 고전들에 크게 의존한다. 아이들이 고전을 읽는 이유가 고전을 좋아하기 때문일까? 아니면 어른들이 셰익스피어를 좋은 작품이라고 생각했던 것처럼 아이들도 당연히 좋은 작품이라고 생각하기 때문일까?

윌슨(Wilson, 1985)은 초등학교 5,6학년 학생들이 고전 읽기를 좋아하는지에 대해 조사하였다. 그녀는 고전을 3권 이상 읽은 374명의 학생들을 대상으로 그들이 좋은 책이라고 투표한 책들 중에서 전문가의 의견을 수렴하여 27개의 작품목록을 만들었다. 이 목록에 있는 작품들 중에서 학생들은 『샬롯의 거미줄』, 『큰 숲속의 작은 집』, 『비밀의 화원』을 가장 많이 읽었다.[11] 놀랍게도, 윌슨(Wilson)은 학생들의 선호도뿐만 아니라 남학생과 여학생이 읽으려고 선택한 고전들의 목록에서 통계적으로 유의미한 차이를 발견하지 못했다. 이러한 결과는 다른 연구에서 나타난 주요 경향과는 반대되는 것이기 때문에 학생들이 정말로 누군가의 설득 없이 이 목록의 책을 읽었는지, 남학생과 여학생이 선택하고 좋아하는 책이 다른지에 대해 알고 싶어졌다. 또한, 어른들에게 이 목록에 수록된 것과 같은 책들을 즐겁게 읽은 경험이 있는지 궁금해졌다.

윌슨(Wilson)은 두 학교에서 157명의 5,6학년 학생을 대상으로 27권의 책 중에서 읽은 책이 무엇인지에 대해 질문하였으며, 그들이 읽은 책에 대한 흥미를 5단계의 리커르트 척도로 표시하게 하였다. 또한, 교원양성대학을 졸업한 123명의 초등교사를 대상으로 동일한 과정과 내용으로 질문을 하였다.

---

11 『Chalotte's Web(샬롯의 거미줄)』, 『Little House in the Big Woods(큰 숲속의 작은 집)』, 『The Secret Garden(비밀의 화원)』 (역자 주)

## [ 초등학교 5, 6학년 학생들이 좋아하는 책 Best 10 ]

| 남학생 | | 여학생 | |
| --- | --- | --- | --- |
| 1. 톰소여의 모험 | 52 | 1. 이상한 나라의 엘리스 | 73 |
| 2. 립밴 윙클 | 34 | 2. 바로 그 이야기들 | 30 |
| 3. 버드나무에 부는 바람 | 44 | 3. 비밀의 화원 | 58 |
| 4. 아더 왕 | 33 | 4. 나니아 연대기 : | |
| 5. 나니아 연대기 : | |    사자, 마녀 그리고 옷장 | 58 |
|    사자, 마녀 그리고 옷장 | 72 | 5. 샬롯의 거미줄 | 89 |
| 6. 로빈 훗 | 53 | 6. 톰소여의 모험 | 32 |
| 7. 보물섬 | 52 | 7. 피터팬 | 57 |
| 8. 크리스마스 캐롤 | 50 | 8. 크리스마스 캐롤 | 45 |
| 9. 호빗 | 47 | 9. 메리 포핀스 | 48 |
| 10. 샬롯의 거미줄 | 78 | 10. 초원의 집 | 39 |

## [ 성인이 좋아하는 책 Best 10 ]

| 30세 미만 성인 | | 30세 이상 성인 | |
| --- | --- | --- | --- |
| 1. 비밀의 화원 | 40 | 1. 작은 아씨들 | 76 |
| 2. 작은 아씨들 | 55 | 2. 하이디 | 74 |
| 3. 샬롯의 거미줄 | 89 | 3. 피터팬 | 75 |
| 4. 나니아 연대기 : | | 4. 메리 포핀스 | 53 |
|    사자, 마녀 그리고 옷장 | 49 | 5. 샬롯의 거미줄 | 66 |
| 5. 하이디 | 56 | 6. 큰 숲속의 작은 집 | 43 |
| 6. 메리 포핀스 | 49 | 7. 톰소여의 모험 | 78 |
| 7. 큰 숲속의 작은 집 | 53 | 8. 난쟁이 가족 | 34 |
| 8. 크리스마스 캐롤 | 55 | 9. 바로 그 이야기 | 37 |
| 9. 난쟁이가족 | 31 | 10. 로빈 훗 | 59 |
| 10. 이상한 나라의 엘리스 | 57 | | |

위의 표는 남학생, 여학생 그리고 30세 미만과 30세 이상의 성인들이 평균적으로 읽은 비율이 높은 책을 나타내고 있다. 여기에는 응답자의 30% 정도만이 읽은 책도 포함되어 있다. 네 개의 목록 모두에 수록되어 있는 책은『샬롯의 거미줄』밖에 없다.『나니아 연대기: 사자, 마녀 그리고 옷장』,『크리스마스 캐롤』,『메리 포핀스』,『큰 숲속의 작은 집』이 네 권의 책이 세 개의 목록에 포함되어 있다. 남학생과 여학생의 순위 10위 안에는『나니아 연대기: 사자, 마녀 그리고 옷장』,

『크리스마스 캐롤』, 『샬롯의 거미줄』, 『톰소여의 모험』의 네 권이 공통적으로 포함되어 있다. 이 결과는 남학생과 여학생이 읽고 좋아한 고전들이 다소 다르다는 것을 의미한다. 남학생들은 모험 관련 이야기를 더 선호한다. 남학생과 여학생 모두 판타지를 좋아하는 것처럼 보이지만, 책의 종류에서는 차이가 있다. 둘 다 『나니아 연대기』를 좋아하지만 남학생들은 『립 밴 윙클』과 『호빗』을 좋아하는 반면에 여학생들은 『이상한 나라의 앨리스』, 『바로 그 이야기』, 『피터팬』, 『메리 포핀스』를 좋아했다.

30살 미만과 30살 이상의 성인들 순위 10위 안에는 6권의 책이 공통으로 포함되어 있으며, 이 두 집단의 목록에는 차이점보다 유사함이 더 컸다. 주로 여성으로 구성된 두 성인 집단과 여학생들의 목록에는 세 권이 공통적으로 포함되어 있었는데, 이것은 많은 책들이 오랜 시간이 흘렀음에도 인기가 있다는 것을 보여주었다. 성인들의 목록에서 높은 순위에 있는 『작은 아씨들』, 『하이디』, 『난쟁이 가족』은 여학생들의 목록 상위 10위 안에 포함되지 않았다.

또한, 이 자료는 각각의 책을 읽었다고 대답한 응답자의 비율을 보여준다. 이와 관련하여 『샬롯의 거미줄』은 또 다시 1위를 했다. 평균적으로, 성인들이 12권의 책을 읽었다고 응답한 반면에 학생들은 27권의 책들 중에서 9권을 읽었다고 답했다. 따라서 이 결과는 아이들이 여전히 고전을 접하고 있으며, 고전 대부분을 상당히 즐겁게 읽는다는 것을 보여준다. 비록 이 조사는 어떤 종류의 고전을 읽는지에 대해서는 알아보지 못했지만 그렇다고 해서 모든 남학생들이 『립 밴 윙클』과 『슬리피 할로우의 전설』을 원전 그대로 읽었을 것 같지는 않다. 『로빈 훗의 모험』은 많은 버전의 책으로 읽히는 것으로 나타났는데, 몇몇은 유명하지만 몇몇은 그렇지 않다. 그럼에도 불구하고, 이 조사는 성인이 읽고 즐긴 고전들을 여전히 아이들이 읽고 즐긴다는 것을 말해준다.

독서 선호도와 흥미에 관한 조사는 남자 아이와 여자 아이가 선택하는 책에 차이가 있으며, 연령 간의 차이도 있다는 것을 알려준다. 이러한 결과는 교사와 부모 모두에게 놀라운 일이 아닐 것이다. 교실은 많은 책들이 있는 곳이라는 잉햄(Ingham, 1981)과 앤더슨, 윌슨, 필딩(Anderson, Wilson, Fielding, 1988)의 말처럼, 이 연구는 나이나 성별과 같은 보편적인 요소보다는 교실과 가정과 같은 특정 요소가 아이들의 책 선정에 영향을 준다는 것을 보여준다. 아이들이 책을 선택하는 데에 교사와 부모가 다른 어떤 요소보다 큰 영향을 준다.

## 5. 전망

이 장에서는 "사람들은 어떤 책을 언제 읽는가?"에 대한 답을 얻기 위해 네 가지 종류의 조사 연구를 살펴보았다. 아직 독서와 여가 시간 활용에 대한 연구(예를 들면, Greaney & Hegarty, 1987; Taylor, Frye & Maruyama, 1990 참고) 혹은 무엇이 신문 읽기에 영향을 미치는가에 대한 연구(Lain, 1986 참고)와 같이 필자가 다루지 못한 영역도 많이 있다. 지금까지 이 장에서 살펴본 연구에서 내린 결론은 아이들과 어른이 어떤 종류의 자료를 언제 읽을 것인지를 선택하는 것에 영향을 미치는 요인들이 무엇인지 예측할 수는 있지만, 주어진 상황에서 개개인은 다르게 반응한다는 점이다. 성별과 나이와 같은 특성은 독서 자료의 선택에 가장 크게 영향을 미치며, 즐거움을 위한 독서에 대한 관심은 연령이 높아지면서 감소한다. 더 나아가 자신의 인생에 큰 영향을 준 책은 개인마다 다르며, 사람들은 저마다의 방식으로 자신의 삶에서 책을 활용한다.

# 5장

# 교사: 긍정적인 교사가 열정적인 독자를 만든다

*Edward J. Dwyer and Evleyn E. Dwyer*

한 학생이 담임 선생님께 질문했다.

"선생님, 제가 작년으로 돌아간다면 작년에 못 읽었던 책을 읽을 수 있을까요?"

이 학생은 작년까지만 해도 책을 읽지 못하는 심각한 부진 상태였다. 어느 누구도 이 학생이 책을 읽을 수 있을 것이라고 생각하지 못했다. 읽기 능력이 매우 낮아 기초 학력 향상 과정을 여러 번 반복한 학생이었기 때문이다.

그런 학생이 어떻게 읽기를 좋아하게 되었을까? 어떻게 능숙한 독자가 되었을까? 여름 방학 동안 집중적으로 읽기 공부를 했던 것일까? 아니면 어떤 획기적인 읽기 프로그램을 접하게 된 것일까? 아니면 단순히 시간이 지나면서 성숙한 것일까? 독서의 중요성을 깨닫게 된 것일까? 이러한 추측이 어느 정도는 맞을 수 있다. 무엇이 이 학생의 독서 태도와 능력의 변화를 가져왔는지에 대해 우리가 확인할 수 있는 방법은 없지만, 아마 담임교사의 역할이 컸을 것이다. 담임교사는 이 학생이 독서를 할 수 있도록 항상 격려하였고, 교사의 독서 지도에 대한 긍정적 태도와 지도법은 이 학생이 독서를 할 수 있도록 이끌었다.

# 1. 교육 개혁

일반적으로 '교육 개혁'은 국가 수준의 거시적 목표로 생각되는 경향이 있다. 그러나 앞서 살펴본 학생의 사례처럼 개혁은 우리 주변에서 그리고 한 개인에게 일어나는 일을 통하여 이루어진다.

여러 정책 방향에 대한 정보가 구비된 뉴스 미디어에서도 교육 개혁은 짜임새 없이 기사화되는 경향이 있다. 심지어 "공립학교의 문제점은 무엇인가?"는 (모두 자신이 전문가라 자처하는) 시청자 의견을 수렴하는 토크쇼 주제 중 하나로 다루어지고 있을 정도이다. "단지 1950년대 후반에 일어난 소련의 스푸트니크호 발사 사건과 1960년대 초반에 일어난 교육 개혁의 압력만이 미국의 교육에 큰 영향을 준 것은 아니다(P.339)"라는 Hesson & Weeks(1991)의 말처럼 교육에 대해서는 모든 사람이 자신의 의견이 옳다고 말하는 상황이 된 것이다.

학교 교육에 대한 관심은 NCEE(National Commission on Excellence in Education)의 보고서인 「위기의 국가: 교육 개혁을 위한 당면 과제(A Nation at Risk: The Imperatives for Educational Reform)」로부터 시작되었다고 볼 수 있을 듯하다. 이 보고서에서는 주로 다른 선진국과 비교하여 미국의 학생들이 겪는 학업적인 문제에 대해 다루고 있다.

발베르크(Walberg, 1986)는 국제 교육 성취도평가(IAEEA: International Association for the Evaluation of Education Achievement)에서 조사한 자료를 토대로 미국의 학생들과 다른 선진국들 학생들의 시험 결과를 비교하였다. 그는 이 연구를 통해 "비교 결과가 '위기의 국가' 보고서의 내용 이상으로 걱정스럽다"(p.8)라는 암담한 결론을 내렸다.

# 2. 교육 개혁과 교사의 정서적 배려

헤슨과 웍스(Hesson & Weeks, 1991)는 '위기의 국가'와 같은 보고서들이 교육 개혁의 첫 물결을 일으켰다고 주장했다. 하지만 그들은 보고서에 제시된 미봉책들이 교육 개혁의 주가 되면서 다음과 같은 문제가 발생하였다고 보았다(이에 대한 전반적인 논의는 교사들이 독서 수업에서 겪는 인지적, 정서적인 어려움을 설명한 14장 참고).

- 학교 수업 시간의 증가
- 고등학교 졸업을 위한 조건의 강화
- 더 철저해지고 더 자주 이루어지는 학생 평가


혜슨과 윅스(Hesson & Weeks)는 이러한 성격의 개혁과는 달리, 학생들의 인지 발달을 강조하고 동시에 교수·학습의 중요성에 대한 인식과 같은 보다 포괄적인 것에 관심을 기울이는 교육 개혁의 '두 번째 물결'(p.352)에 대해 기술했다. 그들은 개혁에 대한 폭넓은 실행 방안의 하나로 학교 환경을 '신뢰와 개성'이 살아 있는 곳으로 개선하기 위해 노력했다. 연구자들은 학생의 성취에 대한 교사의 기대와 학습 능력에 대한 교사의 태도는 학습을 촉진하는 매우 중요한 요소임을 강조했다.

더 나아가 미국교원협회(Americal Association of School Administratiors)에서는 1970년부터 1985년까지 발표된 '효과적인 학교와 교사에 대한 연구'를 종합하였다. 그 보고서는 교육 개혁이 선생님과 학교 관리자들로부터 시작되어야 한다는 주장을 적극 지지했으며, 아울러 학생에 대한 교사의 정의적 태도의 중요성을 강조했다. 여기서 제시하고 있는 핵심적인 정의적 태도 다섯 가지는 다음과 같다.


1. 교사 자신과 학생들에 대한 높은 기대
2. 학생들에게 따뜻한 관심 갖기
3. 학생의 요구에 초점을 맞추어 가르치기
4. 탄력적이고 열정이 담긴 창의적인 수업
5. 학생 개개인과 매우 친밀하고 편안한 상호작용


미국교원협회에서는 학교 관리자들이 교사들에게 학생들이 효과적으로 학습할 수 있도록 지식을 전달하는데 필요한 자질을 갖추도록 요구한다는 것을 알게 되었다(17장 참고).

이와 비슷한 예로, 스타버와 발베르크(Starver & Walberg, 1987)는 '효과적인 교수(教授)'에 대한 연구를 살펴보았다. 그리고 교사와 학생 모두 효과적인 교수·학습이 이루어지도록 견인하는 특성을 다음과 같이 정리하였다.

1) 방향과 기대, 제공하는 정보의 명확성
2) 학생 개개인의 요구에 맞는 교육 프로그램의 탄력적 운영 능력
3) 주제와 가르침에 대한 열정

이들은 교사가 학습 지도에서 심리적 지원을 지속적으로 하는 경우에 긍정적인 효과가 나타났다. 여기서 말하는 교사의 '심리적인 지원'이란 가치 있는 행동을 강화하고, 학습의 의미를 깨닫게 하고, 가능하다면 항상 학생을 격려하는 일이다.

또한, 오든(Odden, 1987)은 교사의 긍정적인 태도, 학생에 대한 높은 기대, 효과적인 학급경영과 교수법이 적절히 조화될 때 학교가 최고의 효율성을 보인다는 연구 결과를 제시하였다. 교사가 자신의 학생들을 유능한 학습자로 인식하고, 보다 향상될 수 있다고 믿는 긍정적인 태도를 강하게 보일 때 학생들의 학습 효과가 높아진다는 것이다.

크리스토펠(Christophel, 1990)이 수행한 대규모의 문헌 연구에서는 학생의 학습에 가장 결정적인 기여를 하는 교사의 행동으로 표현력이 풍부한 목소리, 미소, 편안한 몸짓을 제시하고 있다(p.325). 이 연구에서는 학습 동기가 낮은 학생일지라도 교사와의 정서적 소통을 통해 학습 동기를 상당히 끌어올릴 수 있다는 결론을 내렸다. 크리스토펠(Christophel)과 오든(Odden)이 밝힌 이러한 연구 결과에 구스키(Guskey, 1982), 굿과 브로피(Good & Brophy, 1987), 에클스와 비그필드(Eccles & Wigfield, 1985)와 같은 많은 연구자들이 뜻을 같이 했다.

## 3. 피그말리온 효과[1]

로젠탈과 야콥슨(Rosenthal & Jacobson, 1968)의 연구는 교육자들에게 매우 중요한 시사점을 주었다. 이 연구의 목적은 교사의 태도가 1, 2학년 학생들의 학습에 어떠한 영향을 주는지를 밝혀내는 것이었다. 이들은 담당 교사들에게 시험 성적을 분석한 결과, 몇몇 학생들의 학업 성적이 크게 향상될 것 같다고 말했다. 하지만 실제로는 연구자들이 임의로 동일집단의 학생들에게

---

[1] 피그말리온 효과(Pygmalion effect)는 학생들에 대한 교사의 태도나 신념이 학생들에 대한 기대감에 영향을 줌으로써 이것이 다시 아동들의 행동에 영향을 준다는 것이다. (역자 주)

높은 점수와 낮은 점수를 부여한 것이었다. 자료 분석 결과 높은 성적을 받을 것으로 기대했던 학생들의 성적이 크게 향상되었다. 이러한 결과를 통해 로젠탈과 야콥슨(Rosenthal & Jacobson)은 교사의 긍정적인 태도가 학업 성취를 결정짓는 중요한 요인으로 작용한다고 밝혔다. 학생의 학습 능력에 대한 교사의 긍정적인 태도는 학생들이 성장할 수 있는 학습 환경을 조성하도록 돕기 때문이다. 연구자들은 또한 교사의 기대는 통제집단의 낮은 성취에도 큰 영향을 주었다고 결론 내렸다.

쉬랭크(Shrank, 1968) 역시 로젠탈과 야콥슨(Rosenthal & Jacobson)의 연구와 비슷한 실험을 진행했다. 실제로는 학생들이 무작위로 섞여 있지만, 교사들에게 한 학급은 우수한 학생들만 모여 있고 다른 한 학급에는 부진한 학생들만 모여 있다고 안내했다. 실험 결과는 로젠탈과 야콥슨(Rosenthal & Jacobson)의 연구와 비슷하게 나타났다. 교사로부터 높은 학업 성취를 보일 것으로 기대를 받은 학생들이 그렇지 않은 학생들보다 현저하게 높은 성취를 보였다.

로벡과 월리스(Robeck & Wallace, 1990)도 학교 환경이 학생의 성취와 자아형성에 미치는 효과에 대해 연구했다. 그들은 문헌 검토를 통해 학생들이 자신을 형제, 친구 그리고 교사와 같이 본받을 만한 다른 사람들과 비교하면서 자아를 발전시킨다고 주장했다. 그들은 더 나아가 아이들이 특히 초등학교 시기의 가장 중요한 인지적 과제인 읽기를 배울 때 반드시 성공적인 경험을 해야 한다고 주장했다(p.37).

로젠탈과 야콥슨(Rosenthal & Jacobson)처럼 쉬랭크(Shrank)를 비롯한 여러 연구자들은 학교 환경이 학습에 미치는 영향에 대해 연구했다. 그리고 로벡과 월리스(Robeck & Wallace)는 학교 관계자들에게 학생들이 학습에 대한 긍정적인 태도를 형성할 수 있도록 그들의 가치와 존엄성을 인정하도록 노력해야 한다고 당부했다. 이러한 양상은 특히 독서와 관련해서 나타난다. 책을 성공적으로 읽을 수 있다는 자신의 능력에 대한 믿음은 독서를 시작하는 아이들에게 소기의 목적을 달성하기 위해 중요하다. 포드(Ford, 1992)는 아이오와주에서 독서(읽기) 교사였던 어머니가, 가르치던 아이들에게 스스로를 좋은 학생이라고 느낄 수 있도록 독려하던 일을 떠올렸다(p.513). 포드(Ford)는 자신의 유년 시절은 부모님이자 선생님이었던 그의 어머니가 보여준 정서적인 반응으로부터 많은 영향을 받았다고 소개했다.

학생의 성취와 관련된 학습 환경을 중요하게 생각하는 굿과 브로피(Good & Brophy, 1978) 그리고 와이너(Weiner, 1971)는 연구를 통해 학생에 대한 교사의 태도와 학생의 성취 사이에는 중요한 상관관계가 있다는 것을 발견했다. 사실상 이들 연구자는 모두 학생에 대한 교사의 태도가 학생의 성취에 영향을 주는 결정적인 요인이라는 결론을 내리고 있는 것이다.

독서와 관련하여 좀 더 구체적으로 살펴보면, 베텔하임과 젤란(Bettelheim & Zelan, 1982)은 독서는 초등학교 학생들의 가장 중요한 경험의 하나로 학창시절 동안의 성공과 실패를 좌우할 정도로 결정적인 요인임을 확인했다. 두 연구자는 읽기를 학습하는 방법이 학생들의 성공에 가장 중요하다고 주장했다. 그들은 교사들이 학생들에게 읽기가 가치 있고 유의미하며 재미있는 활동으로 인식되도록 지도해야하며, 이러한 교사의 정의적 태도는 학생들에게 미치는 가정적인 요인의 영향과는 상관없이 읽기를 학습하는 데에 매우 중요한 요인이라고 강조했다.

## 4. 정서친화적 환경의 확대

앞서 살펴본 것처럼, 모든 학생들은 가치 있고 성공할 수 있는 존재라고 강조하는 교사와 교실 환경에 관한 연구물은 매우 많다. 하지만 우리 기억 속의 교실은 그다지 매력적인 장소는 아닌 경우가 많다. 작가인 케일러(Garrison Keillor, 1989)는 자신의 학창시절에 대해 다음과 같이 서술하고 있다.

> 유년시절의 어느 가을 날, 나는 올해 물리 과목을 더 잘 해야겠다고 생각했다. 그래서 '열심히 공부하고, 수업도 잘 듣고, 노트 필기도 열심히 해야지. 그리고 선생님께서 발표를 시키면 크고 분명한 목소리로 대답을 해야지. 내 대답은 항상 모범답안이 될 거야. 나는 단순히 좋은 학생을 넘어서는 천재가 될 거야.' 라고 생각했다.
>
> 그런데 10월 즈음이 되자 나는 아무것도 이해할 수 없었다. 선생님이 부르면 나는 두려움에 휩싸였다. 그리고 그 두려움은 나를 에워싸고 있는 공기를 뜨겁고 건조하게 만들었다. 선생님께서 "이 문제를 해결해 볼래?"라고 말씀하셨다. 칠판 앞에 서서 문제를 보면서 '신이시여, 이 분필이 정답을 쓰게 해주세요. 아니면 칠판 속으로 사라지게 해 주세요. 제발요.' 라고 기도했다.
>
> 나는 희미하게 몇 개의 숫자를 적었고, 똑똑한 아이들은 웃기 시작했다. 선생님은 교실의 뒤에서 "케일러(Keillor)야! 이건 우리가 지난주에 배운 내용이란다. 나는 네가 집중하고 있었다고 생각했단다. 내 기억으로는 너는 눈을 뜨고 있었고, 졸고 있지 않았어!"라고 말씀하셨다.

앞서 언급했던 대부분의 연구를 비롯한 훨씬 더 많은 연구들이 케일러(Keillor)의 이야기와 관련이 있다. 이 이야기에 등장하는 교사를 비난할 수는 없다. 아마도 이 교사는 자신의 훈계가 학생을 더 노력하도록 독려하고 결과적으로 성취에 영향을 줄 것이라고 믿었을 것이다. 하지만 학생이 맞닥뜨린 암울한 실패는 선생님과 학교에 대한 상처와 아픔만을 깊게 남겼다. 단순히 이러한 행동을 비난하는 것에 그쳐서는 안 된다. 중립적인 입장만으로는 충분치 않다. 학생 개인과 전체에 대한 긍정적인 지지만이 필요할 뿐이다.

학습 환경의 기본은 '학습으로의 따뜻한 초대'이다. 교사들은 학교에서 학생들이 불편해하는 점들을 개선하여, 그들이 편하게 학습할 수 있도록 고군분투한다. 이와 관련하여 쥬얼(Juel, 1991)은 주로 어려운 상황에 있는 아프리카계 미국인 아이들이 학교에서 성공을 경험할 수 있는 지원 방법을 찾고자 하였다. 쥬얼(Juel)은 인근의 대학에 재학 중인 운동선수 학생들과 함께 구성한 개인 학습 프로그램에 이 아이들을 참여시켰다.

대학생 멘토들은 학생들이 자신을 중요한 존재로 느낄 수 있는 분위기를 만들기 위해 노력했다. 학생들의 믿음은 점점 커져갔고, 항상 누군가가 자신을 돌봐주기 때문에 특별하다고 느끼게 되었다(p.183). 특히, 아프리카계 남성 운동선수 멘토들은 학생들에게 강한 인상을 심어주었다. 이 프로그램에 참여한 대부분의 학생 선수들도 가르치는 경험을 통해 매우 감동받았다. 또한, 쥬얼(Juel, 1991)은 정서적인 차원을 강조했을 때 현저한 성적 향상이 일어났다고 밝혔다. 처음 개인 학습 프로그램이 시작되었을 때 참가했던 20명의 학생들 모두 기초 학력 부진 상태였으나, 이 프로그램을 통해 대부분의 학생이 성취 수준 이상에 도달하였다.

개스킨스(Gaskins, 1992)는 멘토와 부진한 학생 사이의 친밀한 관계에서 오는 효과를 연구했다. 그는 다양한 성인들과 학생들을 일대 일로 짝을 맺은 후 실시한 멘토링 프로그램이 학생들의 학습에 도움을 주었을 뿐 아니라, 멘토들에게 정서적으로도 배려하고 헌신하는 태도가 나타났다고 설명했다(p.569). 그리고 그는 학생들의 자신감과 독립심, 학습에 대한 의지를 고취시켜야 한다는 측면에서 '정서적인 관계'의 중요성을 강조했다. 또한, 멘토가 학생들의 독립심과 학습에 대한 책임감을 높여주는 자기 통제력을 높이는데 결정적인 역할을 한다는 점도 알아냈다.

빌 마틴 주니어(Bill Martin Jr, 1987)는 5학년 때까지도 글을 읽지 못하다가 한 선생님을 만나고 인생이 바뀌었다고 말했다. 그는 선생님의 영향으로 북미의 아동문학 작가 중에서 가장 사랑받는 한 사람이 될 만큼 문학을 사랑하게 되었다고 한다. 마틴(Martin)은 그의 선생님께서 문학을 사랑하는 마음을 학생들에게 불어넣는 힘을 가지고 있었다고 확신했다.

## 5. 전망(reflection)

교사는 허용적인 교실 분위기를 형성하고 학생들에게 긍정적인 피드백을 줌으로써 읽기를 촉진시켜야 한다. 긍정적인 교사는 항상 학생들이 가장 잘하는 것을 발견하고, 자신의 교수법을 향상시키기 위해 노력하는 유능한 교사이다. 그들은 높은 수준의 교수 역량을 바탕으로 한 긍정적인 반응이 학생들의 성취를 최대한 높일 수 있다는 것을 잘 알고 있다.

이 시점에서 이 장의 처음에 소개했던 학생의 이야기를 다시 생각해 보자. 그 학생의 담임 선생님은 미소를 지으며 "그럼! 너는 그때로 다시 돌아가더라도 할 수 있을 거야!"라고 대답했다. 선생님은 이 학생이 말한 문장에서의 문법적 오류에 대해서는 절대 이야기하지 않았다. 선생님은 언젠가 그 학생이 능숙하게 책을 읽게 되면, 그 때에 이 부분을 말하면 된다는 것을 잘 알고 있었기 때문이다.

# 6장

# 성공적인 독자를 위한 부모의 역할

*Dixie Lee Spiegel*

부모는 자녀가 독서에 대해 긍정적인 태도를 형성하고 성공적인 독자로 성장해 가는 데 중요한 역할을 한다. 앤더슨 외(Anderson et al., 1985)는 "독서는 가정에서 시작된다"라고 하였다. 또한, 발생적 시기, 입문기의 아이들에 관한 연구 결과를 살펴보면, 부모의 믿음, 열망, 행동 등이 자녀의 독서 발달에 영향을 미친다는 것을 확인할 수 있다.

독서에 관한 아이들의 흥미와 태도에 영향을 미치는 핵심적인 요인은 크게 두 가지이다. 먼저, 가정의 분위기가 독서에 큰 영향을 미친다. 가정의 분위기는 아이에게 독서의 가치에 대해 명시적이거나 암시적으로 메시지를 준다. 두 번째는 아이 자신이 가지고 있는 읽기 능력이 독서에 영향을 준다. 아이들의 읽기 성취와 관련하여 독서에 대한 흥미 발달을 연구할 때에는 부모의 역할에 대한 정보를 중요하게 다룬다. 가정에서의 문자 학습 자료의 유용성, 가정에서의 문자 학습 활동과 같은 몇 가지 환경 요인은 바뀔 수 있다. 이에 비해 문자 학습에서 부모와 자녀의 상호작용과 자녀들의 언어 발달에 대한 부모의 태도는 바뀌기가 더 어렵다. 그보다 더 바뀌기 어려운 요인은 사회경제적인 지위나 인종 등이다.

## 1. 독서에 영향을 미치는 요인: 사회경제적인 지위, 인종, 읽기 성취와 흥미

여러 연구자들이 진행한 사회경제적인 지위 또는 인종과 독서의 관계에 대한 연구 결과는 간혹 서로 모순되는 경우가 있었다. 수 년 동안 부모의 사회경제적인 지위가 낮은 아이는 읽기 성취도도 낮을 것이며, 어린 시절의 독서 환경도 빈곤할 것이라고 보는 것이 일반적이었다. 실제로 대부분의 연구에서 제시한 결과를 보면, 사회경제적인 지위가 높을수록 읽기 성취도도 높게 나타났다. 즉, 부모의 사회경제적 지위가 높을수록 자녀의 읽기 성취도도 높은 경우가 많았으며, 낮은 수준의 사회경제적 지위는 낮은 읽기 성취로 이어졌다. 한 예로, 발베르크와 차이(Wallberg & Tsai, 1984)는 13세 아이들을 대상으로 한 미국 국가수준학업성취도평가 분석에서 읽기 성취와 사회경제적 지위 사이의 중요한 관계를 발견하였다.

한편, 손다이크(Thorndike, 1976)는 15개국의 자료를 분석하였는데, 이 연구 역시 유사한 결과를 도출해 냈다. 그리고 뉴먼(Neuman, 1986)은 부모의 사회경제적 지위가 높은 가정에서 자란 아이들이 더 많은 책을 가지고 있으며, 더 많은 시간을 독서에 할애함을 밝혔다. 또한, 가족과 함께 책과 잡지에 대해 토론하는 기회도 더 많았다고 보고하였다. 인종 역시 읽기 성취와 관련이 있다. 개별 인종마다 부모가 자녀에게 기대하는 바가 다르며, 그것은 읽기 성취 수준과 연결됨을 알 수 있었다(Walberg & Tsai, 1984).

반면에, 또 다른 연구들에서는 사회경제적 지위와 읽기 성취가 관계가 없는 것으로 나타났다. 예를 들면, 사회경제적인 지위가 초기 독서(Torrey, 1979; White, 1982), 독서 태도(Wigfield & Asher, 1984), 일반적인 정의적 특성(Marjoribanks, 1979), 부모의 독서량과 독서 유형(Southgate, Arnold & Johnson, 1981) 또는 전반적인 읽기 성취 수준(Dunn, 1981) 등에 미치는 영향이 그다지 크지 않은 것으로 나타났다. 또한 낮은 사회경제적 지위를 가진 부모들도 자녀들에게 독서 자료가 풍부한 환경을 제공한다는 연구 결과가 계속해서 발표되고 있다(Ingham, 1981; Teale, 1986).

앤더슨과 스토크(Anderson & Stokes, 1984)는 독서 환경이 인종에 따라 다양하게 나타난다는 것을 확인했다. 이들은 부모와 자녀의 상호작용 측면에서 일정한 경향성을 발견하였다. 예를 들면, 수입이 낮은 영국계 미국 부모들은 같은 수준의 아프리카계 혹은 멕시코계 미국 부모들보다 자녀와의 언어적 상호작용을 보다 활발히 함을 알 수 있었다(이러한 결과는 Health의 1882년 연구와 일치한다). 그러나 아프리카계와 멕시코계 미국 부모들은 자녀와의 개인적인 상호작용에 더 많은 시간을 할애하였다. 한편, 테일(Teale, 1986)은 영국계, 아프리카계, 멕시코계 미국인 가정의 유치원생이 집에서 경험하는 독서 자료를 비교하였는데, 가정에서의 독서 활동 역시 인종마다 큰 차이가 없는 것으로 나타났다.

이러한 모순된 결과들이 의미하는 것은 무엇인가? 이러한 결과들은 인종과 다양한 사회경제적 지위 요인을 읽기 성취와 단순하게 연결하려는 시도에 의문을 제기한다. 클락 스튜어트와 아펠(Clark stewart & Apfel, 1979)과 같은 연구자들은 사회경제적 지위에 대해 "단지 가정환경의 차이를 빠르게 추정하는 지표일 뿐이다"(p.57)라고 하였으며, 아울러 민족성(ethnity) 등도 독서 문화를 확인할 수 있는 지표가 아니라고 하였다. 따라서 자녀들의 독서 발달 발달에 가장 효과적인 것은 부모들이 가진 자산이나 그들의 '출신'이 아니라 가정에서의 언어적 상호작용이다.

## 2. 독서를 촉진하는 독서 환경

여러 연구에 의하면 일반적으로 부모들은 학교에서 자녀의 성공, 특히 독서 능력을 성공적으로 함양하는 데 관심이 많다. 예를 들면, 다우닝(Downing, 1973)은 대부분의 나라에서 부모들이 가장 관심을 가지는 사항은 자녀의 독서와 작문의 성공적인 발달 여부라고 말했다. 윌리엄과 스톨워스(William & Stallworth, 1983-1984)의 연구에서도 부모들은 자녀의 독서 능력 신장을 위한 여러 가지 활동에 열정적이었다. 또한, 피츠제럴드, 스피겔, 커닝햄(Fitzgerald, Spiegel, Cunningham, 1991)의 연구에서 유치원생 부모들은 그들의 읽기, 쓰기 수준에 상관없이 모두 자녀의 독서 발달을 위한 활동 참여에 대해 매우 긍정적이었다.

읽기, 쓰기 발달이 느린 학생의 부모 역시 교육을 중시하고 자녀에 대한 기대가 큰 것으로 확인되었다(Heath, 1982; Ingham, 1981). 부모가 가진 자녀의 독서 발달에 관한 관심만으로는 자녀의 독서 능력을 향상시킬 수 없다. 부모의 신념과 태도와 같은 다른 측면들 역시 매우 중요하다.

## 3. 성공적인 독자의 부모가 가진 신념과 태도

성공적인 독자란 글을 일찍 깨쳤거나 독서에 대한 흥미가 높으며 읽기 성취도가 높은 사람으로 정의된다. 성공적인 독자의 부모들은 다음과 같은 특징을 가지고 있다.

### 1) 성공적인 독자의 부모는 자녀가 성공하기를 원한다.

자녀의 성공적인 독서에 대한 부모의 관심과 읽기 성취도가 밀접하게 관련되어 있다는 것은 일본(Sakamoto, 1976), 스코틀랜드(Goodacre, 1973), 영국(Ingham, 1981), 미국(Anderson & Stokes, 1984; White, 1982) 등 여러 나라의 연구를 통해 확인되었다. 그렇다고 해서 성공적이지 못한 독자의 부모들이 자녀의 독서에 무관심하다고 볼 수는 없다.

히스(Heath, 1982)는 미국 캘리포니아 피드먼트(Piedmont) 고원지대에 위치한 두 개의 마을을 연구하였다. 백인이 주로 거주하는 마을인 로드빌(Roadville)과 흑인이 거주하는 트랙톤(Trackton)의 부모들은 자녀의 학업을 매우 중요하게 생각하지만 실제 자녀들의 학업 성취도는 낮은 것으로 나타났다. 잉햄(Ingham, 1981)은 읽기 성취도가 낮은 자녀의 부모는 자녀가 독서를 잘하도록 조절하는 능력이 부족하여 걱정은 하지만 무기력하다고 하였다.

### 2) 성공적인 독자의 부모들은 자녀에게 교육의 중요성을 인식시킨다.

이러한 부모들은 자녀에게 학교생활을 열심히 하는 것이 중요하다고 가르친다. 클래이(Clay, 1976)는 뉴질랜드의 사모아족 아이들과 마오리족 아이들의 읽기 성취도 차이를 통해 부모가 자녀에게 교육의 중요성을 강조하는 것이 중요하다는 것을 발견했다. 일반적으로 사모아족 아이들은 독서를 성공적으로 하는 반면 마오리족 아이들은 영어에 대해 더 많이 알고 있지만 독서를 성공적으로 하지 못했다. 데이브(Dave, 1963)와 매조리뱅크스(Marjoribanks, 1979)는 여러 연구를 통해 자녀에 대한 부모의 기대 표현이 자녀의 읽기 성취에 중요한 변수가 된다는 결론을 내렸다.

반면에, 읽기 성취도가 낮은 독자의 부모들은 자녀의 학업과 읽기에 대한 성취가 높기를 바라지만 기대는 낮다(Ingham, 1981; Scott-jones, 1984; Wigfield & Asher, 1984). 다시 말해,

그들은 자녀가 더 잘하기를 희망하지만 실제로 잘할 것이라고는 믿지 않는다는 것이다.

성공적인 독자의 부모들은 자녀에게 독서의 가치를 알게 하고 독서를 좋아하도록 유도한다. 연구자들은 부모가 독서를 좋아하고 즐기는 것이 자녀로 하여금 독서의 즐거움을 배울 수 있게 해준다고 한다(Neuman, 1986; Sauls, 1971). 잉햄(Ingham, 1981)은 이에 대해 다음과 같이 말한다.

> 부모가 독서에 대한 즐거운 경험을 많이 가지고 있으면, 그들의 자녀에게도 같은 경험을 하도록 이끌어주려 한다. 자녀들은 부모가 즐거워하는 경험이 무엇인지 궁금해 하며 독서에 흥미를 갖게 된다. 또한, 자녀가 책을 잘 읽게 되고 부모와 독서의 즐거움을 공유할 수 있다면, 아이들은 부모의 만족과 칭찬이라는 더 큰 보상을 얻을 확률이 높다(p.176).

성공적인 독자의 부모들은 자녀를 좋아하고 존중한다. 그리고 자녀의 독서 능력을 향상시키기 위해 더 많은 시간과 돈 그리고 노력을 기울이려고 한다. 잉햄(Ingham, 1981)에 따르면, "성공적인 독자들이 가정에서 누리는 삶의 핵심적인 특징은 그들이 가정에서 존중받고 있고, 부모의 관심의 대상이 되고 있다는 사실을 인식하고 있다는 점이다"(p.232). 성공적인 독자로 커가는 자녀를 둔 소득이 낮은 부모들은 종종 자녀를 좋은 독서 환경에서 교육시키기 위해 자신을 희생하기도 한다. 테일(Teale, 1978)은 글을 빨리 깨친 아이의 부모들이 자녀의 문자에 대한 호기심을 만족시키는 것에 충분한 관심을 가지고 있다고 밝혔다. 그에 반해, 잉햄(Ingham)은 책을 많이 읽지 않는 독자의 부모들은 책을 사기 위해 돈을 쓰는 것이 좋지 않은 소비라고 생각한다고 말했다.

성공적인 독자의 부모들은 자신이 자녀의 첫 번째 교사라는 신념을 가지고 있다. 던(Dunn, 1981)은 유치원생의 읽기 성취에 영향을 미치는 가장 중요한 요인으로 '가정 교육'을 꼽았다. 일반적으로 미취학 아이에게 가정에서 읽기를 미리 가르치는 것은 좋지 않다고 여겨진다. 그러나 더킨(Durkin, 1966)의 연구에서 글을 빨리 깨친 아이의 부모들은 읽기 지도를 학교에서만 해야 할 일이라고 생각하지 않았다. 플레사스와 오크스(Plessas & Oakes, 1964)는 글을 빨리 깨친 자녀를 둔 80%의 부모들이 의도적으로 취학 전에 자녀에게 독서를 가르치기 시작하였다고 주장했다.

잉햄(Ingham, 1981)의 연구에 나오는 성공적인 독자의 부모들은 의도적으로 독서 능력을 발달시키려고 한 것이 아니다. 이들은 균형 잡힌 식단을 제공하고 따뜻한 방을 제공하며 자녀들을 돌보는 것처럼, 책을 소개하고 읽게 하며 풍부한 독서 환경을 제공한다. 이들은 자녀의 독서 능력 발달을 위해 노력하는 것을 자연스러운 양육의 과정으로 인식하는 것이다.

그러나 읽기에 능숙하지 못한 아이들의 부모는 직접 자녀에게 독서를 지도하는 것이 자녀에게 영향을 미친다고 생각하지 않는다. 그래서 성공적인 독자의 부모들보다 자녀의 읽기, 쓰기 발달을 위해 적극적으로 노력하지 않는다.

### 3) 성공적인 독자의 부모들은 자녀의 독서 활동과 학교생활에 대해 잘 알고 있다.

서튼(Sutton, 1964)은 학교생활에 대한 부모의 관심과 독서 사이의 밀접한 관계에 대해 조사했다. 미국에서의 연구에 의하면, 글을 빨리 깨친 아이들의 96%는 부모가 자녀의 학교생활에 많은 관심을 가지고 교류를 하였다. 그에 반해, 글을 늦게 깨친 아이들 부모들 중에서는 56%만이 학교생활에 관심을 가졌다. 사카모토(Sakamoto, 1976)는 일본에서 부모의 관심이 자녀의 성공적인 독서에 미치는 영향에 대해 조사했다. 그는 한 연구에서 45%의 부모들이 자녀들이 읽고 있는 모든 책을 알고 있었고, 47%의 부모들도 거의 알고 있다고 보고하였다. 페이텔슨(Feitel-son, 1973)의 연구에서 이스라엘 부모들도 자녀들의 독서 생활에 대해 비슷하게 높은 수준의 인식을 보였다. 반면, 잉햄(Ingham, 1981)은 독서를 열심히 하지 않는 아이들의 부모는 자녀와 학교생활에 관해 이야기를 많이 하지 않는다고 하였다.

### 4) 성공적인 독자의 부모는 자신이 자녀의 독서 발달에 관여할 수 있다고 믿으며, 부모가 자녀에게 미치는 영향에 대해 잘 알고 있다.

잉햄(Ingham, 1981)은 성공적인 독자의 부모들은 자신들의 노력이 자녀의 독서 발달에 영향을 미친다고 믿고 있음을 밝혀냈다. 카스틀레르, 로져, 호프먼(Kastler, Roser, Hoffman, 1987)은 성공적인 1학년 독자의 부모들에게 각 가정의 독서 환경에 대해 설명해 줄 것을 요청했다. 자주 언급된 독서 환경은 부모가 조직한 독서 활동이었고, 자녀의 성공에 영향을 미치는 요인에는 부모의 행동과 신념이 포함되었다.

## 4. 가정의 독서 환경

독서에 대한 부모의 믿음과 태도는 가정의 독서 환경에 그대로 반영된다. 가정의 독서 환경에 대한 연구들을 살펴보면, 아이들의 독서 발달에 영향을 미치는 요인들 중에서 독서 환경의 중요성이 부각되고 있다는 것을 알 수 있다. 가정의 독서 환경에는 부모와 자녀간의 독서 활동, 독서 자료, 효과적인 상호작용 등이 있다.


### 가. 물리적 환경

가정의 독서 환경을 대표하는 것은 책, 신문, 필기구, 종이, 편지, 기타 인쇄 자료 등과 같은 읽을 자료이다. 앤더슨과 스토크(Anderson & Stokes, 1984)는 독서 자료를 전적으로 책(문자로 인쇄된 독서 자료)과 동일시해서는 안 된다고 주장한다. 특히, 도시 빈민의 가정에 대해 언급할 때는 이를 더욱 강조한다. 이러한 연구 결과에도 불구하고 대부분의 독서 환경에 관한 연구에서는 책이나 신문, 잡지 등 문자로 인쇄된 자료에 집중한다. 부모들은 책을 활용하는 것이 자녀에게 중요하다고 생각한다.

하지만 모든 부모들이 가정에서 자녀에게 책을 제공하는 것은 아니다. 히스(Heath, 1982)는 사회경제적인 지위가 낮고 주로 흑인들이 거주하는 트랙톤의 경우 가정의 독서 자료가 부족하다고 밝히고 있다. 맥코믹과 메이슨(McCormick & Mason, 1986)은 사회 경제적 지위의 수준에 따라 가정의 읽기, 쓰기 교재의 수를 비교하여 집단 간에 극심한 차이를 발견하였다. 하위 수준 가정의 약 42%는 집에 읽기, 쓰기 교재가 없었다. 반면에 중간 수준 가정의 약 13%, 상위 수준 가정의 약 3%만이 읽기, 쓰기 교재를 가지고 있지 않았다.

테일(Teale, 1986)이 방문한 소득 수준이 낮은 많은 가정에서는 쓰기 자료들을 찾아보기가 쉽지는 않았다. 피츠제럴드, 스피겔, 커닝햄(Fitzgerald, Spiegel, Cunningham, 1991)의 연구에서 부모들은 미취학 아동의 읽기, 쓰기 발달에 필요한 요소로 어린이용 도서와 잡지, 펜과 연필, 종이를 꼽았다. 어떤 부모는 독서와 철자법 학습을 위한 워크북, 플래쉬 카드, 놀이용 컴퓨터 프로그램 등을 중요하게 생각하는 반면, 또 어떤 부모는 그렇게 생각하지 않을 수도 있다. 독서 수준이 높은 부모들보다는 독서 수준이 낮은 부모들이 교육용 자료들에 대해 더 높은 평가를 한다.

비록 모든 부모들이 자녀의 독서 발달에서 읽기 자료가 중요한 역할을 차지한다고 인식하는 것은 아니지만 성인용 읽기 자료는 대부분의 가정에서 찾아볼 수 있다. 테일(1986)의 연구에 따르면, 소득이 낮은 가정의 부모들은 주로 신문과 성인용 잡지, TV 프로그램 편성표를 본다. 하지만 피츠제럴드, 스피겔, 커닝햄(Fitzgerald, Spiegel, Cunningham, 1991)의 연구에 따르면, 독서 수준이 높은 부모들은 자녀를 위한 독서 자료와 성인을 위한 독서 자료를 대등하게 취급하고, 독서 수준이 낮은 부모들은 성인을 위한 독서 자료를 더욱 중요하게 여긴다. 지금까지의 논의를 종합해보면, 성공적인 독자의 부모들은 가정에 자녀를 위한 독서 자료를 충분히 제공하는 것을 알 수 있다.

독서 자료에 대한 핵심적인 내용을 정리하면 다음과 같다.

1. 독서 자료는 간편하거나 비싸지 않은 자료들이다. 도서를 매번 새로 살 필요는 없다. 공공 도서관이나 학교 도서관은 약간의 비용을 지불하거나 무료로 이용할 수 있다. 따라서 낮은 사회경제적 지위는 자녀를 위해 가정의 독서 환경을 조성하는데 전혀 장애가 되지 않는다.

2. 테일(Teale, 1978)의 연구와 피츠제럴드, 스피겔, 커닝햄(Fitzgerald, Spiegel, Cunningham, 1991)의 연구 모두 가정에서 어떠한 독서 자료를 가지고 있는가 보다는 집에 있는 독서 자료를 어떻게 활용하는지가 중요하다는 결론을 내리고 있다.

## 나. 가정에서의 독서 활동

가정의 독서 환경에 관한 최근의 연구에서는 독서 활동의 사회성을 강조하고 있다. 부모들은 종종 자녀들에게 독서 능력을 길러주기 위한 활동을 계획한다. 선행 연구들은 가정에서 이루어지는 형식적이고 정형화된 상호작용이나 활동에 주목하였다. 그리고 이러한 상호작용이나 활동들이 자연스럽게 글을 일찍 깨친 아이들의 독서 생활에서는 지극히 일반적이라는 점을 발견하였다(Durkin, 1966; Plessas & Oakes, 1964). 가정에서의 독서 활동은 형식적이기보다는 비형식적인 성격이 강하다. 사실, 이러한 비형식적인 상호작용들은 일상 생활의 한 부분이라서 대부분의 부모들은 이러한 활동을 인식하지 못할 수도 있다.

비형식적인 독서 활동의 중요성을 강조하는 것이 자연적으로 이루어지는 독서 활동만으로도 아이들의 독서 능력을 신장시키는 데 충분하다는 주장으로 해석되어서는 안 된다. 테일(Teale,

1982)은 읽기, 쓰기를 토대로 한 사회적 상호작용이 언어 발달을 위한 행동을 촉발하는 매개체 역할을 한다고 밝혔다. 더킨(Durkin, 1966)은 두 가지 형태의 상호작용 모두 중요하다고 강조하였다. 그는 "능숙한 독자가 되는 초기 과정에서 갖게 되는 독서 흥미는 '저절로 알게 되는 것'일 뿐만 아니라 '가르쳐지는 것'이기도 하다"(p.95)라고 말했다.

아이들은 주어진 환경 내에서 타인의 읽기, 쓰기 행동을 관찰하고 경험하면서 읽기, 쓰기 기능을 학습한다. 테일과 슐츠비(Teale & Sulzby)는 자녀의 읽기, 쓰기 발달에서 부모의 가장 중요한 역할은 읽기, 쓰기 수행을 시범 보이는 것이라고 주장했다.

이러한 연구들은 종종 아이들을 위한 역할 본보기로서 어른의 중요성을 설명한다(Guthrie & Greaney, 1991; Ingham, 1981; Manning & Manning, 1984). 많은 부모들이 자녀 앞에서 독서를 하는 반면, 어떤 부모들은 이러한 시범 보이기의 중요성을 인식하지 못하고 있다. 읽기, 쓰기 수준이 낮은 부모들은 취학 전 아이들의 읽기, 쓰기 발달에 영향을 미치는 시범보이기 활동을 중요하게 생각하지 않았다.

가정의 독서 활동 중 가장 많이 연구된 것은 책 읽어주기이다. 연구 결과에 의하면, 아이들에게 책을 읽어주는 것은 읽기 성취, 쓰기 성취 그리고 독서에 대한 흥미와 매우 밀접한 관련이 있다(Ingham, 1981; Kastler, Roser & Hoffman, 1987; Teale, 1984).

대부분의 부모들은 자녀에게 책을 읽어주는 것의 중요성을 알고 있다. 더킨(Durkin, 1966)의 연구에 참여한 대부분의 부모들이 자녀의 독서 흥미가 가정에서의 책 읽어주기에서 비롯되었다고 말한 바 있다. 또한, 글을 빨리 깨친 자녀를 둔 부모들은 자녀에게 자주 책을 읽어 준 것으로 나타났다. 피츠제럴드, 스피겔, 커닝햄(Fitzgerald, Spiegel, Cunningham, 1991)의 연구에 따르면, 읽어 주는 이야기를 듣는 것은 가정에서 가장 자주 일어나는 읽기, 쓰기 활동이었다.

대부분의 부모들이 아이들의 독서 발달이 중요하다는 것을 인식하고 있지만 그렇지 않은 부모들도 있다. 더킨(Durkin, 1966)의 연구에 의하면, 글을 늦게 깨친 부모들 중 73%만이 읽기, 쓰기의 중요성에 대해 인식하고 있었다. 히스(Heath, 1982)의 연구를 살펴보면, 트랙톤에서는 침대에서 자녀에게 이야기를 들려주는 부모들을 좀처럼 찾아보기 어렵다. 잉햄(Ingham, 1981)은 독서를 자주 하지 않는 성향을 지닌 부모들은 자녀에게 책을 읽어주지 않는다고 밝히고 있다. 보충반 학생들을 연구한 로스먼(Rossman, 1974)과 라이언(Ryan, 1977)의 연구에서 대상 학생들의 부모들은 자녀와 함께 있을 때 어떠한 책도 읽어 준 적이 없었던 것으로 나타났다. 읽기, 쓰기 활동에 대한 이러한 연구들을 통해 자녀를 성공적인 독자로 성장시키기 위해서는 부모가 자주 책을 읽어주고, 책 읽는 모습을 보여주는 것이 중요하다는 것을 알 수 있다.


## 5. 효과적인 언어적 상호작용의 특성

가정에서 어떠한 읽기, 쓰기 활동들을 경험하였는지가 아이들의 읽기, 쓰기 발달에 중요한 영향을 미친다고 주장한 바 있다. 효과적인 상호작용의 특징을 설명하는 데에는 두 가지 관점이 존재한다. 그 중 하나는 상호작용을 '의미 구성을 촉진하는 상호작용'으로 보는 구성주의 관점이고, 다른 하나는 상호작용을 '학교 교육을 위한 준비 과정'으로 보는 관점이다.


### 가. 의미 구성을 촉진하는 상호작용

의미 구성을 촉진하는 구성주의 관점은 블룸(Bloome, 1985), 스노우(Snow, 1983), 토마스(Thomas, 1985) 등의 연구에 기반한다. 토마스(Thomas)는 아이들이 텍스트의 의미를 구성할 수 있게 하는 부모와 자녀 간의 상호작용을 관찰하였다. 그는 이러한 상호작용을 관찰하기 위해 언어 발달을 위한 부모와 자녀 간의 상호작용을 설명한 스노우(Snow)의 모형을 사용했다. 스노우(Snow) 모형은 의미의 연속, 비계 설정, 책임의 세 단계로 이루어진다.

첫째, 의미의 연속 단계에서 부모는 자녀와 함께 이야기한 주제를 의미적으로 확장시키고 자녀로 하여금 명확하게 질문하게 하며 자녀들의 질문에 대답한다. 조금 전에 아이들이 말한 주제에 대해 어른들이 화제를 연속해서 잇는다면 어른들이 한 말은 의미적으로 연속된다. 토마스(Thomas, 1985)는 글을 빨리 깨친 아이들을 지속적으로 관찰한 결과 아이들의 물음에 대해 끊임없이 누군가가 답한다는 것을 발견하였다.

둘째, 비계 설정을 통해 성인은 아이들이 원하는 것과 할 수 있는 것을 연결해 준다. 따라서 아이들에게 "아이들이 충분히 할 수 있을 만큼의 도움…, 그러나 그 이상은 아닌" 것(p.28), 즉 비계를 제공하는 것이다. 성인은 비계 설정을 통해 능숙한 과제 수행을 시범 보인다. 비계 설정하기는 성공적인 읽기, 쓰기 발달과 관련이 있다(Mason & Allen, 1986; Teale & Sulzby, 1989).

셋째, 책임 단계는 부모가 자녀들에게 해결 가능한 읽기, 쓰기 과제를 완수하도록 요구하는 것이다. 부모는 자녀의 요구와 능력을 잘 알고 있고, 독서 과정에 즉각적인 도움을 줄 수 있기 때문에 이러한 역할을 맡아야 한다(Clarke-Stewart & Apfel, 1978; Sulzby & Teale, 1991; Teale, 1978).

따라서 아이는 위의 모형과 같은 상황에서 부모와의 상호작용을 통해 텍스트의 의미 구성에 적극적으로 참여하게 된다. 그리고 아이와 부모는 모형의 단계를 따라 문제해결에 함께 참여하게 된다.

## 나. 학교 교육을 위한 준비로서의 상호작용

이 관점은 상호작용을 학교 교육을 위한 준비 과정으로 보는 것이다. 즉, 학교에서 일어날 수 있는 상호작용을 준비하게 도와주는 것이다. 히스(Heath, 1982)의 연구에서는 부모들이 자녀의 입학 준비를 위해 일정 기간 동안 독서를 하며 상호작용하는 과정에서 중요한 점을 발견하였다. 그녀는 중·상류층 가정의 아이들이 부모와의 상호작용을 통해 학습하는 두 가지 방법에 대해 언급하였다.

첫째, 히스(Heath)가 '대상에 대한 설명(what-explanation)'이라고 이름 붙인 상호작용이다. 이 상호작용은 주제가 무엇인가에 대해 묻기, 예측할 수 있는 것 밝히기, 마음속에서의 분류, 범주화되는 새로운 상황 맥락에서 인지하기와 관련이 있다(p.54). 이러한 유형의 상호작용은 학교생활에서 계속 반복되는 경향이 있다. 중·상류층 가정의 아이들은 취학 전에 이루어지는 독서 기간 중 '대상에 대한 설명'을 자주 경험하는 반면 트랙톤의 아이들은 그렇지 않았다.

둘째, 히스(Heath)가 설명한 읽기, 쓰기 활동을 위한 중요한 규칙을 알려주는 것이다. 아이들은 책과 그 책의 내용에 관심을 갖고 그것에 대해 질문하는 것을 점차 학습해 나간다. 이것은 학교에서 보상을 받게 되는 규칙이다. 따라서 성공적인 독자의 부모들은 텍스트의 의미를 구성하는 방법과 학교에서 성공적으로 상호작용하는 방법을 학습하는 데 도움이 될 수 있는 효과적인 상호작용을 제공해야 한다.

## 6. 전망

아이들의 독서에 영향을 미치는 부모의 역할에 대한 연구에서 두 가지 결론을 얻을 수 있었다. 첫 번째는 아이의 독서와 작문 활동을 통해 한 가정의 독서 환경을 들여다 볼 수 있고, 아이 주변의 일상생활이 어떻게 이루어지고 있는지를 읽기, 쓰기를 중심으로 예상해 볼 수 있다. 레스닉(Resnick, 1987)은 독서하는 방법을 배우는 것은 사회 문화적 과정이며, 아이들은 독서 환경에 노출되는 동안 연습 기간을 거치면서 독서의 목적과 즐거움을 이해하고 읽기, 쓰기를 발전시킨다고 주장했다. 우리는 부모의 신념과 태도 그리고 읽기, 쓰기 활동이 소득이나 사회적 경제적 지위보다도 중요하다는 것을 확인했다.

두 번째는 성공적인 독자를 키운 부모들의 모습이다. 독서를 좋아하고 능숙하게 독서를 하는 독자의 부모들은 가정에 풍부한 독서 환경을 만들었다. 이들 부모는 독서와 교육의 중요성을 알고, 자녀에게 높은 관심과 기대를 가지고 있다. 더 나아가, 효과적인 독서 환경을 조성하는 것의 중요성을 인지하고 있다. 아이들이 독서 환경에 자주 그리고 풍부하게 노출되는 것의 중요함을 알기 때문에 이들은 풍요로운 독서 환경을 조성하기 위해 노력한다.

아이들이 책을 읽고, 책을 읽으려고 하는 의지를 형성하는 데에는 부모의 역할이 매우 중요하다. 읽기, 쓰기를 지도하는 교사도 가정에서 부모의 역할에 대해 잘 인지하고 이해해야 한다. 소득 수준이나 인종 등은 부모의 역할을 잘 수행하는 데 장애 요인이 되지 않는다는 것을 인식하고 독서를 격려해야 한다. 또 교사는 부모들에게 효과적인 가정 독서 환경을 제공하는 것의 중요성을 일깨워줄 필요가 있다. 특히, 읽기를 처음 시작하는 시기부터 부모가 자신의 역할을 이해하고 자녀의 읽기, 쓰기 발달에 대한 믿음과 신념을 갖는 것은 중요하다.

# 3부

# 독서 동기 증진

학생들이 독서하고 싶은 마음이 들어야 합니다.
그 후에 학생들이 독서 방법을 알고 싶어할 때
가르쳐 주세요.

- U. Price

# 7장

# 독서 활동에 참여시키기

*Jerry L. Johns*
*Peggy VanLeirsburg*

독서 교육의 목표는 일생동안 독서를 즐기게 하는 것이다. 하지만 대부분의 사람들은 제대로 된 독서 습관을 가지고 있지 않다. 미국의 국가수준 평가와 텔퍼와 칸(Telfer & Kann, 1984)의 연구는 학생들이 학창 시절에 가지고 있던 자발적 독서 습관과 독서의 즐거움이 나이가 들어감에 따라 감소한다는 것을 보여주었다.

해리스와 시페이(Harris & Sipay, 1990)는 모든 학생이 열성적인 독자가 될 수 있다는 생각은 비현실적이라고 주장한다. 비록 그들의 생각에 원칙적으로 동의한다 하더라도 학생들을 독서로 이끄는 방법을 고민하는 것은 중요하다. 이어지는 내용에서는 독서 활동을 촉진하기 위해 고려해야 할 여러 가지 조건들에 대해 살펴보자.

## 1. 과거 독서교육의 문제점

지난 수 년 간, 부모와 교사들은 아이들에게 독서를 권장하기 위해 많은 방법을 사용해왔다. 독서 교육에서는 주로 보상 제도를 많이 사용하였다. 예를 들어, 책을 다 읽은 학생에게는 교실 게시판에 붙일 수 있는 책벌레(bookworm)의 한 조각을 준다. 한편, 다른 교실에서는 책 한 권을 읽을 때마다 토큰을 준다. 그리고 학생은 토큰을 장난감이나 다른 물품으로 교환할 수 있다. 어떤 교사는 피자를 보상 수단으로 사용한다. 이 외에도 학생들에게 책을 읽도록 동기를 부여하는 방법은 다양하다. 하지만 베르글룬드(Berglund, 1991)는 이러한 방법들이 학생들을 평생 독자가 되도록 돕는 최선인가에 대하여 이의를 제기하였다.

일률적인 보상 제도는 학생마다 능력, 흥미 등이 다르다는 점을 고려할 수 없다. 또한, 교사들은 학생들의 꾸준한 독서 활동을 위해 외적 동기 부여에 치중한다. 어떤 학생은 보상을 받기 위해 책을 읽고 또 읽을 것이다. 하지만 어떤 학생은 목표 도달이 불가능하다고 인식하여 참여하지 않는 쪽을 선택할 수도 있다. 독서량이나 독서 시간은 종종 목표 도달 여부를 판단하는 기준이된다. 이렇게 단기간에 나타나는 결과에 초점을 맞추게 되면 장기적인 결과나 보상 프로그램의 효과가 떨어진다.

## 2. 외적 동기 부여에 대한 관점

흔히 학교에서는 학생이 독서를 하도록 하기 위해 보상, 다른 학생과의 경쟁, 독서가 지닌 효용의 강조와 같은 방법을 사용한다(Good & Brophy, 1987).

첫째, 외적 동기 부여 전략들은 보상을 얻을 수 있는 결과와 독서를 단순하게 연결시킨다. 이는 학생들이 스스로 과업을 해결하는 과정에서 얻는 즐거움이나 가치와는 구별된다(Good & Brophy, 1987: 319). 책벌레의 한 조각을 얻는 것과 무료 피자 쿠폰을 얻는 것은 보상의 한 예이다. 이 외에도 게시판에 훌륭한 과제를 전시해주는 것, 그리고 교사의 특별한 관심도 보상에 해당한다. 굿과 브로피(Good & Brophy, 1987)는 "보상은 수행의 질보다는 노력의 수준을 자극하는 데 더욱 효과적이다"라고 하였으며, "보상은 매력적이거나 흥미로운 과업보다는 지루하거나 불쾌한 작업에 더 많이 사용된다"(p.319)라고 하였다. 또한, 학생들이 누구나 보상을 받을 수 있

다고 믿어야 한다. 그렇지 않으면 그들은 우울해지고 화를 내며 포기하게 될 것이다. 보상 제도
는 개인차를 고려하여 적용할 필요가 있다.

둘째, 경쟁 전략은 학교에서 널리 사용되지만(예를 들어, 등급제, 스포츠, 음악), 경쟁 요소를
도입한 독서 프로그램이 적절하고 바람직한지 재고할 필요가 있다. 독서 촉진 방안을 구안할 때,
모든 학생들이 목표에 도달하기를 바라지만 경쟁은 승리자뿐만 아니라 패배자도 만든다. 경쟁으
로 인하여 독자로서 그리고 교실 공동체의 일원으로서 학생들이 자신감을 잃고 자존감이 떨어질
수 있다. 경쟁은 장기적인 동기 부여 전략으로서는 적절하지 않다.

셋째, 외적 동기 부여 전략인 독서의 효용을 강조하는 것은 독서 능력이 얼마나 필요하고 미래
의 직업이나 생활에 어떠한 도움을 줄 수 있는지에 관심을 기울이도록 한다. 독서의 효용면에서
현재 생활에 바로 적용할 수 있는 독서의 기능 학습과 교사의 적용 시범이 도움이 된다.

지금까지 설명한 세 가지 형태의 외적 동기 부여 전략은 일정 부분 한계를 지닌다. 이 장에서
는 독서 습관 형성을 위한 전반적인 방안을 통합적으로 살펴본다. 교사들은 여기에 제시된 구체
적인 전략과 아이디어를 실제 독서 수업에 적용할 수 있을 것이다.


## 3. 독서를 장려하기 위한 기반

독서 동기를 높이기 위해서는 최소한 네 개의 필수 전제 조건이 있어야 한다(Good & Brophy,
1987).

첫째, 학습 분위기가 잘 조성되어야 한다. 교사는 학생들의 학습 활동을 지원해주는 격려자로
서 인내심이 있어야 한다. 이러한 학습 분위기에서는 학생들의 실수가 허용되기 때문에 학습에
대한 도전을 편안하게 할 수 있다(p.310).

둘째, 학생들을 위한 활동과 도서 수준이 적절해야 한다. 아담스(Adams, 1990)에 따르면, "독
서의 성과를 기대하려면 학생들이 독해 오류율(error rate)이 낮은(2~5%) 독서 자료를 읽도록
해야 한다. 그리고 학생들에게 5% 이상의 독해 오류율이 있는 독서 자료를 제시하면 수업에 집
중하지 않는 경향을 보였다"(p.113)고 한다.

셋째, 의미 있는 학습목표에 맞추어 활동을 선정해야 한다. 독서를 촉진하는 교사는 기본 목표
를 독서를 유용하고 가치 있고 바람직한 활동으로 만드는 것에 초점을 맞추어야 한다. 독서 목표

달성을 위해 풍부한 독서 기회 제공과 독서 기술 및 전략 지도가 함께 이루어져야 한다.

넷째, 외적 동기부여 전략에 대한 조절과 변화가 필요하다. 학생들이 스스로 학습하고 싶어할 때는 특별한 동기부여 전략이 필요 없다. 설령 필요하다 하더라도 특정한 전략의 남용과 판에 박힌 사용은 효과를 거두기 어렵다.

마르자노(Marzano, 1992)는 학습 과정에 관한 30년 이상의 연구를 재검토하여 수업모형을 개발했다. 이 모형의 기본 관점은 학습에 대한 긍정적인 태도와 인식을 포함한다. 교실 분위기는 학생들의 태도와 인식뿐만 아니라 학생의 외부 요인(예를 들어, 독서 자료의 양과 질, 교실의 물리적 환경)으로 구성되어 있다. 마르자노는 학생들의 태도와 인식이 학습 분위기에 영향을 미친다는 것에 주목했다. 무엇보다 학생이 느끼는 편안함은 이러한 환경에서 핵심적인 요인이다.


## 4. 독서를 촉진하고 독서에 대한 동기 부여를 위한 체계

캠번(Cambourne, 1991)은 학습의 여러 가지 조건들을 제시했고 그것을 언어 학습에 적용했다. 그는 교사들에게 이러한 조건들을 다른 학습에도 적용할 것을 권장했다.

[그림1]에 제시된 모형은 캠번(Cambourne, 1991)이 개발한 것이다. 학습의 조건 중, 몰입(immersion)과 시범(demonstration)은 학생들을 독서에 '참여'시키는 필수 요소이다. 기대(expectations), 책임(responsibility), 도전(use), 허용(approximations), 반응(response)도 학생들의 독서 참여를 높일 수 있는 간접 조건들이다. 여기서 제안하는 조건들은 이것이 내재적 동기이기 때문에 훨씬 더 지속적인 학습과 학생들의 자율성을 보장한다. 이러한 학습 조건들을 통해 학생들은 독서에 대해 긍정적인 태도를 가질 수 있으며, 정규 교육이 끝난 후에도 평생 독자로서 오랫동안 독서를 지속할 수 있다. 이 7가지 조건은 독립적으로 발생되지 않고, 서로 영향을 주고 받는다.

교사는 독서 습관을 촉진시키기 위해 이러한 학습 조건들을 어떻게 적용할 수 있을까? 학생들의 독서 활동을 장려하기 위하여 학습 조건을 촉진하는 전략을 사용할 필요가 있다. 여기에서는 캠번(Cambourne)이 제시한 학습 조건 모형을 독서 동기에 적용하여 독서 촉진 전략을 계획하고 조직하며 실행하기 위한 독서 동기 촉진 모형을 제시한다.

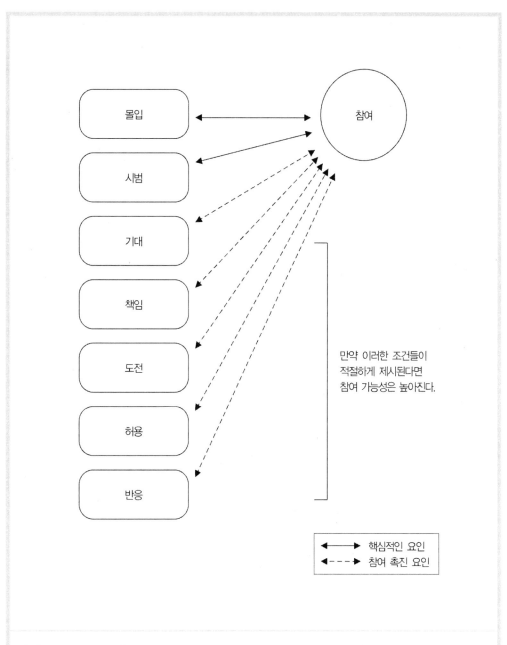

(출처) B. Cambourne, "Breaking the Lore: An Alternative view of learning," in Frameworks: An Holistic staff development program in literacy education, Wayne-Finger Lakes Board of Cooperative Educational Services, Stanley, NY, 1993.

[그림 1] 학습 조건 : 독서 동기에 적용

## 가. 몰입(Immersion)

독서가 활발하게 이루어지는 학급(학교)을 만들기 위해서는 학생들이 독서에 몰입하기 위한 기초적 환경을 조성할 필요가 있다. 이런 교실에서는 매우 다양한 독서 자료를 활용할 수 있고, 학급 문고가 있으며, 학생들은 정기적으로 독서 자료를 읽고 상호작용 활동을 한다. 학생들은 스스로 학습에 대한 기대감을 가질 때 독서 자료에 몰입하게 된다. 중요하고 유용한 독서 자료를 활용한 활동은 학생들에게 매우 필요하다. 학생들은 자신에게 유의미한 맥락에서 읽을 때 독서에 몰입하게 된다(Combourne, 1991: 17).

학생들은 아마도 지속적인 묵독을 통해 독서 자료와 상호작용할 것이다. 개별 학습을 장려하고 독서 자료에 몰입하는 활동은 일반적으로 SSR(지속적으로 묵독하기)이나 DEAR(모든 것을 멈추고 책 읽기)를 포함한다. 이들 활동은 시간표에 고정되지 않고 개별 학생들을 위해 탄력적으로 운영된다. 학급 문고는 다양한 주제와 수준의 도서를 제공하고 권장한다. 비젯(Bissett, 1969)의 연구에서는 다양한 주제와 수준의 도서를 골고루 갖춘 학급 문고와 도서관을 접한 학생들은 그렇지 않은 학생들보다 50% 이상 책을 더 읽는 것으로 나타났다.

『독자 국가로 성장하기』에서 앤더슨(Anderson)을 비롯한 연구자들은 교사들에게 학생들의 개별 독서 시간을 늘려줄 것을 권장했다. 연구자들은 학생들이 단순히 책을 더 읽는 것만으로도 독서 기능과 전략이 향상된다고 생각했지만 이것은 사실이 아니다. 특히 도움이 필요한 학생일 경우에는 더욱 그렇다. 교사의 지도 없이 단순히 독서 시간만 더 늘린다면 그 학생들은 공상을 하거나 딴 짓을 하며 묵독 시간을 무의미하게 흘려보낼 것이다(Pinnell, 1988).

개별 독서 시간을 더욱 유용하게 활용하기 위해 유능한 교사들은 개인차를 고려하여 학생의 수준에 맞고 흥미를 자극하는 활동으로 학생들을 지도한다. 학생들이 흥미 있는 독서 자료를 찾도록 하고, 원하는 수준의 책을 읽도록 돕는 것은 학생들의 독서 몰입도를 높이는 데 매우 중요한 요소이다.

## 나. 시범(Demonstration)

시범은 모든 학습에 기초를 제공한다(Cambourne, 1991). 예를 들면, 어린 아이들은 부모와 형제자매의 대화를 들으면서 말하는 법을 배운다. 독서 활동도 마찬가지다. 처음에는 가족을 통해 독서의 즐거움뿐만 아니라 독서 자료의 중요성과 기능을 알게 되며, 그 이후에는 교사와 다른 사회 구성원의 시범을 보고 알게 된다. 취학 전 아이들은 그들의 부모와 다른 사람들이 했던 것처럼 이야기책을 잡고, 책장을 넘기고 책을 읽는다. 독서 활동의 모델(role model)은 스피겔(Spiegel)이 6장에서 강조한 것처럼 독서에 미치는 영향력이 매우 크다. 학생들은 그들의 삶에서 중요한 사람들의 행동과 태도를 모방하기 위해 노력한다. 그들은 부모, 교사, 또래, 유명인 또는 스포츠 선수와 같이 본보기가 되는 다른 사람의 행동을 따라 하고 싶어한다. 직업, 나이, 인종 등의 여러 집단에 속한 모델들은 독서에 대한 긍정적 태도에 큰 영향을 미칠 것이다.

교실에서는 독서를 좋아하는 교사가 가장 영향력 있는 본보기이다. 그러한 본보기가 있는 학생들은 독서의 즐거움을 알기 쉽다. 교사는 매일 수업에서 학생들의 나이나 학년에 상관없이 소리 내어 책을 읽어 주어야 한다(10장과 15장 참고). 교사가 신중하게 선택한 책을 열정적으로 읽어 주는 활동은 학생들이 교사의 목소리에 귀기울이도록 이끈다.

소리 내어 읽어주기는 학생들에게 독서 활동과 즐거움에 대해 지도할 때 시범을 보이는 한 형태이다. 일반적으로 담임교사가 이러한 시범을 보이지만 다른 사람이 그 역할을 대신할 수도 있다. 교장, 체육 교사 등 학교 교직원을 교실로 초대하여 그들이 좋아하는 책이나 시를 학생들에게 읽어줄 수 있다. 부모님, 다른 학년의 학생, 지역사회 구성원, 스포츠 영웅 그리고 유명인들도 이와 같이 독자로서 효과적인 본보기가 될 수 있다.

교사들은 모든 아이들에게 나이와 상관없이 매일 책을 읽어주도록 부모에게 권장하며 실천을 격려한다. 유년 시기에 매일 책을 읽어 주고 가족들과 독서 대화를 나누기 시작하면 독서에 대한 긍정적 태도를 촉진하여 학업 성취도를 향상시키는 데 도움이 된다. 대부분의 부모는 아이들에게 집에서 다양한 책을 읽어 주고 시범을 보이는 것이 향후 아이들의 독서 태도와 우수한 학업 성취를 위해 중요하다는 것을 알고 있다. 그러나 교사에게 세심한 조언을 구하는 부모도 있다(『Reading Today』, 1992; Trelease, 1989). 교사들은 부모들이 자녀의 독서를 촉진하기 위해 가정 독서 프로그램(FRED)을 계획할 수 있도록 돕는다.

교실에서 이루어지는 독서 시범의 형태는 매우 다양하다. 교사는 다양한 종류의 글을 읽고,

차이점과 목적에 대해 알려준다. 같은 저자의 책을 한 권 이상 읽고 토론하는 활동은 학생들이 저자의 다른 작품을 읽도록 권장한다. 북 토크(book talk)[1]는 대중적이고 흥미 위주의 시범 형태이다. 북 토크는 대체적으로 다음과 같은 순서로 이루어진다. 먼저 한 독자(교사나 독서 전문가)가 특히 인상 깊었던 책의 처음 부분에 대해 말한다. 그런 다음, 인상 깊었던 부분을 소리 내어 읽는다. 그러다가 중요한 부분에서 독서를 멈춘다. 이때 그 부분에 대해 더 읽고 싶어하는 학생들이 책을 읽는다(10장 참고).

## 다. 기대(Expectations)

학습의 조건으로서 '기대'는 다양한 관점에서 살펴볼 수 있다. 첫째, 학생들은 학습자로서 자기 자신에 대해 기대를 갖는다. 학생들은 특별한 일이 없는 한 자신이 독서를 통해 많은 것을 배울 수 있다고 생각한다. 학교생활을 막 시작한 학생들은 그들이 독서를 통해 여러 가지를 배울 수 있다고 확신한다. 독서에 대한 태도는 어린 나이에 형성된다. 독서 자료에 대한 긍정적인 기대는 평생 독서 습관의 시작일 것이다. 독서에 대한 긍정적 태도를 형성하기 위해서 학생들은 자신의 힘으로 과제를 해결할 수 있다고 믿어야 한다.

학생들은 의도적이든 그렇지 않든 개별적으로 자신만의 목표를 설정한다. 이러한 목표들은 실현 가능해야 한다. 교사는 학생들의 능력에 대한 정보를 활용하여 그들이 독서 관련 과제를 수행할 수 있도록 개인의 목표를 설정하도록 안내한다. 독서에 대한 긍정적 태도를 형성시켜주는 데 효과적인 방법은 실현 가능한 목표에 초점을 맞추고 실패 경험을 줄이는 것이다. 그러면 독서는 과제가 아니라 즐거움으로 느껴질 것이고, 독서 활동을 계속하게 될 것이다.

둘째, 가족 구성원, 교사 또는 친구들 역시 학생들에게 기대를 가진다. 부모는 자녀에 대해 높은 기대를 가지고 있다. 그들은 자녀가 태어나서 걷는 법과 말하는 법을 익히게 되리라고 당연하게 기대한다. 그들은 사진과 비디오를 찍으면서 매일 이러한 기대와 상호작용하고 아이들이 그들의 목표를 향해 나아가도록 돕는다. 부모는 또한 자녀가 독서를 배우리라고 기대한다. 가족들이 독서와 학습을 중요하게 여긴다는 것을 아는 아이들은 좀 더 유능한 독자가 될 가능성이 높다. 독

---

1 북 토크(Book talk)는 교사나 독서 전문가 등이 학생이나 도서관의 이용자를 대상으로 도서를 소개하고 그러한 도서의 이용을 촉진시키려고 하는 목적을 가지고 행하는 교육활동이다. (역자 주)

서를 강조하는 가족은 독서에 더 많은 시간을 보내려고 한다. 그들은 집에 독서할 자료를 갖추어 두고 도서관에도 방문한다. 이러한 가정에서 성장한 아이들은 독서 학습을 달성 가능한 목표로 볼 가능성이 많다.

학생들의 성취에 대한 교사들의 기대 역시 학생들의 신념에 영향을 미친다. 학생들에게 높은 기대감을 가지고 학생들에게 정서적으로 격려와 지지를 하는 교사는 학생들이 당연히 읽을 수 있을 것이라고 말한다(5장 참고). 교사는 독서가 학습을 통해 길러진다는 것을 알고 있으며, 독서를 학습하기 위한 계획과 독서를 하는 시간은 개인별로 매우 다를 수 있다. 교사와 학생들은 협력하여 합리적이고 실현 가능한 목표를 결정한다.

친구 및 다른 공동체 구성원들이 학생들에게 가지는 기대 역시 중요하다. 만약 이웃과 또래 친구들이 독서를 중요하게 생각하는 분위기를 만들면 효과를 기대할 수 있을 것이다. 그렇게 되면 학생들은 독서를 좋아하게 되고 선택하려고 한다.

## 라. 책임(Responsibility)

올슨(Olson, 1940)은 자율적 선택(self-selection)과 자율적 단계 조절(self-pacing)이라는 원칙을 제안한 바 있다. 그는 내적 동기가 있는 학생들은 자신의 학습에 대한 책임감이 있다고 생각했다. 이러한 학생들은 자신의 필요와 관심에 따라 탐색하고, 자율적으로 선택하고, 속도를 스스로 조절하며 읽는다.

캠번은 학생들이 독서를 하는 동안 책임감을 가지고 무엇인가에 대해 결정한다고 하였다. 책임은 독자가 주체적으로 독서를 하도록 해 준다. 이러한 책임은 교사가 적극적으로 학생들에게 참여를 요청하고 격려할 때 가능해진다.

이 장에서 다양한 주제와 수준의 독서 자료를 구비한 학급 문고(학교 도서관)가 필요하다고 논의한 바 있다. 도서관의 자료를 전시하고 배치하기, 자료 대출 해 주기, 신간 자료 확보하기, 도서관 자료 관리하기 등은 학생들에게 책임감을 갖게 하는 대표적인 방법이다(Hepler, 1992). 학생들은 임무를 부여받고 그것을 공유하고, 도서관 이용 전략을 개발해서 자신들이 도서관의 모든 측면에서 중요한 역할을 한다는 것을 인식하게 되며, 자신이 기여한 점에 대해 즐거움과 보람을 느끼게 된다. 일부 교사들은 학생들의 자율을 보장하는 학급에서 학생 자체적으로 도서 교환에 대해 계획하고 점검하도록 하여 성공적인 결과를 얻었다(Barchers, 1992).

독서 프로그램에 참여하는 동안에도 책임이 강조된다. 학생들은 자료를 자율적으로 선택하여 자신의 속도를 조절하며 읽는다. 그들은 무엇을 읽을지 토론하거나 점검할 필요 없이 자신의 독서 목적을 위해 읽는다. 그들은 책 내용을 이해하고 감상하는 데 책임감을 갖고 참여한다. 또한 자신의 목적을 달성하기 위해 개별 독서에 더 큰 비중을 두기 때문에 학생 간 경쟁이 줄어든다.

## 마. 도전과 허용(Use and Approximations)

학습 조건으로 '도전'과 '허용'은 밀접하게 관련된다는 점에서 '도전과 허용'으로 묶어서 설명하고자 한다.

캠번의 학습 조건인 '도전'은 읽기와 같은 복잡한 과제를 배우는 데 도전하는 시간과 노력을 말한다. 책 읽기 전략이나 독서 기능을 적용하거나 글을 쓰기 위해서 독서할 기회와 시간을 충분히 확보할 필요가 있다. 교사는 학생들에게 충분한 기회와 시간 확보를 위해서 학생들에게만 맡겨두어서는 안 되며 독서 프로그램 안내를 해야 한다. 학생들이 책을 펼쳐놓고 책을 보는 것만으로는 충분하지 않다. 베르글룬드와 존스(Berglund & Johns, 1983)는 독서 프로그램에서 기대하는 성공을 위해서 교사는 인내심이 많아야 한다고 말했다. 적절한 독서 자료를 고르지 못하거나 또는 고르지 않은 학생들을 위해서 교사는 다양한 유형의 독서 자료를 제공할 수 있다.

학생들은 정보를 얻기 위해 스스로 독서를 할 때 묵독을 활용할 수 있다. 예를 들어 토성고리에 호기심이 많은 학생은 자신의 독서 목적을 이루기 위해 읽기 전략을 활용할 것이다. 또 저자를 좋아하거나 북 토크를 흥미롭게 듣고 독서 의욕이 생긴 학생은 자신의 목적을 이루기 위해 책을 읽는다. 이외에도 학교에서 더 잘하기를 바라는 기능적인 측면의 목적들도 있다. 이렇게 학생들이 독서 목적을 인식하게 되면 독서 동기가 촉진되고 독서를 많이 하게 될 것이다.

또 다른 학습 조건인 '허용'은 학생들이 자신의 목표에 도달하기 위해 노력하는 동안 격려를 받으며 충분히 연습할 수 있도록 허용하는 것을 말한다. 학생들이 평가를 받기까지 정서적인 환경에서 학습 부담을 갖지 않고 충분히 연습할 수 있어야 한다. 따라서 교사는 학생들이 필자로 성장하는 동안 철자 오류를 지나치게 교정하지 말고 학생들이 독서를 배우는 동안 읽기 오류에 대해 지나치게 지적하지 말아야 한다.

학생들은 여러 가지 독서 전략을 다양하게 적용할 수 있어야 한다. 합창독하기(choral reading)는 전체 학급이나 소집단에서 큰 소리로 읽을 수 있는 좋은 기회가 되므로 많이 사용된다.

독서를 부담스러워하는 독자들도 반복하여 읽는 연습을 하면서 즐겁게 참여하게 된다. 학생들은 읽으면서 적당한 몸짓을 할 수 있다. 또한 음독(oral reading)의 방식으로 '독자 극장(Reader's Theatre)'을 활용할 수 있다. 독자극장에 참여하는 학생들은 자신이 맡은 부분을 읽으며 친구들에게 '과장의 연기를 보여주는 것'을 좋아한다. 참여자들이 몇 번 연습에 참여한 후에 학생들의 연극을 녹음하거나 녹화하는 것이 좋다.

합창독하기, 연극, 독자 극장(reader's theatre)[2]은 독서 수준에 관계없이 모든 학생들이 교실에서 독서를 즐길 수 있도록 격려하는 경험이다. 이러한 활동을 부모님, 교사, 다른 학년의 학생들 등 다양한 청중 앞에서 발표할 수 있다. 다양한 집단 앞에서 성공 경험을 통해 자신감을 기르고 독서에 대한 태도를 신장시킬 수 있다.

도전과 허용성이란 결국 허용적인 독서 분위기에서 독서할 기회와 시간을 충분히 확보하는 것을 의미하는데, 이렇게 되면 자연스럽게 독서가 촉진될 것이다.


## 바. 반응(Response)

학습의 조건인 '반응'은 학생의 독서 학습에 대한 피드백을 말한다. 반응에는 학생들의 읽기 과정을 조절할 수 있는 교사, 부모, 학습자와 정보를 공유하는 다른 이들이 참여한다. 반응은 쉽게 할 수 있고, 제한이 없으며, 부담과 긴장이 없다는 점에서 공통한다(Cambourne, 1991).

교사, 학부모 등은 학생들의 독립적인 성장을 촉진하도록 우호적인 피드백을 줄 필요가 있다. 학생들이 읽기를 학습하도록 허용적이고 배려하며 인내심 있는 대화가 필요하다.

학생들은 독서 동아리를 조직하고, 독서 선택에 대해 토의하고 자신의 생각을 표현한다. 그리고 작가에게 글을 쓰고, 연극을 발표하고, 이야기의 결말을 다시 쓰는 등 다양한 방법으로 책에 대한 반응을 표현할 때 독서 동기가 촉진된다. 일지 역시 학생들의 독서에 대한 반응 중 하나이다. 자유로운 반응이거나 질문에 대한 대답을 표현한 것으로 학생과 교사 또는 또래와의 대화 형태의 반응이다.

독서에 대한 예술적 반응은 생각을 조직하고 표현하는데 매우 좋은 방법이다. 학생들은 문학작

---

2 독자 극장(reader's theatre)은 독자가 독서 자료를 여러 번 읽은 후 스스로 등장인물이 되어 작은 연극처럼 낭독을 하는 활동으로, 학생들이 읽을 내용을 외울 필요는 없다. (역자 주)

품의 장면들을 디오라마(diorama)[3]로 만들거나 제목과 적절한 삽화를 넣어 완성된 책 표지를 디자인 할 수 있다. 교사는 학생들이 예술적 반응 활동에 적극적으로 참여하여 창의적 표현을 통합할 수 있도록 격려해야 한다.

학급 문집 출판하기도 효과적인 반응이다. 학생들은 자신이 고른 도서의 서평을 쓰거나 그 책을 도서 바자회에서 판매하기 위한 광고를 만들 수 있다. 이것을 모아 학급 문집을 출판하고 함께 읽으며 독서의 즐거움을 누릴 수 있다.

## 5. 전망

지금까지 캠번(Cambourne)의 학습 조건을 독서에 적용하여 독서를 촉진하는 7가지 조건을 설명하였다. 몰입과 시범은 독서의 필수적인 조건으로 매우 중요하다. 효과적인 시범 보이기와 다양한 장르와 주제에 관한 책을 접할 수 있는 기회가 많다면 독서를 좋아하는 마음이 자연스럽게 생길 것이다. 그리고 기대, 책임, 도전과 허용성, 반응과 같은 간접적인 학습 조건도 독서 참여를 높이고 독서 경험의 질을 향상시키는데 중요하다.

유능한 교사는 학생들에게 독서의 즐거움을 모방할 수 있는 본보기가 된다. 학생들의 수준과 흥미에 알맞은 독서 자료로 학생들을 안내한다. 또 학생이 즐거움과 정보를 모두 얻을 수 있도록 풍부하게 독서할 수 있는 독서 환경을 조성한다.

---

3 디오라마(diorama)는 여러 모형을 배경과 함께 설치하여 특정 장면을 구성한 것으로 인형뿐 아니라 공룡, 전차, 비행기, 자동차 등 그 종류도 매우 다양하다. 현재는 박물관, 미술관, 과학관 등에서 이 기법을 많이 사용하고 있다. (역자 주)

# 8장

# 독서와 예술 통합하기

*Richard Sinatra*

## 1. 독서와 예술 통합하기의 목표

많은 사람들이 인본주의 교육을 위한 중요한 원천으로 문학의 중요성을 인정해왔다. 문학과 음악, 미술에는 과거부터 현재까지를 반영하는 인간성의 통합이나 연속성에 대한 훌륭한 발자취들이 담겨 있다(Postman, 1980). 학생들은 고전 작품을 공부하면서 심오한 상상에 의해 만들어진 더 큰 세계나 그것을 아우르는 총체적인 안목을 얻게 된다(College Board, 1985). 국제예술기금(The National Endowment For Arts, 1998)은 기초 예술 교육이 문학, 시각 예술과 디자인, 행위 예술, 매체 예술의 네 가지로 구성되며, 이것이 창조, 상호작용, 정보의 생산, 비판적인 선택을 위한 수단을 제공해준다고 믿는다.

독서 내용이나 예술 양식의 하나로 문학에 몰입하는 것은 성장하는 독자들에게 다섯 가지의 목표를 성취하도록 도와준다.

첫째, 일반적으로 문학은 인간의 정수를 보여준다. 문학 작품 속의 인간은 역경에 맞서 고군분투한다. 그러한 투쟁은 자연에 대항하는 인간, 인간에 대항하는 인간 혹은 자기 스스로와 맞서 싸우는 인간의 형태로 나타나는데, 이를 '갈등'이라 한다. 아이들은 문학 작품 속의 인물들이 역경을 극복하는 과정을 읽으면서 인간성에 대해 인식하고 역경을 극복하는 방법을 모방할 수 있다.

이에 대해 미국대학위원회(The College Board, 1985: 15)는 다음과 같이 언급하였다.

> 학생들은 다른 시대의 작품이나 문화에 몰입함으로써 인간의 보편적인 관심사를 발견할 기회를 얻는다. 이 과정에서 특별하고, 엄청나고, 아름답고, 즐거운 것들을 창조하고 얻음으로써 살아남기 위해 가장 중요한 것들을 넘어서게 된다.

둘째, 아이들은 문학 작품을 쉽게 이해할 수 있다. 문학의 문체는 아이들이 생각하는 방식에 영향을 준다. 일반적으로 시를 제외한 대부분의 문학은 허구이며, 이러한 장르의 문체는 서술적이다. 서사로서의 문학 장르는 그림 이야기책, 이야기, 신화, 민담, 판타지, 공상 과학 소설 그리고 사실주의 소설이나 역사 소설 등을 포함한다. 아이들이 텔레비전 만화를 여러 시간 동안 볼 수 있는 이유는 그들이 전형적인 서사의 요소들로 구성된 텔레비전 만화를 경험하는데 사로잡혀 있기 때문이다. 아이들은 그들의 영웅이나 여신이 극복할 수 없는 어려움을 이겨내고 절정을 향해 이야기가 전개되는 것에 마음을 빼앗긴다.

이와 관련하여 모펫(Moffett, 1983)은 아이들이 서사적인 방법에 의존하여 자신의 사고를 구성한다고 주장했다. 그리고 히긴스(Higgins, 1981)는 이야기 만들기가 세상에 대한 자연스러운 관찰을 통해 설명할 수 없는 당황스러운 경험이나 현상들을 설명하기 위해 사용하는 가장 대표적인 방법 중 하나라고 말했다. 또한 반 동겐과 웨스트비(Van Dongen & Westby, 1986)는 아이들은 이야기 발달 시기 동안 자신의 일상적인 삶을 다른 사람들 앞에서 이야기하고, 여러 세대에 걸쳐 전해 내려온 민담이나 전통적인 이야기를 배우는 것을 통해 인간 경험에 대한 이해가 넓어진다고 하였다. 더 나아가 아이들은 이야기를 통해 규칙을 관찰함으로써 책을 읽는데 도움을 받는다.

셋째, 문학을 통해 독자들은 언어가 다양하고 창의적인 방법으로 사용되고 있음을 배운다. 단어가 사용된 방식이나 문장이 배열된 원리는 작가의 상상 속에서 발견된다. 반면, 독자들은 단어나 문장의 이미지 나열을 통해 작가의 시점을 파악하기 위해 노력한다.

새로운 단어를 배울 때 어휘가 풍부하고 조화롭게 표현될수록 독자들은 그 어휘의 의미에 심미적인 매력을 느끼게 된다. 고전작품 『슬리피 할로우의 전설(The Legend of Sleepy

Hollow)』[1]에서 워싱톤 어빙(Wahsington Irving)은 이카보드(Ichabod)가 카트리나 반 타셀(Katrina Van Tassel)에게 퇴짜를 당한 후에 "이카보드(Ichabod)는 마구간으로 가서 그의 말을 데리고 집으로 가는 슬픈 여정을 시작했다" 라고 쓸 수 있었을지도 모른다. 하지만 실제로 그는 똑같은 의미를 이끌어내기 위해 다음과 같이 세 문장을 사용했다.

> 그는 좌우를 둘러보고는 좋아하는 시골 풍경을 살피지도 않고, 곧장 마구간으로 가서 말을 향해 격렬하게 주먹질을 하고 발길질을 하면서 귀리와 옥수수로 가득 찬 산과 큰조아재비와 클로버가 있는 언덕을 꿈꾸며 숙면을 취하던 그의 말을 매우 거칠게 깨웠다.
> 우울하고 의기소침해진 이카보드(Ichabod)가 오후에 기분 좋게 가로지르던 테리(Tarry) 마을이 있는 우뚝 솟은 언덕을 지나 집으로 돌아가기에는 너무 늦은 시간이었다. 그 집은 그만큼이나 우울해 보였다.

이카보드(Ichabod)가 깨웠던 말이 불러일으키는 희극적인 장면과 우울한 이카보드(Ichabod)가 집으로 향하는 암담한 장면이 어떻게 대조되는지 떠올려보라. 발췌된 두 부분의 표면적 의미는 동일하지만 어빙(Irving)은 우리의 감각과 시각에 좀 더 깊이 있게 호소할 수 있는 단어와 구를 선택했다. 퍼브스(Purves, 1985)는 문학 작품에서 사용되는 특정한 언어는 독자들의 경험에 기초하여 이미지를 생산한다고 말했다.

넷째, 문학은 학생 스스로가 심미적인 경험에 접근하도록 도와준다. 심미적 경험은 즐겁고 매력적이다(Miller, 1980). 심미적 경험들은 사람을 즐겁게 해주고 만족하게 하며, 글을 읽는 동안 독자의 입장(stance)을 결정한다.

밀러(Miller)는 심미적 양상에 대하여 다음과 같이 말하였다.

> 문학을 성공적으로 읽는 독자는 자신의 주의를 제한하고 통제하고 고정시키는 그 어떤 요구를 벗어나 수준 높은 의식을 지니게 되고, 전적으로 즐거운 경험을 하게 될 것이다.

---

1 미국 단편 문학의 거장 워싱톤 어빙(Wahsington Irving)의 대표 소설로, 18세기 뉴욕 북쪽의 슬리피 할로라는 작은 마을에서 일어나는 연쇄 살인사건에 대한 무섭고도 환상적인 이야기를 담고 있다. (역자 주)

스미스(Smith, 1985)는 심미적인 독서[2]를 하는 동안 독자는 정보를 얻기 위해 노력하기보다는 관념과 감각의 세계를 탐험하기 위해 노력한다고 말했다. 그래서 사람들은 독서를 하는 동안 그러한 경험이 중단되는 것을 싫어하고 누군가의 방해로 인하여 독서가 중단되었을 때 짜증을 낸다. 심미적인 독서를 하는 동안 독자는 해결, 긴장, 갈등에 포함된 관념, 상황, 장면, 인물, 감성을 경험하고 즐긴다(Rosenblatt, 1989). 심미적 독서는 사람들이 평생 독자가 될 수 있도록 도와준다(Winograd & Smith, 1987).

다섯째, 문학이 제공하는 경이와 즐거움은 다른 형식의 예술로 쉽게 통합되고 변형될 수 있다. 아이들은 종종 그들의 상상력을 충분히 발휘하여 이야기를 시각 예술이나 드라마 그리고 음악을 통해 재해석한다. 예를 들면, 그들의 그림은 자신이 작품에서 이해한 것을 문자적인 것뿐만 아니라 시각적이고 심미적인 것들로 반영하고 있다.


## 2. 독서와 예술의 관련성

예술은 모든 사람들의 읽고 쓰는 능력과 사고력 발달에 있어 매우 중요하다. 예술은 학생들에게 언어나 문화적인 장벽을 넘어 소통하고 규율이나 정신집중, 개인의 만족감을 조성하는 독특한 방법을 제시해준다(Martoreli, 1992). 예술 교육은 사고를 향상시키고 사회관계를 촉진시킨다. 뿐만 아니라, 개인의 발달을 자극하고 학교에서 학생들의 관계 유지에 도움을 주고, 교과 학습에 도전할 때 성취감을 얻게 해주며, 생산적인 시민이 되도록 도와준다(Hanna, 1992). 한나(Hanna)는 예술 활동에 참여하는 것은 다른 영역에 대한 지식 – 가령, 비언어적인 의사소통, 사회 심리 언어학, 인지 – 이 한 영역에서 다른 영역으로의 변환과 연관된 것이라고 말했다.

어떻게 예술 참여를 통해 교육적이고 장기적인 목표를 달성할 수 있을까? 예술은 그것을 이해하고 표현하는데 필요한 언어를 제공해주며, 언어 조합이나 관점, 새로운 아이디어 형성을 자극

---

2 로젠블렛(Rosenblatt)은 독서를 독자와 텍스트 사이의 교류로 보고, 독서 행위를 심미적(aesthetic) 독서, 원심적(effent) 독서의 두 가지 유형으로 설명하였다. 원심적 독서는 독서의 산물에 관심을 두고 정보의 획득이나 문제의 논리적 해석에 주의를 기울이는 유형이고, 심미적 독서는 독서를 통해 야기되는 개인적인 느낌, 아이디어, 태도 등에 초점을 두는 유형이다. (역자 주)

하는 감각적인 경험을 제공해준다. 보이어(Boyer)는 예술 교육의 확장된 개념에 대해 다음과 같이 설명했다.

> 예술 교육은 우리의 언어를 확장시켜 우리가 접하는 이야기를 보다 풍부하게 해준다. 즉, 예술 교육은 우리가 보다 분석적이고 포괄적으로 이야기를 이해할 수 있게 도움을 주는 것이다. 음악과 춤 그리고 시각 예술은 모든 사람들에게 가장 원초적이고 심오한 언어이다.

예술에 몰입하는 것은 표상적인 사고를 촉진시켜 준다. 표상적인 사고를 하는 동안 현실은 다른 측면을 발생시킨다. 예를 들면, 나무 블록은 어린이의 손에서 조립되어 기차가 될 수도 있다. 상상력이 만들어낸 표상적인 사고는 논리적 사고, 상징, 은유적인 사고의 바탕이 된다. 어린 아이에게 표상적인 사고는 몸짓이나 몸짓 언어, 놀이, 시범, 그림이나 채색과 같은 다양한 방법으로 표현될 수 있는 것이다. 초·중학교 학생들의 경우에는 창의성이 발현될 수 있는 다양한 학습을 위해 예술 형식의 기술이나 기능을 확장할 수도 있다. 이처럼 예술은 다양한 방법으로 문제에 접근하고 해결하도록 하며 창의적인 수준에 도달할 수 있게 해준다는 점에서 의미를 지닌다. 또한 예술 공부를 통해 학생들은 창작자의 감정과 기술이 사용된 방식 간의 상호작용에 대한 안목을 얻을 수 있다. 그 상호작용이란 시 속에 선택된 어휘가 주는 느낌 혹은 캔버스에 나타난 작가의 느낌이나 붓을 사용하는 기교 간의 관계 같은 것들을 말한다.

토랜스(Torrance, 1979)는 능력이 창조성에 있고, 아이들이 만든 예술 작품이 다른 표현 양식으로 이어질 때 발현된다고 믿었다. 창의적인 시는 과학자를 자극하고, 과학자의 발견은 시의 상상력을 촉진시킬 수 있다. 토랜스(Torrance)는 누구든 창조적인 경험을 할수록 풍요로운 삶을 사는 것이라고 말했다. 사람들을 살아 있게 하는 그 무언가는 창조적인 성취를 제공하고 촉진시킬 것이다.

창조적인 활동은 종종 이미지나 이미지의 재현을 통해 촉진된다(Gowan, Khatena & Torrance, 1979). 이미지는 어디서 오고 그것이 창조적 활동으로 이어지기 위해서는 어떻게 지적·감성적 힘을 촉진하는가? 한 개인의 읽고 쓰는 능력은 설익은 경험에 대한 사고를 촉진하고 감성적으로 힘을 북돋아 주는 이미지로 바꾸기 위한 수용적이고 표현적인 상징체계에 참여한다. 예를 들면, 언어적인 상호작용에서 수용적인 듣기를 할 때 학습자는 단어나 문장을 머릿속에서 심상으로 구조화한다. 그리고 창조적인 활동이나 작문을 하는 동안 학습자는 표현적인 상징체계를 이용한다. 브루디(Broudy, 1983)는 예술교육의 목적이 상상력을 사용하는 데 기반을 두고 있다고 말한다. 예술교육은 인간 사고의 기제로서 상상하고 창조하는 힘을 제공해준다.

필자는 지금까지 독서 교육가로 활동해왔다. 독서 전문가로서 활동하면서 필자는 처음 글을 접하는 독자나 특수 아동의 언어 능력을 기르는 데 예술 활동이 얼마나 큰 역할을 하는지 직접 경험했다. 그리고 ASCD에서 1980년대에 등장한 교육 프로그램 등을 통해 훌륭한 예술을 배울 수 있었다. 이러한 프로그램들은 미국의 '문화적 읽기 능력'을 향상시키려는 시도로 이루어졌으며, 1977년 국가적 노력에 의해 촉진되었다.

교육적인 접근에서 예술은 단지 독서 수업에서 동기를 유발하기 위해 사용되는 것을 넘어 확장된 의미를 지닌다. 많은 현대 미술은 아이들이 문화에 대한 심도 있는 사고에 다가갈 수 있도록 교육 프로그램을 개발하고 있다.


## 3. 예술 프로그램을 통한 통합적 독서

뉴욕대학교에 위치한 국립예술연구센터(A National Arts Research Center)에서는 예술 교육과 관련하여 직원 연구 및 교육과정을 개발하고 미국 전역의 예술 교육에 대한 교사 지원 사업을 실시하였다.

이 사업은 다음과 같이 네 가지 주제를 다루고 있다.

① 학생들이 어떻게 예술에 대하여 심미적으로 반응하는가?
② 학생들이 어떻게 예술적 재능을 개발할 수 있을까?
③ 학생들이 어떻게 다양한 문화에서 예술의 맥락에 대한 지식을 습득할 수 있을까?
④ 학생들이 어떻게 예술과 인문학의 상호 관계를 개선할 수 있는가?

뉴욕시에서는 '예술 프로그램을 통한 독서 학습'(The Learning to Read Through the Art Program)을 운영하고 있다. 이 프로그램에서는 읽기 능력을 제대로 갖추지 못한 학생들의 독서 능력 향상을 위해 간학문적인 팀티칭을 제공한다. 담임교사, 독서 교사, 미술 교사가 예술을 중심으로 주제에 접근하면서 간학문적인 과정에 참여한다. 이때 프로그램에 사용되는 주제는 주로 학생의 관심을 자극하는 것과 관련된 여러 활동을 통합한 것이다. 예를 들면, 아시아의 예술과 문학의 주제, 예술 프로젝트는 아시아의 두루마리 그림(족자), 부채, 용, 일본 기모노, 연 등에서 하나를 이용하여 시작할 수 있다. 만약 프로젝트가 중국 두루마리 그림으로 시작된다면, 학생들은 서양식 그림과 아시아 두루마리 그림의 차이에 대해 논의할 것이다. 그들은 자연의 중요성에 역점을 둔 두루마리 그림에서 땅, 물, 하늘의 상징 등 그림의 중요한 요소나 주제를 확인한다. 용, 말 그리고 어류 등은 중국 시각 예술과 문학에서 중요하기 때문에 이것들의 상징적인 의미에 대해 논의가 이루어진다. 또한, 중국어 문자와 두루마리 그림의 위치가 작가의 독특한 관점을 제시하는 방법으로 논의되기도 한다. 학생들은 수묵화 기법을 배우고 붓으로 칠하는 구체적인 방법을 배운다. 그런 다음 개개인의 작품에 대한 주제를 개념화하고 그들의 주제를 강화하기 위한 색이나 기호를 선택한다.

그 후 교사는 주제별 단위에 적합한 언어 예술을 통합하여 문학과 시를 제시한다. 학생들은 이야기를 읽은 후 자신의 이야기에서 중심이 되는 아이디어와 관련하여 제목을 짓는다. 학생들은 주제와 관련된 아동 문학 작품과 시를 읽고 자신의 아이디어를 표현하기 위해 글을 쓰기도 한다. 예를 들면, 학생들은 『마법의 붓(Magic Paintbrush)』[3]을 읽으면서 이야기의 흐름을 자신의 두루마리와 관련지어 생각한다. 학생들은 "이야기 속 물체가 살아있다면 또는 그림이 살아 움직인다면 무슨 일이 일어날까?" 아니면, "만약 이야기 속으로 들어갈 수 있다면 무엇을 보고, 어디로 갈까?"와 같은 질문에 대한 자신의 생각을 쓴다.

아트 프로펠(Arts Propel)[4]은 록펠러 재단의 후원을 받는 프로젝트로 Havard Project Zero, Educational Testing Service, The Pittsburgh Puplic School을 포함하고 있다. 이 프로젝트는 시각예술, 음악, 상상적인 글쓰기, 그리고 중학생과 고등학생을 위한 포트폴리오 제작의 사용을 통합한다. 아트 프로펠은 창작, 지각, 반성의 과정에 초점을 맞춘 예술교육에 대한 구체적인 방향성을 갖고 있다. 지각과 반성이 예술을 하는 데 기본이 된다는 점에서 창작은 세 과정 중

---

3 중국의 옛이야기를 홍쉰타오가 재구성한 이야기로, 가난한 소년 마량이 요술 붓을 얻자 이를 탐낸 황제에게 붙잡혀 어려움을 겪지만 착한 마량이 결국 복을 받는다는 이야기이다. (역자 주).

4 아트 프로펠(Arts Propel)은 음악, 미술, 문학을 아우르는 것으로 창작(production), 지각(perception), 반성(reflection)의 과정으로 구성되었다. Propel의 의미는 창작(prodution)+지각(perception)+반성(reflection) 세 단어의 약자를 합성한 것이며, 마지막 L은 모든 과정에서 학습(Learning)을 강조한 것이다. (역자 주)

가장 중요하다고 할 수 있다. 몇몇 스튜디오에서 '창작'은 반성과 지각의 단계를 포함한다. 예술 창작은 학생들에게 다른 물질에 대한 통합을 강조하는 개념, 과정, 태도, 감정 등을 가르친다. '지각'은 어떤 사람이 이미지에 대해 이해하기 시작하는 심미적 과정을 포함한다. '반성'은 학생들이 어떤 작품이 수정되는 예술적 과정 같은 몇몇 상황에 대해 토의를 하거나 생각할 때 발생한다.

'포트폴리오 문화'의 개념은 아트 프로펠 스튜디오에서 가장 핵심이다. 이 접근법은 학생들의 학습에 대한 기본적인 원리를 인식하는 환경을 제공한다. 따라서 생산적이고, 의욕적이고, 통합적인 과정이라고 할 수 있다. 프로펠 포트폴리오는 결과만을 포함하지 않고 밑그림이나 스케치 같은 것들을 고려한다. 이러한 부분들을 통해 학생들은 교사와 예술적이고 창조적인 발전에 대해 논의할 수 있다. 포트폴리오는 또한 밑그림이나 스케치 같은 것들에 대한 반성, 주제나 화제와 관련된 것들을 포함하고 있다. 이에 대해 교사와 동료 학생들이 서로 상호작용 함으로써 이해를 증진시키고 예술적인 발전을 촉진할 수 있다.

시각예술에서 학문기초 미술교육(DBAE) 접근법[5]은 기본적인 예술의 네 가지 영역인 실내 예술 및 표현 예술, 미술사, 미술 비평, 미학을 결합하여 전통적인 교실 환경에서 예술교육의 질을 높이기 위한 노력을 아끼지 않는다. 이러한 철학적이고 개념적인 접근을 설명하기 위해 미술교육센터(Getty Center for Education in the Arts)에서는 많은 책을 출판하였다.

학문기초 미술교육 접근법에서 학생들은 표현 기술을 배우고 메시지를 알리기 위해 특정 장르를 사용하는 법을 배운다. 예를 들면, 애리조나 교육청(Arizona Department of Education, 1985)의 시각예술 프로그램에서 학문기초 미술교육 접근법에 기초하여 교사들은 창의적 미술표현, 심미적 평가, 과거와 현재의 미술과 미술가 연구에 대한 책임을 맡고 있다. 1, 2학년 학생들은 주변 환경을 관찰하고 표현하는 미술 작업에 참여한다. 학생들은 손으로 그림을 그리거나 집에서 찾을 수 있는 물건으로 만들기도 하고, 달걀이나 실 같은 물건을 이용하여 조각하기도 한다. 학생들을 둘러싼 환경에 대한 재현을 통해 미술을 생산한다는 교육과정의 목표는 5, 6학년에게도 동일하게 적용된다. 교육과정의 목표는 학생들이 예술적인 관점에서 의상 디자인, 실내 장식, 사진 찍기 등의 활동을 선택하게 하는 것을 포함한다. 학생들은 그들의 경험을 이야기하기 위해 사용했던 비언어적인 표현법에 대해 토의하고 써 보는 활

---

5 학문기초 미술교육(DBAE)은 미술을 이해하고 즐길 수 있는 기본적인 능력을 향상시키려는 미술 교육이다. DBAE는 미학, 미술사, 미술 비평, 미술표현의 네 영역에 기초하여 통합적이고 체계적으로 접근한다. (역자 주)

동을 하는데, 이 때 한 5학년 학생은 "저에게 예술은 정말 중요해요. 예술은 아이디어로 제 마음을 채워줘요."라고 말했다(Taylor, 1989).

필자는 캘리포니아 로스앤젤레스의 다문화 학교에서 학문기초 미술교육 접근법을 적용하는 교사의 수업시간에 학생들이 성공적으로 아이디어를 창출해내는 것을 관찰한 적이 있다. 학생들은 창작 시간을 통해 특정 기법을 사용하는 방법을 배웠고, 그 후 교사는 미술사에서 유명한 시기의 동일한 양식의 작품에 초점을 두고 설명했다. 학생들이 17세기의 독일 풍경화를 눈여겨 살펴 볼 때 교사는 각각의 화가가 그림을 통해 시도했던 것들에 대해 읽어 주었다. 이를 통해 학생들은 화가가 항로와 육지를 그림으로써 그가 살고 있는 도시에 대한 자부심을 드러냈다는 것을 알게 되었다.

작품을 바라보면서 학생들은 시각적으로 참여하고, 교사는 학생들의 지각, 인지, 언어적, 심미적 기술을 자극시키기 위한 질문을 한다. 이를 통해 학생들은 그림에 드러난 감각적인 특징 – 선, 형태, 색과 같은 요소 – 들을 분석한다. 또한 학생들은 통일, 균형, 운동과 대비와 같은 요소들이 작품에 잘 어우러져 있는지에 대한 형태적인 특징도 배운다. 그리고 작품의 전반적인 특징에 영향을 준 기술적 특징이나 작품의 분위기, 역동적인 아이디어, 이념과 같은 표현적 특징에 대해서도 배운다.

학생들은 자신의 어휘나 개념에 대한 지식을 드러내고 무엇을 보고 들었는지 논의한다. 이후, 학생들은 모둠별로 예술 작품을 시기에 따라 분류하고 대조한다. 이러한 교육방법은 학생들이 이미지를 축적하도록 하는 것이 목표인데, 브루디(Broudy, 1987)는 이것을 '이미지 기반(allusionary base) 학습'이라고 불렀다. 이미지 기반 학습은 개념, 이미지, 기억을 포함하며, 독자와 청자에게 기저에 깔린 의미를 제공해준다. 만약 이것이 부족하다면 독자와 청자는 의미를 풍부하게 이해하는 데 어려움을 겪는다.

브루디(Broudy, 1983, 1987)는 초등학교에서 예술 작품을 만들거나 표현하는 것보다 그것을 심미적으로 바라보는 것이 더 중요하다고 주장했다. 그는 지각 훈련이 심미적인 교육을 위한 일반적인 방법이 될 수 있다고 느꼈다. 저학년에서 심미적으로 바라보는 것을 강조하는 것은 이것이 어떠한 매체를 통해서도 지도할 수 있고, 일반적인 교실에서 특별한 재능을 가지고 있지 않은 교사도 충분히 지도할 수 있으며, 개념과 어휘 확장을 가능하게 하기 때문이다.

심미적으로 바라보기에서 주로 사용되는 기준들은 학생들의 작품에 사용되는 기준과 크게 다르지 않다. 통합, 주제에 대한 초점, 구성 체제, 일관성, 부드러운 흐름, 상상력을 잘 발휘한 문장이나 어휘의 사용, 기술적 정확성과 같은 기준은 쓰기 등급에서도 기초가 된다.

학문기초 미술교육의 총체적인 교육 접근법을 통한 수업에서 하나의 학문 영역은 교육과정의 다른 측면과 쉽게 통합될 수 있다. 예를 들면, 특정 시대에 활동했던 화가들의 장르에 대해 학습할 때, 그 시대의 문화와 화풍이 쉽게 포함될 수 있다. 학생들이 특정한 시대와 문화가 묘사되는 방법을 알게 되면 통합이 잘 일어난다. 이는 '미술 교육과 역사 교육의 통합'(Taylor, 1989)이다. 학생들은 작품의 역사에 대한 정보를 얻을 뿐만 아니라 그들의 창조적인 기술을 계속해서 발전시켜 나간다(Greer & Silverman, 1987-1988).

예술 창작 기술에 대한 연구는 언어가 어떻게 이루어져 있는지에 대해 생각하게 해준다. 학생들은 물리적인 현장에 참여하면서 실제로 일한 경험을 가지고 있기 때문에 보고서나 수필, 작품에서의 경험을 재현하는 데 필요한 재료를 가지고 있다. 이러한 재창조는 다양한 문체로 표현된다. 전기문은 자연스럽게 창작자에 대한 연구에서 사용되는 반면, 설명문은 미술의 표현기법을 설명하기 위해 사용된다. 윌슨(Wilson, 1987: 75)은 중요한 작품을 다음과 같은 세 가지 과정을 통해 학생들에게 제시할 수 있다고 설명했다.

1. 교과, 주제, 작품이 표현하는 내용의 '재창조'를 통해
2. 은유적이고 표현적인 글쓰기, 비판적인 글쓰기의 '협동 창조'를 통해
3. 학생들이 역사적, 문화적, 사회적, 맥락적으로 중요한 작품의 중요성을 다시 표현하고 써보는 '맥락적인 재창조'를 통해

학문기초 미술교육 접근법을 적용한 수업에 참여한 한 학생은 예술과 글쓰기의 관련성에 대해 다음과 같이 표현했다.

나는 미술 수업시간에 예술 작품을 보고 대화하는 점이 좋다. 이 과정에서 그림으로 표현하고 싶은 것에 대한 아이디어를 얻었다. 학교에 처음 들어왔을 때 나는 글도 잘 못쓰고 그림도 잘 못 그렸다. 하지만 대화를 하면서 나는 무엇을 그리고 무엇을 글로 쓸지에 대한 아이디어를 얻었다.

예술은 교육과정 내의 다양한 상황에서 언어를 의미 있게 사용할 수 있는 내용, 아이디어, 기술, 어휘 등에 총체적으로 접근할 수 있게 한다. 학생들은 예술에 대해 이야기함으로써 읽기와

직접적으로 관련이 있는 능력들을 얻게 된다(Rowell, 1983).

## 4. 전망

독서 동기 측면에서 문학과 시각예술의 중요성을 강조하는 몇몇 관점들이 있다. 첫 번째는 이미지와 상상이 두 가지 분야를 연결하는 것이다. 상상력을 발휘한 사고와 심상을 창조하려는 능력은 창조하고, 작문하고, 이해하고, 기억하고, 예측하는 사고에 스며든다. 이미지는 유사한 정보의 과정을 구체화하기 위한 상징체계이다. 이러한 정보는 구체적인 상황을 재창조하는 비언어적인 기억 혹은 시각적 표현이 개인에 의해 활발히 조정되는 것을 의미한다. 상상은 구체적인 현상이 아니며, 교향곡, 그림, 시 그리고 과학적인 돌파구로서 새로운 노력을 기울일 때 생겨난다.

파비오(Pavio, 1979, 1986)의 이중 부호화 모형에서 정서와 감정의 반응은 사실상 비언어적이며 상상적 사고를 보완한다고 하였다. 문학의 언어는 형상화를 돕고 상상적 사고는 강렬한 감정을 생성한다. 심미적 체험을 하는 동안 강한 감정의 연결이 있었을 것이다. 비슷하게 미술 교육 프로그램에서 작품을 감상하면서 학생들이 이미지와 상상을 이용하는 것은 작품의 기법이나 작품 속 감정 사이의 연관성을 느꼈을 때 자극된다. 퍼브스(Purves, 1985)는 문학작품을 읽을 때 이미지나 감정의 덩어리들이 중심적인 상상과 감정의 의미로 이어진다고 말한다.

사도스키(Sadoski, 1984, 1985)를 비롯한 몇몇 연구자들(Sadoski & Goets, 1985; Sadoski, Goetz & Kangiser, 1988)은 감정, 이미지, 이야기에서 플롯에 대한 이해 사이에 긴밀한 관계가 있다고 보았다. 1988년에 세 가지 이야기를 가지고 연구한 결과, 읽고 쓸 줄 아는 독자들은 비슷한 정도의 이미지를 경험하였고, 플롯의 중요성에 대한 인식의 정도도 유사하였다. 학생들은 이야기에서 55% 정도의 정보를 표현했고, 보여주고자 하는 감정들을 보충하기 위해 45% 정도의 정보를 추론했다.

독서와 작문 교육자들은 이미지가 독서 능력(Irwin, 1991; McNeil, 1987)과 쓰기 능력을 유창하게 한다고 보았다(Jampole 외, 1991; Sinatra, 1986). 독서를 하는 동안 장기 기억을 지원하기 위해 어구 나누기(청킹, chunking)[6]와 정보 구성에 이미지를 사용함으로써 효율을 높일 수 있다(Smith, 1982). 파비오(Pavio, 1979)는 이미지가 언어적 정보, 이해, 각성, 생산과 연관되고 이를 통해 언어 생산력이 풍부해진다고 보았다. 언어와 상상 체계들은 신경적으로 상호작용하기 때문에 학습자들은 심상을 떠올리거나 혹은 단어를 선택할 때에 이미지를 사용할 수 있다.

이미지 생성과 정서 반응은 읽기나 쓰기 전후에 나타날 수 있으며, 예측하기, 이야기 구조를 파악하기, 요약하기, 평가하기와 같은 전략의 사용에 포함되기도 한다. 의도적으로 이미지와 정서 관계를 촉진하는 방법에 대한 기술은 독자들의 구체적인 근거들에서 찾을 수 있다(Irwin 1991; Mcneil, 1987; Sinatra 1986). 스미스와 바렛(Smith & Barett, 1979)은 글의 구성이나 주제에 정서적으로 반응하는 것들을 정서적 요소로, 저자의 언어사용에 대한 반응과 사건이나 인물 등을 발견하는 것을 그들의 독해의 분류 체계에 포함시켰다.

총체적 언어 접근법과 통합 언어를 지향하는 예술 교육자에게 필자는 감사의 마음을 전하고 싶다. 필자는 그들의 학교와 교실을 방문하여 학생들의 쓰기 모음집을 보고 학생들의 예술이 독서와 작문의 중심에 있다는 것을 확인했다. 교사들은 그림 이야기책, 큰 책, 플립 책, 아코디언 책, 팝업 책과 같은 전략을 사용해서 학생들이 예술적으로 심상을 통합하면서 글을 쓰고 읽도록 도움을 주고 있었다. 예술교육 프로그램은 학생들에게 학습의 중요성을 강조하며, 총체적 언어를 사용하는 교실에서는 읽기·쓰기 능력을 심도 있게 발전시킬 수 있도록 시각예술을 제공한다. 이야기는 문학의 담화적인 형식이기 때문에 아이들은 시간과 공간을 쉽게 시각화 할 수 있고 다른 사람이 만든 이야기나 이야기의 분명한 틀에 관련된 관계를 알 수 있게 한다. 그러한 틀은 이야기의 의미를 이해하는데 도움이 되고 등장인물의 관계나 이야기 구성을 깊이 이해하는데 도움을 준다.

따라서 예술, 특히 시각예술은 문학을 이해하거나 혹은 이야기를 창작하는 데 강력한 힘을 발휘할 수 있다. 학생들은 상상한 이야기의 얼개를 그릴 수 있고 그 후 그것에 대한 해석을 글로 쓸 수 있다. 또는 먼저 이야기를 읽고 시각화하고 그림을 그리거나 이야기의 시간, 배경, 행위에 대한 이야기를 문법적 요소를 넣어 표현할 수도 있다. 마지막으로 교사는 학생들이 경험한 문화를 소개하는 주제나 핵심어와 관련된 훌륭한 작품들을 공유하면서 교육에서 예술의 다양한 측면을 통합할 수 있다.

---

6 어구 나누기(chunking)는 텍스트를 읽는 과정에서 의미상으로 서로 밀접한 관계가 있는 단어들을 한꺼번에 묶어서 끊어 읽는 것이다. '어구를 나누어 읽는다'는 행위는 하나의 긴 문장을 읽을 때도 이루어지지만 많은 문장으로 이루어진 하나의 텍스트를 읽어내려 갈 때에도 효율적인 내용 이해를 위해 반드시 수반된다. (역자 주)

# 9장

# 독서 동기를 높이기 위한 어휘 지도

*Nancy Lee Cecil*

교사들이 독서 교육을 할 때 대체로 동일하게 사용하는 방법이 있는데 그것은 글을 읽기 전에 새로운 어휘를 소개하는 것이다. 훌륭한 교사는 낱말의 의미를 아는 것이 독해에 필수적이라는 것을 잘 알고 있으므로 학생들에게 어휘를 소개하는 활동을 반복적으로 제시한다. 글에 제시되어 있는 여러 낱말의 의미를 정확하게 이해하지 못한다면 글의 내용을 심도 있게 이해할 수 없다. 낱말을 아는 것이 독해 과정에서 중요하다는 것을 강조하는 여러 연구들은 이러한 사실을 뒷받침한다(Davis, 1972).

그런데 어휘 지도가 중요하게 다루어지지 않는 경우도 사실 있었다. 읽기를 하면서 새롭게 접하는 낱말을 이용하여 단순히 짧은 문장을 써 보게 하는 방식의 어휘 교육이 그러하다. 사전에서 낱말을 찾는 어휘 교육 방법은 학습자들에게 "부담스러워요," "힘들어요," 또는 "그냥 그랬어요." 와 같은 느낌만을 안겨 주었다. 앞으로는 학습자들에게 익히고 외우도록 강요하는 낱말 학습은 읽기 학습에서 사용하지 않아야 할 것이다.

여기에서는 의미 있고 흥미로운 어휘 교육 방법을 다양하게 제시하고자 한다. 이 방법들은 교사들에게는 지루한 방식으로 어휘 지도를 하지 않게 하고, 학습자들에게는 어휘에 흥미를 가지며 배우게 하는 효과가 있을 것이다.

## 1. 낱말에 대해 말하기

문학 작품에 사용된 단어나 구절을 지도함으로써 낱말에 대한 학습을 유도하는 방법이 있다. 예를 들어, 6학년을 지도할 때 겨울의 나이아가라 폭포에 관해 묘사한 부분 중 "푸르스름한 하얀 색 고드름의 차가운 기둥은 일찍 얼었고, 모든 것은 으스스한 안개로 둘러싸여 있었다."를 읽고 교사는 이 부분에 대한 자신의 감정을 다음처럼 표현할 수 있다. "그 구절을 들으면 난 등골이 서늘해지고 활활 타는 불 앞에서 몸을 웅크리고 있고 싶어져!" 교사의 이와 같은 표현은 학습자들에게 상호작용을 불러일으킨다. 교사가 동일한 구절을 한 번 더 읽어주었을 때, 학습자들도 무의식적으로 그러한 느낌을 가지고 자신의 반응을 친구들과 나누게 된다.

시의 운율을 이용하는 방법도 있다. 시를 낭독할 때 두운이 있는 부분을 교사와 함께 따라 읽도록 한 후 그 때의 소리가 어떤 느낌을 주는지를 생각해 보게 할 수 있다. 이 느낌을 제대로 이해하게 된다면 학습자들은 교사가 제시하지 않아도 시 쓰기를 할 때 자연스럽게 두운법칙을 사용하여 시어를 구상하게 된다.

낱말에 대한 논의를 풍부하게 할 수 있는 더 직접적인 방법은 의미 자질을 판단하는 것이다. 먼저 "좋음" 또는 "나쁨"과 같이 의미가 상충되는 낱말을 학습자들에게 제시한다. 그런 다음 특정 낱말의 의미가 "좋음" 과 "나쁨" 중 어느 쪽에 더 가까운지 생각해 보도록 한 후 정한 순서에 따라 낱말들을 나열하게 한다. 다음은 2학년 학습자들이 배열한 낱말의 순서이다.

> 완벽한, 훌륭한, 좋은, 괜찮은, 짓궂은, 고약한, 나쁜, 악마 같은

이 활동에서는 절대적인 옳고 그름이 없다. 학습에서는 결과물보다 학습의 과정과 그에 따르는 대화가 사실 더 의미 있다. 예를 들어, "좋음"과 "나쁨"을 이용하여 활동을 하면서 학습자들은 "짓궂은"과 "고약한" 중에 무엇이 더 "나쁨"에 가까운가에 대해 많은 대화를 하였다.

학습자는 사전을 참고할 수 있지만 사전에서 정확한 답을 얻을 수는 없었다. 그래서 왜 특정한 낱말이 다른 낱말보다 "나쁨"에 가깝게 느껴지는지 타당한 이유를 제시하면서 낱말의 위치를 배열해야 한다. 한 학습자가 "어떤 사람이 다른 사람에게 악의 없는 농담을 하면서 짓궂을 수 있어. 하지만 누군가 고약하다는 것은 모든 사람이 매우 나쁘다고 생각하는 행동을 했다는 의미야."라

고 주장하며 낱말을 배열한 이유를 말했다. 이에 대해 다른 학습자는 "무엇에 대해 '고약하다'고 한다면, 그건 어떤 일에 대해 한두 번 일어나는 일을 말하는 것 같아. 하지만 짓궂다는 표현은 언제나 그렇다는 뜻이기 때문에 더 나쁜 말이야."라고 반론을 제기하기도 했다.

## 2. 관련된 낱말 모으기

더 적극적인 낱말 학습으로는 낱말을 수집하여 개인 낱말 은행에 저장하는 것이다. 예를 들어, 할로윈 이야기를 읽기 전에 학습자들은 '무서움' 이라는 낱말에 대해 브레인스토밍한 후 '무서움'에 대한 낱말을 정리할 수 있다. '예쁨'에 대한 낱말, '사람'에 대한 낱말, '아라비아'에 대한 낱말 등을 모으게 할 수도 있다(Frank, 1979). 또한 "'시끄러움' 에 대한 낱말을 좋아하는 사람은?"과 같은 질문을 통해서 수집한 낱말을 서로 공유할 수도 있다. 이러한 낱말 수집은 개별적인 쓰기 활동에서도 이루어질 수 있다.

학생들이 좋아하는 낱말에 관심을 가지도록 도와주는 "20개 낱말" 활동도 있다. 먼저, 학습자들은 20개의 좋아하는 낱말 목록을 만든다. 낱말 은행이나 사전을 이용해도 좋고 학습자들끼리 의논해서 결정해도 좋다. 이 낱말을 선정하기 위해서는 이유를 마련해야 하는데 그 이유는 무엇이든 상관없다. 즉 낱말이 주는 느낌, 낱말의 소리, 자신이 생각하기에 수준이 높은 낱말 등 어떤 것이어도 괜찮다. 낱말이 선정되고 나면 학습자들은 교실을 돌아다니며 다른 학생들이 선택한 낱말에 대해 논의하고, 서로 빌려올 수도 있다. 다른 학습자가 찾은 낱말 중 마음에 드는 낱말을 써 둘 수도 있다. 그런 다음 자신이 가지고 있는 낱말 중에서 마음에 들지 않는 낱말 5개를 정해 지운다. 이러한 과정을 여러 번 반복하여 자신이 가장 좋아하는 낱말을 선정한다.

학습자들이 가장 좋아하는 낱말을 정할 수 있도록 교사는 다양한 방법을 제시해야 한다. 모둠을 구성하여 다른 학습자와 의견을 교환하게 하거나 다른 학생들 앞에서 큰 소리로 읽게 한다. 또는 다른 친구나 모둠에게 자신이라면 어떤 낱말을 선택할 것인지 토의해 보게 한다.

다음은 5학년 학생이 이 활동을 통해 쓴 15개 낱말의 자유 형식의 시이다.

| 도시들은 | 으르렁, | |
| 일몰 | 골짜기 | 꽃들. |
| 마시멜로우 | 따끈따끈해. | |
| 훌륭해! | | |
| 거친 | 짙은 붉은색 | 국화가 | 추락한다. |
| 이상해! | | |
| 온화한 | 초조함. | |

다른 학생들과 함께 이 시를 보면서, 낱말에 대한 학생들의 경험을 바탕으로 이 시에 어떤 의미가 있고 어떻게 해석할 수 있을지 흥미로운 논의를 해볼 수 있다.


## 3. 낱말의 구조 이해하기

새로운 낱말을 만들고 정의하는 것은 낱말의 구조를 보여주는 가장 좋은 방법이다. 이 활동은 이미 알고 있는 낱말에 대한 인식을 발전시키고, 잘 모르는 낱말의 의미를 학습하는 데 도움이 된다.

학습자들이 "창안한" 낱말들로 학급 사전을 만들어 보는 것은 낱말의 구조를 이해하기 위한 활동이다. 이 활동을 하기 위해서는 먼저 의미를 구성하는 요소인 어근이나 접사에 대해 알아야 한다. 어근이나 접사에 대해 학습하고 나면 학습한 것을 바탕으로 어근, 접두사, 접미사를 결합하여 새로운 낱말을 만든다. 학습자들은 돌아가면서 자신이 만든 새로운 낱말을 다른 친구들 앞에서 발표하고, 발표를 듣는 학습자들은 알고 있는 어근과 접사에 대한 지식을 바탕으로 그 낱말의 의미를 추측한다.

4학년 학생이 "retroceleride"라는 낱말을 만들었다(이 낱말은 사전에는 없는 낱말이다). 이 낱말은 어근인 "빨리"라는 뜻의 "celer", 접두사인 "거꾸로"라는 뜻의 "retro", 접미사인 "예술의 또는 ~의 상태"라는 뜻의 "ide"로 결합시켜 만든 것이다. 이 학생은 자신이 만든 낱말의 뜻을 "재빨리 뒤로 걸어가는 기술"이라고 정하였다(이 의미에 대해 다른 학습자들은 몹시 난감해했다). 모든 학습자들의 발표가 끝나고 나면 학습자들이 만든 낱말들을 알파벳 순서로 정리하고 낱말의 의미를 설명하는 삽화를 덧붙여 학급 사전에 제시하면 된다.

## 4. 낱말을 이용하여 정교화하기

유능한 필자는 자신의 생각이나 느낌, 사고 등을 표현하기 위해 적절한 낱말을 이용한다. 그들은 등장인물의 신체적 모습과 특유의 행동을 실감나게 묘사한다.

### 가. 쓰기 에어로빅(Writing Aerobics)

생생한 낱말을 사용하여 묘사하는 것이 중요한데 학생들은 저학년 시기부터 "쓰기 에어로빅(Writing Aerobics)"[1]을 배울 수 있다.

"쓰기 에어로빅"을 하는 방법은 "카나리아가 노래했다" 또는 "그 사람이 웃었다" 등과 같은 기본 형태의 문장을 읽은 후 생동감 있는 낱말을 선택하여 문장을 생생하게 묘사하는 것이다. 교사는 "카나리아는 무엇과 비슷하지? 왜 노래하고 있지?" 또는 "그 사람은 누구지? 어떻게 생겼지? 뭐가 웃기다고 생각하는 거지?" 등의 질문을 할 수 있다. 이러한 질문을 통해 학습자들은 묘사하기에 적절한 낱말을 생각한다.

초보적인 수준에서는 이 활동을 구두로 하는 것이 좋다. 이 시기에는 부담 없이 여러 번 말을 해보면서 묘사하는 글을 쓰기 시작하는 것이 도움이 된다. 다음은 유치원 학생이 쓴 내용이다.

---

1 쓰기 에어로빅 : 쓰기 에어로빅은 에어로빅 운동과 마찬가지로 일정기간 지속되고 정기적인 시간 간격으로 이루어진다. 매주 2시간씩 일주일에 2번 학생들이 글을 쓰고 제출하고, 교사는 학생들을 격려한다. 이때, 형식적인 오류는 지적하지 않는다. 이 전략은 글쓰기에 자신감을 높이는 데 도움이 된다. (역자 주)

금방 거품목욕을 했기 때문에 주황색 카나리아가 달콤한 노래를 부른다.

부인이 웃긴 모자를 쓴 것을 보고 키 작은 노인이 크게 웃었다.

"쓰기 에어로빅"은 더 실제적이고 묘사적인 글을 쓰게 하는 것으로 확장될 수 있다.

## 나. 부분 확대하기

학생들은 짝활동이나 소집단 활동으로 '부분 확대하기'를 할 수 있다. 먼저, 재미없는 문장이나 묘사가 부족한 구절이 포함된 문장을 찾는다. 그리고 원래 문장의 의미를 그대로 유지하면서 문장을 더 생동감 있게 바꾸어야 하는데 이 때 "쓰기 에어로빅" 활동을 활용할 수 있다. '부분 확대하기'를 이용해 두세 개 문장으로 확장할 수 있고 더 많은 정보나 묘사를 추가할 수도 있다. 다음은 3학년 학급에서 제시한 기본 구문이다.

어느 날 내 애완견이 달아났다. 나는 밖으로 나가 찾아보았지만 강아지는 없었다. 이웃들에게 강아지를 보지 못했는지 물어보았지만 못 봤다고 했다. 다른 곳도 찾아보았다. 결국 나는 집으로 돌아왔다. 강아지는 침대 밑에 있었다. 내가 찾아다니는 내내 거기 있었던 것이다.

소집단 활동을 하면서 학습자들은 문장을 수정하거나 더 재미있고 살아있는 표현을 이용해 생생한 묘사를 하려고 하였다. 다음은 수정한 내용이다.

어느 추운 겨울날, 래브라도 리트리버 종인 내 검은 애완견이 달아났다. 한 번도 그런 일이 없었기 때문에 처음에는 그 사실을 믿을 수 없었다. 나는 재빨리 눈 덮인 뒷마당으로 나가 강아지를 찾기 시작했다. 휘파람도 불고 이름도 불렀지만 사라져버린 듯 했다. 그래서 나는 이웃집 문을 두드려 강아지를 본 적 있냐고 물었다.

"이런, 아니, 오늘은 못 봤어." 아주머니께서 말씀하셨다.

"하지만 어제 뼈다귀를 씹고 있는 건 봤어!"

나는 슬픈 마음을 억누르고 그 집에서 나와 동네를 헤맸다. 학교에도 가보았지만 그곳에는 없었다. 교회 마당도 찾아보았지만 그곳에도 없었다. 결국 눈물을 참으며 집으로 돌아왔다. 내 침대 밑에 나의 멋진 강아지가 누워있었고, 자는 듯 했다. 아마 거기 계속

있었던 모양이다! 다시 보게 된 것이 너무 반가워서 안아주었다. 강아지는 행복하게 내
뺨을 핥았다.

"넌 어쨌든 멋진 강아지야."

나는 강아지에게 말했다.


## 다. 숨긴 낱말 맞추기(Camouflage)

일반적으로 낱말 게임은 주로 낱말 찾기나 십자말풀이 퍼즐과 같은 활동으로만 한정되기도 했
다. 또한 이런 활동들은 비판적 사고도 기르지 못하고 낱말에 대한 실질적인 흥미를 지속시키지
도 못하는 것으로 여겨졌다. 이와는 반대로 비판적 사고도 기르면서 낱말에 대한 흥미를 지속시
키는 활동이 있다.

세실(Cecil, 1994)은 질문에 대한 답을 하면서 숨긴 낱말과 그 낱말의 뜻, 낱말이 숨어있었던
방법을 생각해 보도록 한다. 교사는 규칙을 설명할 때 다른 학생들이 추측하지 못하도록 낱말을
잘 숨기는 것이 중요하다고 설명해 주어야 한다. 교사는 학습자들이 사용하는 어휘보다 약간 더
높은 수준의 어휘를 선별하고 이 낱말이 적힌 쪽지를 학습자들에게 나누어 준다. 이 쪽지는 다른
친구들에게는 보여주지 말아야 한다. 하지만 낱말의 의미를 찾기 위해 사전을 이용하는 것은 가
능하다.

낱말 게임이 시작되면, 교사는 학습자들에게 질문이나 설명을 요청한다. 학생들은 돌아가면서
"네가 가장 좋아하는 활동은 무엇이니?"와 같은 일반적인 질문을 한다. 질문을 받은 첫 번째 학
생(술래)은 자신이 선택한 낱말을 대답 속에 "슬쩍 집어넣을지"를 순간적으로 결정해야 한다. 게
임에서 이기기 위해서는 생각할 수 있는 더 "큰" 범위의 낱말들을 모두 사용하여 다른 학생들이
답을 맞히지 못하도록 해야 한다. 첫 번째 학생이 질문에 대한 대답을 하면 다른 학생들은 숨겨
진 낱말을 정확하게 맞추어야 한다. 만약 숨겨진 낱말을 추측한 학생의 수가 잘못 대답한 학생의
수보다 적다면 첫 번째 학생이 이긴다.

다음은 "1년 중 가장 좋아하는 계절은 무엇이니?"라는 반 친구들의 질문에 답하면서 "다시 시
작하다"라는 단어를 숨긴 예이다.


내가 가장 좋아하는 계절은 언제나 여름이었다. 왜냐하면 학교에 가지 않아도 되고, 하루
종일 내가 하고 싶은 일을 할 수 있기 때문이다. 나는 수영하는 것과 여름캠프에 가는 것을

좋아한다. 나는 지역주민센터 종이접기 교실이나 댄스 교실에서 재미있는 활동에 참여하는 것도 좋아한다. 또한 낯선 곳으로의 가족여행 역시 기대되는 일이다. 그리고 이상하게 보일지 몰라도, 나는 언제나 학교가 다시 시작되는 9월을 생각하면 기쁘다.

또 'Hink Pinks'는 단어에 대해 설명을 보고 그 설명에 해당되는 동의어 낱말을 라임(운율)을 붙여 대답하는 게임이다. 예를 들어 'A black bird that does not fly fast.'(빨리 날지 못하는 검은 새)라고 퀴즈를 내면 Slow Crow(느린 까마귀)라고 대답한다. 이 때 <u>Slow</u> <u>Crow</u> 에서 '<u>ow</u>' 가 라임이 된다. 이렇게 두 낱말에서 1음절이 라임이 될 때 Hink Pinks라고 하고, 두 낱말에서 2음절이 라임이 될 때 Hinky Pinkys라고 한다. 두 낱말에서 3음절이 라임이 될 때 Hinkity Pinkities라고 한다.

다음은 6학년 학급의 Hinky Pinkys의 예이다.

| | |
|---|---|
| 1. A Uncomplicated acne (여드름) | 1. <u>simple</u>  <u>pimple</u> (여드름) |
| 2. A flannel waistband (허리밴드) | 2. <u>felt</u>     <u>belt</u>   (허리띠) |
| 3. A weird musical instrument (이상한 악기) | 3. <u>bizarre</u> <u>guitar</u> (괴상한 기타) |
| 4. A mellow youngster (부드러운 성격의 어린이) | 4. <u>mild</u>     <u>child</u>  (부드러운 어린이) |
| 5. A fatter arachnid (살찐 거미) | 5. <u>wider</u>   <u>spider</u> (뚱뚱한 거미) |

## 5. 낱말에 대한 관심 가지기

앞서 제시한 활동들은 학생들이 낱말에 관심을 가지게 하는 실제적인 방법을 보여주는 것들이다. 낱말 게임이 필요하다고 생각하는 교사는 이러한 아이디어를 이용하여 독서 프로그램을 구성할 수 있다. 교사와 학생 모두 낱말에 흥미를 가지고 있다면 재미있는 활동을 많이 할 수 있다. 어떤 사건을 묘사하거나 감정을 표현하기 위해 적절한 낱말, 문장, 단락 등을 사용하고자 하는 열망은 정확한 의미를 만들어가는 것으로 확장될 수 있다. 이러한 활동을 통하여 학생들은 그들 스스로 의사소통을 위한 좋은 도구를 가지고 있다는 것을 발견하게 될 것이다.

# 10장

# 독서 수업 아이디어

*Eugene H. Cramer*

학습자의 긍정적인 독서 태도를 발달시키는 데 가장 중요한 요소 중 하나는 바로 교사이다. 그런데 교사 요인이 수업에 미치는 영향이 크지 않은 것에는 몇 가지 원인이 있다. 먼저 교사 스스로 자신이 가지고 있는 아이디어를 낮게 평가하거나 자신의 아이디어를 교육 출판물이나 저널에 공개하는 것을 주저하기 때문이다. 그리고 업무가 많기 때문에 생각한 아이디어를 활용하고 공유할 시간이 없는 것도 이유가 된다.

독서 태도를 촉진시키는 방법 마련을 위한 워크숍을 통해 학습자의 긍정적인 독서 태도를 발달시킬 수 있는 아이디어를 서로 공유하는 자리를 마련하였다. 일리노이, 시카고 등의 공립학교에서 근무하고 있는 30명의 교사가 이 워크숍에 참가했다. 유치원에서 1~2학년까지 다양한 연령을 지도하고 있지만 이들은 대체로 초등학교에서 근무하고 있었다. 대부분은 담임교사이고 특수교사와 이중언어교사도 있었다. 나는 교사들에게 학생들이 만족감과 기쁨을 느끼는 실제 독서 방법이나 상황, 정의적 독서 전략을 생각해 보라고 하였다. 교사들이 제안한 독서 지도 방법들은 공유할 만한 가치가 있었다.

아이디어 공유 과정에서 정의적 독서 지도에 관한 몇 가지 중요한 시사점을 얻었다. 첫째, 모든 참가자들은 정의적 독서 지도를 매우 중요하게 여겼다. 자신들이 생각하기에 가치 있는 독서 지도 방법을 동료들에게 소개하는 경향이 있다. 둘째, 정의적 독서 지도는 활동 위주보다는 마음의 상태에 초점을 두어 지도하였다. 정의적 독서 지도는 학생들에게 독서에 대한 관심과 흥미를 가질 수 있도록 바라는 교사들의 열정이 꼭 필요하다. 셋째, 교사들이 강조하는 정의적 독서 지도 방법이 모든 교실에서 공통적으로 적용 가능한 것은 아니었다. 참여자들은 학생들의 특성을 고려한 정의적 독서 지도가 필요하다고 하였다. 교사들은 독서 지도에 대한 아이디어 공유를 통해 다양한 생각을 할 수 있는 좋은 기회가 되었다고 하였다. 정의적 독서 지도에 대한 아이디어를 실천하기 위해서는 치밀한 계획과 열정이 중요하다는 것을 다시 확인할 수 있었다.

워크숍에 참여한 교사들이 제시한 독서 태도를 촉진시키는 전략을 이 장에 소개하였다. 이러한 전략은 매우 쉬운 방법이며 독서 교육에 대한 최근의 이론도 함께 활용할 필요가 있다. 교사들이 제시한 일부 전략에는 외적 동기와 관련된 것도 있다. 사실 학생들에게 독서에 대한 내재적 동기를 갖게 하는 것이 가장 중요한 목표이다. 하지만 일부 학생들의 경우 장난감, 사탕, 피자 파티와 같은 즉각적인 외적 보상이 독서를 시작하는 초기 단계에서 주요한 영향을 주었음을 알 수 있었다.

# 1. 독서 수업 아이디어

## 가. 교실 환경 조성하기

워크숍에 참여한 교사들은 긍정적인 독서 태도를 형성하기 위해서는 교실 환경이 중요하다고 강조했다(7장 참고). 교사들은 "독서를 좋아하는(reader friendly)" 교실을 만들기 위해 가능한 무엇이든지 해야 한다. 대부분의 교사들이 독서를 좋아하는 환경을 만들기 위해 더 많은 예산이 필요하다고 생각한다. 또한 워크숍에 참여한 교사들 대부분이 적은 예산으로도 할 수 있는 방법도 많다고 이야기하였다. 적은 예산으로 정의적인 독서 환경을 만드는 방법을 살펴보자.

- 학생들이 많은 책을 접할 수 있도록 한다. 학생들이 학급 문고에 있는 다양한 책을 접하기 쉬운 환경을 만들어 주어야 한다. 그리고 학급 문고에 있는 책을 집으로 대여할 수 있도록 해야 한다.
- 학급 문고의 책을 대여할 때 절차를 간단하게 한다. 절차가 많거나 복잡해서 학생들이 책을 대여하기 어렵게 해서는 안 된다.
- 책을 편하게 읽을 수 있는 독서 환경을 만든다. 카펫, 편하게 앉을 수 있는 의자, 교실 구석 등에서도 책을 읽을 수 있도록 도움을 주는 전등 등을 만들어 주면 학생들이 편하게 책을 읽을 수 있다.
- 독서를 하는 동안 신체적인 편안함을 느낄 수 있도록 한다. 교실의 전등은 적당한 밝기를 유지하고, 교실의 온도를 조절한다. 실내를 환기하고 편안한 좌석이나 공간을 마련해야 한다.
- 책을 읽거나 듣기를 하는 시간에 몸에 좋은 음식을 제공한다. 독서와 학생들의 기본적인 욕구를 연결하여 독서와 관련된 즐거움을 느낄 수 있도록 한다.
- 계절이나 주제와 관련된 책을 학급 문고에 두고 학생들과 이 책과 관련된 토의 활동을 한다. 학생들에게 책의 일부를 읽어 주고 학생들이 잘 볼 수 있는 곳에 책을 둔다. 읽고 싶은 학생들에게는 그 책을 집으로 대여할 수 있도록 한다.
- 독서의 즐거움을 보여주는 게시판을 만들어 준다. 모험, 계절 스포츠, 동물, 공룡, 방학, 다른 나라와 문화 등과 관련된 주제를 게시판에 제시해 준다. 책 표지, 제목, 그림, 작가의 논평을 제시할 수 있다.
- 학생들의 사진과 책의 목록을 게시판에 제시하고, 학생들이 읽을 수 있는 책을 사진 근처에 붙여 둔다.

## 나. 소리 내어 책 읽기(Oral Reading Activities)

워크숍에 참여한 교사들은 교사와 학생에 관계없이 소리 내어 읽어 주는 것이 독서 동기 부여에 중요한 역할을 한다고 강조하였다. 이러한 인식은 많은 교사들에게 공통적으로 나타났다. 이것은 독서 교육 이론에서 논하듯 소리 내어 읽어 주기가 초기 독서 지도에서 중요하다는 것과 일치한다. 가장 중요한 활동은 교사들이 매일 학생들에게 책을 읽어주는 것이다. 이를 위해서는 규칙적으로 책을 소리 내어 읽어 주는 시간을 마련해야 한다. 그리고 호기심과 상상력을 길러줄 수 있는 책을 학생들에게 제시한다. 교사들은 학생들이 재미있게 읽을 수 있는 책을 선택하고,

소리 내어 읽을 연습을 해야 한다. 그리고 학생들에게 열정적으로 책을 읽어 주어야 한다. 다음의 활동은 교사가 소리 내어 책을 읽어 주는 다양한 방법이다.

- 이야기의 중요한 부분을 생략해서 읽어 주다가 학생들에게 무슨 일이 일어날지 예측하도록 한다. 그때 학생들은 자신이 예측한 내용을 확인하면서 읽어 볼 수 있다.
- 8장에서 소개한 것처럼 재미있는 아동문학 작품을 읽어줄 수 있는 학부모, 동료 교사 등 다른 사람을 초청해 본다.
- 책을 읽어 주는 시간을 특별한 시간으로 만들어야 한다. 학생들에게 보상을 해 주어야 할 때 가장 재미있는 이야기를 학생들에게 그 보상으로 읽어 줄 수 있다. 이러한 방법은 일주일에 2~3회 정도 효과적으로 활용할 수 있다.
- 가장 좋아하는 이야기를 녹음한다. 책을 읽어 주는 시간에 녹음할 수 있는 장치를 활용하여 녹음을 한다. 학급 문고에 두고 학생들이 들을 수 있도록 활용한다.

소리 내어 읽을 기회를 모든 학습자들에게 되도록 많이 제공 한다. 워크숍에 참여한 교사들은 유창성 발달에 소리 내어 읽는 것이 많은 도움이 된다는 의견에 동의하였다. 중요한 것은 학생들이 공적인 자리에서 소리 내어 읽기 전에 반드시 연습할 기회를 주어야 한다. 학생들이 소리 내어 읽도록 도움을 줄 수 있는 방법으로 워크숍에 참여한 교사들이 제시한 방법은 다음과 같다.

- 새로운 이야기를 처음에는 교사가 한 문장씩 읽어 준다. 그리고 전체 학생이 따라서 읽는다. 다음에는 모둠별로 따라서 읽고 한 명씩 따라서 읽어 본다.
- 가족 앞에서 읽기 연습을 할 수 있도록 가정에 안내장을 보낸다.
- 친구들과 서로 교대하면서 소리 내어 읽어주는 "오늘의 유머" 시간을 가진다. 먼저 가장 재미있는 이야기를 카드에 적는다. 그리고 박스에 카드를 넣고 뽑은 사람이 소리 내어 읽는다. 이 활동은 종례 시간이나 점심시간 전에 활용하면 좋다.
- 집에서 연습을 한 후에 교실에서 동화나 이야기를 읽어 준다.
- 소리 내어 읽기를 하면서 음악이나 효과음을 활용한다.
- 갈등이 나타나거나 갈등이 해결되는 부분을 학생들에게 소리 내어 읽도록 한다.
- 교사와 학습자 모두가 참여할 수 있는 스토리텔링 시간을 만든다.

- 다양한 언어 경험 활동을 한다. 교사가 칠판에 이야기를 적고 학생들이 모둠활동이나 짝 활동으로 글을 소리 내어 읽도록 한다. 학생들은 이야기를 집으로 가져가서 부모님 앞에서 읽기 연습을 할 수 있다.
- 재미있는 만화를 학급 보상으로 읽도록 한다.
- 모둠 활동은 함께 읽는 활동을 할 수 있도록 한다. 시나 짧은 이야기를 선택하고 다른 사람 앞에서 모둠원끼리 돌아가며 읽도록 한다.

## 다. 연극과 극화하기(Plays and Dramatization)

학습자의 독서 동기를 추진하기 위해 연극 활동을 할 수 있다. 워크숍에 참여한 교사들은 역할극과 연극에 관해 많은 의견들을 제시하였다.

역할극이나 연극에 관한 많은 자료가 출판되었는데, 교사들이 제시한 방법은 다음과 같다.

- 책, 등장인물, 줄거리를 각색하거나 연극의 소재로 활용한다. 읽었거나 들었던 이야기의 주인공이 된 것처럼 역할극을 하도록 한다. 학습자들이 즉흥적으로 만들어 대사를 해도 좋으며 책에 나온 대사를 그대로 해도 무방하다. 학습자가 무언극으로 표현하고 다른 학생이 그것을 알아맞히는 활동을 할 수도 있다.
- 이야기와 연극을 낭송극처럼 만들어 본다. 이렇게 만든 것을 여러 번 연습하도록 한다. 그리고 학생들에게 인물의 성격에 맞게 대사를 표현하는 연습을 하도록 한다.
- 특별한 일과 관련된 주제로 연극을 만들어 보도록 한다. 주제를 결정하고 학생들과 서로 의논을 하게 한다. 그리고 이야기를 나누고 대본을 쓰고 음악과 적절한 효과음을 선택한다. 연습을 한 뒤에 공연을 할 수 있도록 한다.
- 인형극을 상연한다. 양말을 이용하거나 아이스크림 막대에 종이 접시를 고정시켜 인형을 만들 수 있다. 큰 테이블이나 교사의 책상을 이용하여 간단하게 인형극 무대를 꾸밀 수 있고 따로 인형극장을 만들 수 있다. 인형극장을 만드는 데 관심이 있는 학부모들의 도움을 받을 수도 있다.

## 라. 낱말 게임(Vocabulary Games)

세실(Cecil)이 말한 바와 같이 어휘 발달은 매우 중요하다. 이것을 바탕으로 교사는 학생들이 가지고 있는 어휘 지식을 확장시킬 수 있도록 지도해야 한다. 여기에는 낱말 학습과 관련된 몇 가지 활동을 제시하였다.

- 운율(rhyming)을 활용한 활동을 하면 학생들이 즐거워할 수 있다. 이야기의 핵심 어휘를 선택하여 이를 이용해 운율을 붙여 말해 보도록 한다.
- '시장에 가면...' 게임을 활용할 수 있다. 이 게임은 돌아가면서 순서대로 진행하는데 처음에는 '가'로 시작하는 단어로 문장을 완성한다. '가'로 시작하는 낱말을 생각해 내지 못하면 게임이 끝이 난다. 그 다음은 '나'로 시작하는 단어로 문장을 완성한다. 사전도 활용할 수 있다.
- 낱말 빨리 찾기 활동을 활용할 수 있다. 소집단을 구성한 다음 잡지나 신문을 보면서 특정한 어휘를 찾는 게임이다. 수학이나 과학과 관련한 어휘, 특정한 자음으로 시작하는 어휘, 동물이나 꽃과 관련한 어휘 등 다양한 어휘로 게임을 할 수 있다. 저학년의 경우는 찾은 낱말을 잘라서 종이에 붙인 다음 그것을 전시하는 형태로 학습을 진행할 수도 있다. 고학년의 경우는 제한된 시간 내에 낱말을 찾아보게 하는 것으로 진행할 수 있다.
- 글자 바꾸기, 십자 말 퍼즐, 단어 찾기 퍼즐을 활용할 수 있다.
- '오늘의 수수께끼'를 활용하여 가장 먼저 정답을 맞히는 학습자에게 보상을 한다. 학생들이 스스로 퍼즐을 맞출 수 있도록 학생들에게 힌트를 제공하여 동기를 부여하는 방법을 활용할 수 있다.

## 마. 자료 조사하기

일부 교사들은 학생들이 조사를 하기 위한 자료 찾기를 하면서 독서 동기가 부여된다고 강조하였다. 예를 들어 모둠별로 흥미 있는 주제를 조사하고 전체 학급에 발표를 할 수 있다. 한 학생을 글을 쓰는 사람으로 지정하여 모둠에서 글을 쓸 수 있다. 그리고 전체 학생이 최종 편집자로 참여할 수도 있다.

학생들을 데리고 박물관으로 견학을 가는 것도 방법이 된다. 학생들에게 궁금한 내용을 질문으로 만들어 보도록 한다. 그리고 모둠별로 질문에 대한 답을 찾아보고 전체 학생들에게 발표하는 방법을 활용할 수 있다.

그리고 인터뷰 활동도 좋은 자료 조사의 방법이다. 해당 분야의 전문가를 선택한 후 질문을 준비하고 그 질문을 바탕으로 실제로 인터뷰를 진행하여 얻은 답변을 바탕으로 보고서를 작성한다. 인터뷰 결과는 학급 전체에 발표할 수도 있고 보고서로 공유할 수도 있다.


## 2. 학교 현장 독서 교육 방법

### 가. 시범보이기, 비계 설정하기, 칭찬하기

학습자 스스로 독서를 하도록 하려면 학생들이 습득해야 하는 행동에 대하여 교사가 먼저 시범을 보이거나 비계를 설정해 준다. 즉 학생들을 독서를 좋아하는 독자로 만들고 싶다면 교사가 먼저 독서를 좋아해야 한다. 독서를 좋아하는 행동은 학생들에게 비계 설정으로 중요한 역할을 한다. 학생들이 한 단계 더 독서에 대한 열정을 가지게 되면 교사는 다음 단계를 위해서 더 많은 노력을 해야 한다. 그리고 교사는 독서를 하고 싶은 환경을 만들어 주어야 한다. 이와 관련하여 워크숍에 참여한 교사들은 다음과 같은 방법을 제시하였다.


- 교사가 읽었던 책 중에서 가장 재미있었던 어린이 책, 동시, 이야기들을 학습자들에게 읽어 준다. 왜 이 글이 좋은지에 대해 학급 아이들과 토의한다.
- 학생들 중 한 명을 정해 다른 아이들에게 책을 읽어 주고 일일 교사를 하게 할 수도 있다.
- 칠판에 '아침 이야기(morning story)'를 쓰도록 한다. 저학년 학생들은 대체로 그 날에 있었던 일을 묘사하는 문장 몇 개로 아침 이야기를 쓴다. 그래서 요일, 날짜, 날씨, 혹은 학교나 지역 사회에서 일어나고 있는 특별한 사건에 대한 이야기 정도에 머무른다. 대체로 아침 이야기는 지금 교실에서 일어나는 가장 관심 있는 주제와 관련이 있기 때문에 교실에서 일어나는 특정한 상황이나 현상에 대해 학생이나 교사가 기록한 후 토의를 진행할 수도 있다. 고학년 학생들은 지역 사회, 국가, 세계의 현재에 일어난 일이나 역사적인 사건들도 다루므로 문장이 길고

구성이 복잡하다.

- 독서가 가치 있다는 것을 보여주는 행동을 교사가 먼저 해야 한다. 예를 들어 점심 시간에 교사와 학생들은 읽고 싶은 책을 읽는 것도 한 방법이다.

## 나. 읽기 전 과정(Before Reading)

읽기 전 과정은 앞으로 읽게 될 책의 내용을 깊이 있게 이해하고 흥미를 더 느낄 수 있도록 이끄는 매우 중요한 과정이다. 읽기 전 과정과 관련한 많은 활동들이 많이 소개되었다. 다음은 워크숍에 참여한 교사들이 제시한 방법이다.

- 이야기를 읽기 전에 제목과 삽화에 대해서 이야기하도록 한다. 제목과 삽화에 대해 이야기하는 과정을 통해 이 이야기가 무엇에 관한 것인지 앞으로 어떤 이야기가 펼쳐질지 추측할 수 있다. 이 활동은 옳거나 그른 답이 없기 때문에 학생들이 이야기하는 것을 잘 들어 주어야 한다.
- 이야기와 비슷한 분위기를 나타내는 음악을 들려줄 수 있다. 음악을 들려준 후 어떤 이야기가 펼쳐질 것 같은지 추측해 보도록 한다.
- 이야기에서 중요한 역할을 하는 물건을 직접 가지고 와서 학습자들에게 보여줄 수도 있다. 물건을 관찰하고 그것에 대해서 이야기할 수 있다. 그런 다음 이야기를 읽는 동안 왜 이것이 중요한 의미를 가지는지 찾아본다.
- 읽을 이야기에 대해 상상한다. 새로운 곳에 도착하였다는 상상을 통해 이야기의 배경 요소를 이해할 수 있다. 이때 시각 등 여러 가지 감각 요소를 활용한다. 예를 들어, 『샬롯의 거미줄』에서의 곳간은 어떻게 생겼을까? 그 곳간에서는 어떤 소리가 들릴 것 같니? 그 소리를 한 번 들려줄래? 월버의 아침밥은 어떤 맛이 날까? 네가 먹는 아침밥과 어떻게 다를까? 거미줄을 만졌다고 상상했을 때 어떤 느낌이니? 건초에서 어떤 냄새가 날까?

## 다. 읽기 후 과정(After Reading)

학습자들이 책을 읽고 난 후 해야 하는 가장 중요한 활동은 비판적으로 생각하는 것이다. 워크숍에 참여한 교사들은 이 활동이 생각, 이미지, 기억 등을 공유하도록 유도하기 때문에 중요하다고 보았다. 학습자들이 읽은 내용과 배경 경험을 연결시키는 데 이 활동이 중요한 역할을 한다.

독서 후 토의는 이러한 점에서 중요한 의미를 가진다. 독서 토의에는 여러 가지 방법이 있지만 학생들이 독서에 흥미를 가질 수 있도록 교사 자신만의 방법이 있어야 한다. 또한, 선생님의 질문에 옳은 답과 그른 답이 있을 것이라는 학습자의 선입견을 없애는 것이 무엇보다 중요하다. 교사는 "이 이야기를 읽으니 무엇이 떠오르니?", "만약 ~라면, 어떤 느낌이 들까?"와 같은 열린 질문을 사용하여 토의를 이끌어간다.

대체로 모든 이야기는 독서 후 활동의 자료로 활용할 수 있다. 독서 후 활동은 읽은 내용과 자신의 실제 삶에서의 경험을 연결짓는 데 도움이 된다. 학생들에게 사고와 토의를 강조할 수 있는 활동으로, 같은 이야기를 서로 다른 작가가 쓴 책을 읽고 이야기를 나누는 활동이 있다. 예를 들어, 갈돈(Galdone, 1970)과 마샬(Marshall, 1989)이 쓴 『아기 돼지 삼 형제(The Three Little Pigs)』가 있다. 갈돈(Galdone)이 쓴 『아기돼지 삼 형제』는 우리가 알고 있는 원작 그대로를 옮긴 것이다. 반면 마샬(Marshall)은 원작이야기를 재구성하였다. 학생들은 두 가지 이야기를 읽고 서로 다른 점을 찾아 보며 재미를 느낄 수 있다.

고학년들은 신데렐라의 현대 버전인 존 스텝토(John Steptoe)의 『무파로의 아름다운 딸들(Mufaro's Beautiful Daughters: An African Tale)』과 그림 형제들이 원작자로 알려진 『신데렐라(Ashputtel)』과 비교할 수 있다. 즉 현실과 환상을 구별할 수 있는 고학년들에게는 이러한 이야기를 제시하는 것이 효과적이다.

이야기를 비교해 보는 활동을 하면 이야기에서 말하는 옳고 그름의 방식이 하나만 있는 것이 아니라는 것을 알게 된다. 이야기에서 즐거움을 주는 어휘의 차이와 이야기에 나타난 다양한 어휘를 접하게 된다.

또한 독후감 쓰기 활동은 워크숍 참여 교사들 사이에서 강한 반응을 불러 일으켰다. 학생들은 독후감을 쓰기 싫어서 책을 읽지 않으려고 한다는 이야기를 했다. 그래서 교사들은 다양한 형식으로 독후 활동을 해야 한다고 주장하였다.

- 가장 좋아하는 부분을 소리 내어 읽기
- 가장 좋아하는 캐릭터 그림으로 그리기
- 노래 만들기
- 등장인물에 어울리는 옷 만들기
- 보여주고 말하는 디오라마(diorama) 만들기
- 옛이야기 현대적으로 바꾸기

독후감 쓰기 활동이 필요하다고 생각하는 교사들은 다음과 같은 활동을 하면 좋다고 제안하였다.

- 독후감 쓰기 동아리 활동을 한다. 동아리 활동을 하면서 독후감을 게시판에 붙이고 누가 잘했는지 별점으로 긍정적 피드백을 하도록 한다.
- 독후감을 넣을 수 있는 박스를 만들고 매주 독후감을 넣어 두도록 한다. 그리고 교사가 독후감을 뽑아 상을 준다. 이 박스를 독후감 복권 박스라고 이름을 붙여 교실에 두고 활용할 수 있다.
- 게시판에 학생들의 얼굴을 붙여 둔다. 그리고 그 옆에 독후감을 읽을 때마다 표시를 하게 한다.
- 정해진 기간 안에 독후감을 제출한 학생들의 사진을 찍은 후 사진 밑에 "독서는 마음의 양식이다." 혹은 "행복한 독서 동아리"라는 라벨을 써서 게시판에 붙여둔다.

## 라. 읽기, 쓰기, 그리고 출판하기

워크숍에 참여한 교사들은 학습자들이 쓰기 활동에 참여해야 한다는 의견을 제시하였다. 이들은 여러 가지 활동을 제안하였는데, 이 활동은 쓰기 능력의 향상과 스스로를 "작가"로 인식할 수 있는 경험을 제공하기 때문에 평생 독자가 되는데 도움이 된다고 하였다. 아래 쓰기 활동들에서 알 수 있듯이 교사들은 무엇보다도 독자를 고려하는 것이 중요하다고 하였다. 즉 자신의 글을 다른 사람이 읽을 때 어떻게 생각할지를 고려하는가에 따라서 글쓰기가 달라진다는 것이다.

- "이달의 작가"와 같은 이름으로, 유명하거나 가장 좋아하는 작가를 선택한 후 그 작가에게 편지를 쓴다.

- 컴퓨터를 이용하여 자신만의 이야기를 책으로 만든다.
- 학급 신문을 만든다.
- 이야기에 나오는 인물 중 주인공과 다른 관점에서 이야기 다시 쓰기를 한다.
- 토의를 통해 이야기의 결말을 바꾸어 쓴다.

## 마. 그 밖의 방법

워크숍에 참여한 교사들은 스스로 책을 읽는 시간이 많을수록 책에 대한 관심이 높아진다고 강조하였다. 여기에는 개인적으로 독서에 흥미를 가지면서 독서를 할 수 있는 방법을 제시하였다.

- 교사가 독서의 즐거움을 늘 강조한다. 독서를 통해 얻은 즐거움을 학습자들과 공유한다. 교사가 책이나 잡지를 즐겁게 읽는 모습을 학습자들에게 보여준다. 그리고 읽은 것에 대해 학습자들과 토의한다. 학습자들은 교사가 좋아하는 것에 관심을 가지기 때문이다.
- 다양한 분야의 읽을거리를 소개한다. 사실 이것은 학급의 특성을 알면 도움이 되는데 학습자들이 좋아할 만한 도서를 학교나 도서관에서 빌릴 수 있기 때문이다. 만약 교사가 혼자서 결정하기 어렵다면 사서의 도움을 받는 것이 좋은데 보통 사서들은 다양한 연령의 아이들이 가장 흥미 있어 하는 책을 잘 알고 있다.
- 함께 읽을 책을 정하거나 학급 문고에 필요한 책을 더 구입할 때에는 학급 아이들과 의논하는 것도 좋은 방법이 된다.
- 흥미를 높일 수 있도록 책을 선정한 후 이를 해당 학생에게 개별적으로 소개한다. "이 책은 네가 좋아하는 책이란다."
- 학생들이 관심 있어 하는 주제에 관한 책으로 학급 문고를 구성한다(예를 들어, "왕따", "가족의 죽음" 등). 이때 교사가 혼자 선정하기 힘들다면 사서의 도움을 받으면 좋다.
- 학습자들의 관심을 불러일으키도록 매주 두세 권의 책을 간략하게 소개한다. 그러고 나서 그 책들을 눈에 잘 띄는 책꽂이에 둔다.

## 3. 도서관, 가정, 공공장소 등 학교 밖에서의 독서 교육 방법

### 가. 도서관에서 할 수 있는 독서 활동

워크숍에 참여한 교사들은 도서관에 대해서 잘 모르는 학습자가 있다는 점에 대해서도 주목했다. 교사들은 학습자가 도서관에 대해 어느 정도의 지식을 가지고 있는지 파악하기 위해서 반드시 도서관에 대해 이야기를 나누어야 한다고 주장했다.

- 공공 도서관으로 견학을 가서 학급의 모든 학습자들에게 대출 카드를 발급 받도록 한다. 이를 위해 사전에 학습자들이 자유롭게 도서관을 이용할 수 있는 시간이 언제인지 도서관 사서와 조정해야 한다.
- 도서관을 다녀오고 우리 반 학급 문고를 만든다. 책은 한 번 비치하고 끝나는 것이 아니라 읽을거리를 수시로 보충해 준다. 또한 학급 문고의 책을 어떻게 정리하면 좋을지에 대해서도 토의한다.
- 독서 동아리에 가입하도록 한다.
- 도서관에서 개최하는 책 박람회 등에 참여한다.

### 나. 입학 전 어린이를 위한 독서 활동

워크숍에 참여했던 유치원 교사들은 책에 대한 관심을 갖도록 "일찍부터 시작하라"는 점을 강조하였다. 유아에게 적용해 볼만한 활동은 다음과 같다.

- 매일매일 책을 읽어준다. 가능하다면 하루에도 여러 번 책을 읽어 준다.
- 좋아하는 이야기를 다시 읽도록 권장한다.
- 이야기에 나오는 인물에 어울리는 인형을 만들고 그 인형에 이름을 붙인 다음 이야기를 읽을 때 인형도 함께 보여준다.
- 책을 만들어라. 이때 학습자가 말하는 이야기를 교사가 적어주어야 한다. 적은 이야기에 어울리는 그림을 그린 후 교실에 전시한다.
- 빅북(big book)을 소리 내어 자주 읽어 준다.
- 교사가 책을 읽어주면 학습자들은 이야기를 다 듣고 나서 자신만의 언어로 이야

기를 다시 말하도록 한다.

- 쉬운 책을 많이 제공한다. 그림책, 알파벳(철자) 책, 동화책, 간단한 전래동요와 같은 책이 여기에 속한다.
- 읽기 발달에 따른 개인차를 이해한다.
- 교실의 물건에 물건 이름을 써서 붙여 놓는다.

## 다. 부모를 위한 독서 교육 아이디어

가정에서의 독서도 중요하다. 워크숍에 참여한 교사들은 가정에서의 독서에 대한 안내장을 가정으로 배부하고, 실제로 가정에서 아이들과 함께 책 읽기를 할 수 있도록 하는 것도 교사의 임무라고 보았다.

- 아이들이 큰 소리로 책을 읽는 것에 부모가 관심을 가질 수 있도록 한다. 가정에서 독서 시간을 정해 두고 반드시 그것을 지켜야 한다. 이 시간을 통해 아이들은 부모가 독서를 가치 있고 재미있는 것이라고 생각하게 되므로 이 시간을 꼭 지켜야 한다.
- 냉장고나 가족 게시판에 짧은 메모를 해 두면 이를 통해 아이들은 자연스럽게 읽는 연습을 하게 된다.
- 아이가 잠자리에 들기 전 부모가 들려줄 수 있는 이야기로 적당한 것을 알려 준다.
- 고학년 학습자들을 둔 부모에게는 사전과 백과사전을 집에 비치하도록 한다.
- 학급 문고에서 책을 빌려 가정에서 부모 앞에서 소리 내어 읽도록 한다. 이 활동을 과제처럼 인식하지 않고 놀이처럼 수행할 수 있도록 한다. 이때, 부모는 아이가 읽은 내용에 대해 부모님이 매우 흥미롭게 들었다는 반응을 보여주어야 한다.

## 라. 가족 여행에서 할 수 있는 독서 활동

- 장거리 여행(차량에서 소요되는 시간이 많을 경우)을 할 때에 책 오디오를 들려주기 활동을 한다.
- 길거리의 표지판 글자로 '글자 게임'을 한다. 한쪽 길에만 있는 표지판으로 제한

하거나 특정한 글자로 시작하는 단어로 제한하거나 또는 읽기 능력에 따라 팀을 나누어 할 수도 있다.

- 장거리 여행을 할 때에는 지도를 주고 목적지로 가는 길, 거쳐 가는 곳, 다음 마을까지의 거리 등을 물어보고 답하게 한다.
- 사적지를 방문해서는 역사와 관련한 표지판을 읽게 한다. 사건의 중요성에 대해 생각하고, 그 사건이 발생한지 얼마나 되었는지 계산도 해 보게 한다.

## 마. 여가 시간을 이용하여 할 수 있는 독서 활동

- 이 달의 작가를 선정하라. 좋아하는 작가가 쓴 책을 골라 아이들과 함께 읽어 볼 수 있다. 가령, 노먼 브리드웰(Norman Bridwell), 페기 패리시(Peggy Parish), 잭 프레루스키(Jack Prelutsky), 레이(H.A. Rey), 모리스 센닥(Maurice Sendak), 쉘 실버스타인(Shel Silverstein) 등
- 고학년의 경우 학생들과 함께 깊이 있게 살펴볼 주제나 장르를 선택하게 한다. 스포츠, 모험, 동화, 우화, 역사적 연대기, 나라, 다른 문화와 비슷한 점과 차이점 등이 주제가 될 수 있다.
- 듣거나 본 뉴스의 주제에 대해 토의한다.
- 만화책을 같이 읽는다.
- 시를 외우고, 견학 등을 할 때에 그 시를 암송하게 한다.
- 학생들이 쉽게 따라할 수 있는 요리 방법을 찾아 그것을 인쇄물로 나누어 준다. 그리고 요리법을 읽고 그것에 따라 요리를 하여 가족에게 대접하게 한다.
- 다양한 책이 있음을 알 수 있도록 서점을 이용한다. 자녀(학습자)가 원하는 책을 고를 수 있도록 도와준다.

## 4. 책에 대한 흥미를 높이는 방법

워크숍에 참여한 교사들은 학습자들이 책보다 책과 관련한 다른 것 때문에 독서에 흥미를 가질 수도 있다고 하였다. 따라서, 교사가 책과 관련한 물건이나 자료 등을 소개하게 한다면 독서 후에 토의를 진행할 수도 있다. 이러한 활동은 지식을 획득하게 하고, 정서를 함양하게 해 준다.

다음이 그것에 관한 아이디어이다.

- 이야기에 나오는 구체적인 사물을 이용한다. 책을 읽기 전에 사물에 대해 간단히 이야기를 나누며 상상력을 자극한 후 책을 읽는다.
  - 파멜라(Pamela L. Travers)의 『우산 타고 날아온 메리 포핀스(Mary Poppins)』
  - 린(Lynne R. Banks)의 『수납장 속의 인디언: 플라스틱 인디언 장난감(The Indian in the Cupboard)』
  - 화이트(E.B. White)의 『샬롯의 거미줄: 테라리움[1] 속의 거미 한 마리(Charlotte's Web)』
  - 주디스(Judith Viorst)의 『난 지구 반대편 나라로 가 버릴 테야(Alexander and the Terrible, Horrible, No Good, Very Bad Day)』
  - Tomie dePaola의 『옥수수 몇 알과 팝콘 제조기(The Popcorn Book)』
  - 제리 스피넬리(Jerry Spinelli)의 『하늘을 나는 아이(Maniac Magee)』
  - 로알드 달(Roald Dahl)의 『제임스와 슈퍼 복숭아(James and the Giant Peach)
- 책에 나오는 재미있는 그림에 대해 이야기한다. 색깔, 모양, 동작, 감정을 묘사하는 단어를 사용한다. 이야기의 내용과 관련하여 토의를 이끌어낼 수 있는 액자, 그림, 사진을 선택하되 반드시 학급의 수준을 고려한다. 선명한 색상들을 연상하여 단어를 유추할 수 있으며 이것이 익숙해지면 빨강은 분홍, 다홍, 진분홍, 붉은 녹색으로 확장시켜 단어를 유추할 수 있다. 평범한 모양에 대한 묘사도 할 수 있다. 신체 동작과 얼굴 표정과 관련한 이야기를 나눌 수 있고 이어질 이야기와 관련지을 수도 있다. 그림을 관찰하고 색깔, 모양, 동작, 감정의 예를 찾는 연습을 통해 감각적인 표현을 이해하고 구성할 수 있는데 이는 시각적 지원 체계와 읽은 내용을 연결짓기 때문이다.
- 책을 읽는 동안 이야기의 삽화나 시화를 그려 본다. 이것을 통해 심상적 이미지에 대해 발표하거나 개인에 따라 이야기의 상상 방식이 어떻게 다른지에 대해 토의를 할 수 있다.
- 다양한 종류의 독서의 중요성을 알려주기 위해 책 이외의 다른 읽기 자료(복사본 포함)를 가져오도록 한다. 그 자료를 어디에서 찾았는지, 왜 사람들이 그것을 읽는지에 대해 토의한다. 이 자료들을 모아 "사람들이 읽는 것"이라고 써 붙인 종이

---

1 테라리움: 식물을 기르거나 뱀·거북 등을 넣어 기르는 데 쓰는 유리 용기.

상자 안에 넣어 보관할 수 있다. 달력, 레코드 재킷(녹음된 것), 글자가 인쇄된 티셔츠, 포스터, 플래카드, 캠페인 띠, 버튼, 우편엽서, 지도, 우표, 보험 증서, 운전면허증, 시리얼 박스 등도 이 상자에 넣을 수 있다.

- 칠판, 게시판, 냉장고에 메모를 붙이는 것은 학생들의 읽기를 자극한다.
- 물건에 적힌 라벨 등을 통해 읽기를 연습한다. 읽은 내용을 바탕으로 그 상품이 무엇인지를 추측할 수 있다.
- 신문과 잡지 인터넷 등에서 관심 있는 주제와 관련한 내용들을 스크랩하고 그것에 대해 토의한다.
- 학습자들의 배경지식을 형성하고 사회에 대한 관심을 높이기 위해 방송 프로그램을 활용한다. 현재와 관련한 사건이나 역사적 사건, 선거 운동, 환경 정책 문제, 청문회, 다른 현재의 사회적 시사들에 대해 다루는 이러한 프로그램들을 시청하도록 한다. 사회과 학습에서 학습자들의 참여를 높이기 위해서는 이러한 문제에 대한 배경지식을 많이 가질 수 있도록 해야 한다. 가정에서 이것을 녹화한 후 부모와 함께 시청하고 그 이후 이것에 대해 토론하도록 하는 것도 좋은 방법이 된다.
- 만화책을 활용하라. 다만, 언어 폭력적이거나 잔인한 내용의 만화가 아니면 된다. 학생들에게 좋아하는 만화책을 물어볼 수도 있다. 만화책을 사용하는 이유는 만화책에 사용되는 낱말들이 정교하여 낱말을 정확하게 인지하는데 도움이 되기 때문이다. 다시 말해, 만화책은 단어 학습의 중요한 자료가 될 수 있다. 또한 만화책은 환상과 사실, 옳고 그름, 영웅과 악당의 차이를 토론하는 데 훌륭한 자료가 된다.

## 5. 독서 수업에서의 게임과 경쟁

모든 학습자들에게 경쟁은 참으로 친숙한 방식이지만, 존스(Johns)와 반레스버그(Van-Leirsburg)의 말처럼 그것이 과용될 때에는 오히려 해가 될 수 있다. 그러므로 독서에서 경쟁을 이용할 때에는 반드시 모든 학습자들이 이길 수 있도록 해야 한다. 그래서 짝 활동이나 모둠 활동을 통해 경쟁을 한 후 그 결과 얻게 되는 보상을 공유하도록 하는 것도 좋은 방법이 된다.

- 특정한 책이나 특정한 양(학습자의 수준에 적절한)을 읽었을 때 칭찬 스티커를 제공한다. 칭찬 스티커를 모으면 학습자가 원하는 물건을 선물해 줄 수도 있다.
- 학급 토의를 통해서 결정된 책이나 분량을 읽는 대회를 열어 모든 학습자가 이 대회에 참여하여 우승자가 될 수 있도록 한다.
- 장기적인 독서 대회를 기획한다. 한 달 동안 읽을 책의 제목을 쓸 수 있도록 기록표를 만든다.
- 원하는 책을 선택한 다음 읽은 책을 소개하도록 한다. 소개를 다 마친 학습자에게 보상을 한다.

독서 수업에서 긍정적 보상이나 정적 피드백을 통해 학습자의 독서 동기를 유발할 수 있다. 특별히 형식을 갖추지 않고 싸인펜이나 스티커를 이용하여 상장을 만들면 된다. 또 이 달의 독자와 같이 성실히 독서를 한 학습자를 찾아 이름과 사진을 벽에 붙이는 것도 좋은 방법이다. 이러한 외적 보상을 통해 독서에 흥미를 잃은 학습자들의 내적 동기를 불러일으킬 수도 있다.


## 6. 전망

독서의 흥미를 높이기 위해서는 이 책에 소개된 것뿐만 아니라 여러 가지 방법을 마련할 수 있다. 학습자들에게 독서의 즐거움을 가질 수 있도록 하는 방법들은 많다. 교사는 이 활동의 의미를 이해하고 있기 때문에 모든 학생들이 평생 독자가 될 수 있도록 하는 발판을 제공해 줄 수 있다.

워크숍을 통해 발견한 흥미로운 점은 교사들 중 학습자의 독서 흥미를 유발하기 위해 과학 기술을 사용하려는 사람이 아무도 없었다는 점이다. 이는 과학적 기술이 유용하지 않다고 판단하였거나 혹은 독서 동기를 향상시킬 만한 방법으로써 사용된 적이 없기 때문이 아닌가 추측된다. 앞으로 '컴퓨터나 전자책, 원격통신이 학습자의 독서 동기 유발 도구로 어떻게 쓰일 수 있을까?'에 대해 더 많은 연구가 이루어질 것으로 생각한다.

# 4부

# 자율적인 독자로
# 이끌기

즐겁게 독서를 할 때에만 얻는 것이 있다.
즐겁게 읽은 책은 항상 마음에 감동과 여운을 남긴다.
하지만 강제적으로, 또는 타율적으로 읽은 책은 좀처럼
마음에 남지 않는다.
— S. Johnson

# 11장

# 학생들의 책 선정을 위한 교사의 지원

*Marrietta Castle*

많은 사람들은 책 읽기를 어떻게 배웠는지 기억하지 못한다. 단지 어느 날 읽을 수 있게 되었다는 것을 신기해했던 기억만 남은 경우가 많다. 필자의 경우, 어린 시절에는 독서 자체를 그리 좋아하지 않았다. 초등학교 저학년 때 내가 책을 통해 접했던 인물들은 딕(Dick), 제인(Jane), 샐리(Sally) 밖에 없었다. 책 속에서 그들이 하는 건 주변을 보고, 걷고, 걷다가 난처한 상황에 빠졌을 때 "오, 오, 오"라고 말하는 것뿐이었다. 이 책의 제목은 『친구들과 행복한 나날(Happy Days with Our Friends, 1948, Montgomery, Bauer & Gray)』[1] 이었지만 나에게는 하나도 즐겁지 않았다. 학년이 올라가고 여러 선생님들을 만났지만 단지 교과서와 워크북만을 사용했다. 교실에서 일반 서적(trade book)을 본 기억이 없고 집에서도 거의 없었다.

하지만 6학년 때 필자가 오닐(O'Neil) 선생님을 만나면서 상황은 달라졌다. 오닐(O'Neil) 선생님은 읽기를 형식적으로 가르치거나 강요하지 않았다. 예를 들면, 선생님은 학기 첫날 우리들에

---

1 『친구들과 행복한 나날(Happy Days with Our Friends, 1948, Montgomery, Bauer & Gray)』: 어린이들의 자기계발과 건강한 삶을 목적으로 구성된 Curriculum Foundation Series: Primer 중 한 권. (역자 주)

게 책을 읽어주셨다. 처음에는 선생님이 책을 읽어주시는 것이 이상하고 정말 유치하다고 생각했다. 그러나 이내 선생님이 친근한 목소리로 들려주시는 이야기를 듣는 때를 기다리게 되었다. 선생님은 부드럽지만 감정을 담아서 읽으셨으며 가끔은 읽기를 멈추고 선생님의 개인적인 일화를 들려주시기도 하였다. 또 질문을 하거나 선생님이 읽으셨던 다른 책들과 비교해주시기도 했다. 선생님은 책을 항상 손에 들고 계시거나 책상 위에 두셨고 책에 대해 모든 걸 다 알고 계시는 것 같았다. 선생님은 정말 책을 사랑하셨다.

우리 반 교실은 다른 교실과 많이 달랐다. 교실 뒷면은 책장으로 가득했고 선생님은 수시로 책장에서 책을 꺼내 우리에게 추천해주셨다. 모든 교과목의 주제 학습 및 조사 학습이 필요한 사회, 과학 프로젝트 과제를 할 때에는 책장에 있는 많은 책들을 이용하도록 장려했다. 예를 들어, 멕시코에 대한 공부를 할 때면 다양한 책을 활용하여 멕시코 전통 의상과 도구를 만들고 스페인 노래를 외우고 부모님들께 멕시코에 대한 연극을 보러 오시라고 초청하는 초대장을 썼다. 교과서와 워크북은 거의 사용하지 않고 일반 서적들을 사용했다. 이처럼 우리는 항상 연극을 하고 시를 암송하고 다함께 읽고 창의적으로 글을 쓰는 여러 활동을 했다. 우리 스스로 문학을 만들면서 작가와 융화됨을 느꼈고 교실에서나 집에서나 책 읽기를 자유롭게 즐기게 되었다. 나는 책을 정말 열심히 읽었다.

넬(Nell, 1988)은 독자의 유형을 현실에 도피하기 위해 책을 읽는 A유형의 독자와 경험을 쌓기 위해 책을 읽는 B유형의 독자로 나누었다. 내가 어느 유형에 속하든지 간에 책을 고르는 행위는 매우 가치 있고 즐거운 일이다. 하지만 교실에서든 집에서든 불만족스러운 책 선정을 하는 경우가 있다.

"권장 도서 선정을 위한 고려사항"이라는 문구는 평생 독자를 양성하는 데 매우 중요한 시사점을 준다. 물론 학생들이 자기주도적 학습 또는 여가 활동의 수단으로 자발적으로 책을 선정하는 것은 매우 중요한 일이다. 읽기 평가에 관한 미국의 NARP(National Assessment of Reading Progress) 보고서 '최고의 독자는 누구인가'(Applebee, Langer & Mullis, 1988)에 의하면, 학생들은 책을 읽을 때 실용적인 측면에 더 관심을 가진다. 이는 학생들이 학교에 진학하면서 학문에 대한 전반적인 지식을 얻거나 기분 전환을 하기 위해 책을 읽기보다는 특정 질문에 대한 해답을 찾는 데 중점을 두고 책을 읽기 때문이다(p.32). 3학년의 20%, 11학년의 55%만이 여가를 즐기기 위해서 책을 읽는다고 한다. 또한 새로운 것을 배우기 위해서 책을 읽는다고 응답한 학생의 수도 3학년 땐 40%였으나 11학년 땐 20%로 줄어들었다. 그리고 책을 잘 읽지 않는 학생들의 경우는 전 학년에 걸쳐서 학교 밖에서의 독서량이 낮았다.

학생들이 스스로 읽을 책을 고를 수 있도록 도와주는 일은 학생들을 교양 있는 사람으로 기르기 위해 꼭 필요한 일이다. 학생들의 성격과 사회적, 학문적 요구를 고려하여 학생들이 올바른 책을 선정할 수 있도록 도움을 줘야 한다. 필자는 교육자들이 학생의 책 선정을 돕기 위해 고려해야 할 점으로 다음 세 가지를 강조했다.

첫째, 독자로서 모범을 보일 것
둘째, 여러 가지 재미있는 자료를 신속하게 제공해줄 것
셋째, 책을 읽지 않으려는 아이들을 위해 적절한 보상을 제공할 것

이 세 가지 목표가 함께 어우러질 때 비로소 평생 독자를 양성할 수 있다. 교사는 다양한 읽기 자료를 제공하면서 독자로서의 모범을 보여주어야 한다. 학생들이 다양한 읽기 자료에 접근하여 교사의 시범을 따라하면서 이를 실제적으로 활용할 때, 학생들의 독서 동기가 유발된다. 이처럼 위의 세 가지 사항은 서로 밀접하게 연관되어 있으며 학생들이 독서에 관심을 갖게 하는 데 도움을 줄 것이다.

## 1. 독서 모델로서의 교사

교사가 학생들에게 독서를 사랑하는 법을 가르치기 위한 가장 좋은 방법은 학생들과 함께 책을 읽는 것이다. 오닐(O'Neil) 선생님은 1954년에 이를 실천하셨다. 선생님은 매일 말과 행동을 통해서 독서가 즐겁고 유용하다는 것을 보여주셨다. 선생님의 열정과 통찰력 그리고 기대는 다양한 배경의 학생들을 교양과 배움으로 유인하는 환경을 만들었다. 도널드 그레이브스(Donald Graves, 1990)가 말했듯, 사람들은 교사의 읽기와 쓰기 행동을 관찰하고 발견하면서 "초보 교양인"이 된다.

교사는 학생이 독자로서의 삶을 살아가는 데 강력한 영향력을 미친다(Cullinan, 1992a; Otto, 1992-1993; Spiegel, 1981). 따라서 교사는 언어적으로든 비언어적으로든 학생들과 함께 읽기에 대한 감정(feelings)을 공유해야 한다. 학생들은 교사와의 상호작용을 통해 교사가 자신에게 전달하고자 하는 주제나 관점을 알게 된다. 멜빈(Melvin, 1986)은 "읽기의 첫 순간"을 강조하며

학교에서의 첫날, 아침 자습시간, 읽기 수업 첫 시간이 독서 교육에서 매우 중요하다고 말한다. 이때 음독, 묵독, 책에 대해 토론하는 것은 본격적인 읽기를 하기에 앞서 좋은 선행 활동이다. 멜빈(Melvin)은 학생들이 학습과 즐거움을 위한 개인적인 도구로써 읽기를 가치 있게 여기도록 하기 위해서는 읽기를 배우는 시간을 늘려야 한다고 주장한다(Melvin, 1986, p.634).

## 가. 학생들에게 책 읽어주기

독서 교육에서 교사가 학생들에게 책을 읽어주는 것은 학생과 교사가 교감하는 경험을 선사해 준다.(Carlsen & Sherrill, 1988)고 Fisher가 4장에서 언급한 바 있다. 소리내어 읽어주기의 효과는 매우 높다. 학생들에게 책을 소리 내어 읽어주는 것은 평생 독자를 길러내는 가장 효과적인 방법이다(Anderson et al., 1985; Clay, 1979; Cullinan, 1992b; Kimmel & Segal, 1983; Trelease, 1989; 또한 5장, 15장 및 이 책의 3부을 참조할 수 있다). 학생에게 책을 읽어주는 데 시간을 할애하는 교사는 읽기가 다른 어떤 교육만큼 중요하다는 메시지를 주게 된다. 책 읽어주기는 학생들에게 새로운 책과 문학적 가치가 높은 책을 소개하는 방법으로도 유용하다.

책 읽어 주기를 정규과정에 포함하여야 하는 이유는 소리내어 책 읽어주기가 학생들의 동기유발에 도움을 줄 뿐 아니라, 언어 형태에 대한 이해, 글의 구조 파악, 단어 이해, 유창성 향상, 다른 사람들의 경험 이해, 다문화와 관련된 인식, 작가 역할 체험, 이미지 떠올리기 등에도 도움을 주기 때문이다. 특히 어렸을 때부터 읽기를 한 아이의 경우 다른 아이들에 비해 생각을 더 분명히 전달하고 문학적 구조를 더 빨리 이해한다. 따라서 학생들이 이미 읽기를 할 수 있게 되더라도 학생들의 읽기 능력보다 한 단계 높은 자료를 소리 내어 읽어 줄 필요가 있다. 이는 학생들의 흥미나 사고발달에 도움을 준다.

몇몇 교사들은 학생에게 책을 읽어주는 동안 학생들이 다른 것을 하도록 허용해도 되는지 질문한다. 여기에 대해서는 다음과 같은 질문으로 답을 대신한다. "당신은 학생들이 누군가와 대화할 때 책상을 청소하고, 연필을 깎고, 숙제를 하고, 속삭이도록 허락합니까?" 물론 학생들은 자신들이 집중을 하는지 안 하는지 속일 수 있지만 교사는 학생들이 올바른 자세로 듣고 주의가 산만해지지 않도록 지도해야 한다. 교사가 학생들의 독서 동기를 일으키는 책을 선정하고 읽어줄 때에는 학생들 가까운 곳에 자리를 잡는 것이 좋다. 이처럼 학생들이 듣는 도중에 의미 구성을 잘 할 수 있도록 하기 위해서는 육체적으로나 정신적으로나 많은 준비가 필요하다. 학생들은 등장인물이나 배경, 사건 등에 한번 관심을 갖게 되면 끝까지 이야기에 몰입할 것이다. 넬(Nell, 1988)은 이것을 "이야기의 마법"(3장 참조)이라고 한다. 독자가 자기 자신을 의식하지 못한 채 글과 이미지가 있는 이야기 세계에 빠지는 것이다.

학생을 책에 몰입하게 하기 위해서는 계획과 준비가 필요하며 토의를 통해 소리 내어 읽기를 위한 단계를 설정할 수 있다. 이때 학생들에게 공유할 시간, 이유, 방법을 알려주어야 한다. 소리 내어 읽기를 준비하는 사람들을 위해 슈미트(Schmidt, 1986)는 단순하지만 효과적인 방법을 제안하였다.

1. 제목이나 사진, 삽화를 활용하여 학생들이 책의 내용을 예측하게 한다.
2. 학생들에게 책 내용과 자신의 경험을 연관지어 대답할 수 있는 질문을 한다.
3. 이야기와 관련한 개인적인 경험을 다른 학생들과 나눈다(p.2).

이야기나 정보를 분명하고 효과적으로 제공하려면 교사는 학생들과 시선을 마주치고, 개별 독자들이 책 내용과 자신의 삶을 연관 지을 수 있도록 하여 이야기 세계 속으로 초대해야 한다(Dwyer & Isbell, 1989). 교사는 이야기가 마무리될 때 학생들의 반응에 민감하게 대응해야 한다. 만약 이야기의 결말이 학생들의 마음을 사로잡는다면 학생들이 이야기로부터 빠져나와 현실로 돌아오는 데 많은 시간이 필요하다. 이따금씩 침묵이 필요할 때도 있다. 영향력이 강한 책일 경우 책을 다 읽자마자 학생들에게 질문이나 논평을 하는 것은 의미가 없다. 학생들이 아직 현실로 돌아오지 않은 상태이기 때문이다.

학생들에게 책을 읽어주기 활동을 초등학교 입학 전까지, 또는 학생들이 기초 말하기·듣기·읽기·쓰기 기능을 발전시켜 나가는 초등 저학년까지로 제한해서는 안 된다. 모든 나이의 학생들이 책 읽어주기 활동을 좋아한다. 많은 교사들이 관찰한 사실이다. 교사들은 책 읽어주기 활동을 "전 학교급에(유·초·중·고등학교) 걸쳐 계속 실천해야 하는 활동"이라고 말했다. 영재학교 선생님들을 비롯한 중등학교 선생님들은 학생들이 소리내어 책 읽어주기에 흥미를 갖고 즐거워한다는 것을 깨달았다(Ecroyd, 1991; Matthews, 1987). 청소년 독자들 중 일부는 이야기, 시, 최신 영화와 관련된 정보를 제공하는 기사, 뮤직 비디오, 신문 헤드라인, 또는 인기 있는 TV 프로그램에 반감을 가질 수 있다. 소리내어 읽어주기 활동을 통해 사랑, 미움, 전쟁, 삶, 죽음, 가족관계 등 보편적인 주제에 대한 통찰력을 이끌어 낼 수 있다(중학교에서의 소리 내어 읽어주기에 관한 Richardson의 15장 참고). 중학교 교과 교사의 책 읽어주기는 학생들이 학문 영역에 대한 통찰력을 기르고 미래의 수학자, 과학자, 사회 지도자가 되는 데 필요한 상상력을 기르는 데 도움을 준다.

읽어주기를 위한 책을 고를 때 교사가 선택한 책 내용은 학생들에게 그대로 전달되므로 작은 부분에도 신경을 써야 한다. 한 연구에 따르면 초등학교 교사가 어린이들에게 자주 읽어주는 책을 분석한 결과 주인공이 남자인 경우가 여자인 경우보다 두 배 이상 많았다. 그리고 주인공이 여자인 경우, 여자는 속이 좁고 부정적인 반면 남성 등장인물은 긍정적이지만 진부한 것으로 나타난다. 이러한 상황은 학년이 올라갈수록 더 심화됐다. 게다가 소수자, 노약자, 정신적 또는 신체적 약자들은 거의 등장하지 않는다. 연구자들은 "교사가 읽어주기를 할 때 성차별과 성역할에 대한 고정관념을 학생들에게 심어주고 있다는 걸 인식하지 못하고 있는 것 같다"고 결론 내렸다(p.407).

## 나. 학생들과 함께 책 읽기

학생들에게 책을 읽어주는 것은 교사가 자연스럽게 시범을 보이는 것이며 이는 7장에서 언급한 지속적이고 꾸준한 책 읽기(SSR, Sustainable Steady Reading) 활동에 참여할 기회를 제공하는 것이다. 학생들이 하루에 10분씩 혹은 일주일에 한 시간만 조용히 책을 읽는다면 학생들의 독서능력과 태도가 향상될 것이다(Center for the Study of Reading, 1986; Morrow, 1985). 일정한 시간에 짧은 시간 동안 읽다가 점차 읽는 시간을 늘려가면서 재미있는 책에 몰입할 수 있도록 돕는다면 SSR(지속적 묵독) 시간을 효과적으로 활용할 수 있을 것이다.

교사 또는 다른 성인들이 SSR 시간에 학생들과 함께 책을 읽는 것을 보여주는 것 또한 중요하다(Fielding & Roller, 1992; Sanacore, 1992). 교사는 이 시간에 다른 수업 계획을 하거나 학생들의 과제를 채점하거나 학생들의 독서 활동에 대해 상담을 하고픈 욕구를 눌러야한다. 학급 전체가 독자로서 참여하여 책에 대해 이야기를 나누고 재미있는 부분을 함께 읽어보며, 읽기가 부족한 학생이 있으면 서로 도우면서 모두가 읽기의 즐거움에 빠져야 한다. 교사가 매주 학교 도서관에 학생들을 데리고 가서 직접 읽을 책을 선택할 수 있도록 하고, 책을 빌리자마자 교실이나 도서관에 앉아서 책을 읽을 수 있도록 한다면 자발적으로 책을 읽는 독자를 기르는 데 도움이 될 것이다. 이러한 환경에서 독서는 파급력이 커진다.

학생들에게 책을 읽어주고 교실에서 SSR 시간을 가짐에 따라 많은 교사들이 교사 자신의 독서 태도를 강화해야 할 필요성을 느끼게 되었다. 한 연구에서 교사의 독서 습관이 형편없다는 통계가 나왔다(Mour, 1977; Searls,1985). 예를 들면, 그레이와 트로이(Gray & Troy, 1986)의 조사에서 이 연구에 참여한 80명 중 겨우 29명의 초등교사만 연구에서 제시한 도서 목록에 있는 책을 읽어본 적이 있다고 답하였고, 그 중 반만이 여가를 위해 책을 읽는다고 답하였다. 교사들은 잡지, 전문서적 등과 함께 아동 문학이 학생들의 성장에 탁월한 역할을 한다는 걸 인식하고 "책 속의 교사들"(Cardarelli, 1992)과 "독자로서의 교사들"(Hansen, 1993; Micklos, 1992)이라는 모임을 만들었다. 교사들은 책 읽는 모임을 하면서 책에 대해 생각을 나누고 독서가 주는 즐거움을 다시 발견하였다.

요약하면, 교사가 독서 모델을 보여주게 되면 학생이 교사를 신뢰하게 하고, 학생에게 독서가 가치 있는 활동이라는 메시지를 전달한다. 만약 교사가 독립적으로 책을 읽지 않는다면, 학생들 또한 책을 읽지 않을 것이다. 학생이 책을 잘 읽을 수 있는 환경과 교사가 책을 잘 읽는 환경은 결국 같은 것이다.


## 2. 책을 가까운 곳에 두기

캐서린 패터슨(Katherine Paterson)은 자신이 쓴 『Lyddie』[2]에서 주인공을 1900년대 초반 방앗간에서 일하면서도 올리버 트위스트(Oliver Twist)의 책을 매일 가까이 두고 읽는 소녀로 묘사한다. Lyddie는 누군가가 자신에게 처음 읽어준 이 책을 가장 좋아했고 이 책을 읽고 또 읽어서 자신의 읽기 능력을 향상시켰다. 이러한 Lyddie의 전략은 지금도 유용한 방법이다. 읽을거리는 항상 쉽게 접할 수 있게 하여야 하며 아이들의 흥미를 자극할만한 내용이어야 한다.

아이들이 유능한 독자로 성장하고 여가 활동으로 독서를 선택할 수 있도록 하려면 책을 항상 가까이 두어야 한다. 한 연구에 따르면, 스스로 책을 찾아 읽는 자기주도적 성인독자는 어릴 때부터 집에서 책을 쉽게 접했다고 한다(Greaney, 1986; Taylor & Dorsey-Gaines, 1988). 교실에서 책에 대한 접근 가능성은 다른 그 무엇보다 독서 발달에 커다란 영향을 미친다. 앤더슨

2 『Lyddie(리디 워든)』: 캐서린 패터슨의 소설로 미국 중학생들의 필독서로 추천되었다. (역자 주)

(Anderson, 1985)은 "교실에 학급문고가 있고, 학교에 도서실이 있는 학생들은 그렇지 않은 학생들보다 책을 더 많이 읽는다. 그리고 독서에 대하여 더 긍정적인 태도를 가지며 읽기를 통하여 다른 학생보다 더 많은 것을 얻는다."고 한다. 아마도 그 이유는 책이 가까이 있으면 자연스럽게 책을 고르기 쉽고, 읽고 싶을 때 빨리 읽을 수 있기 때문일 것이다. 또한 다른 학생들과 교사가 옆에서 함께 읽을 책을 고르고 독서의 즐거움을 나누게 해준다.

## 가. 교실에 학급문고 만들기

교실에 학급문고를 만들 때 가장 중요한 기준은 책이 아이들 눈에 잘 보이고 쉽게 손이 닿는 곳에 있어야 하며, 대출과 반납이 쉬워야 한다는 것이다. 학생들은 정리가 되어 있지 않아서 지저분하고 책을 찾기 힘든, 부실한 학급문고를 이용하지 않는다.

다음 조언들은 효과적인 교실 내 학급문고를 꾸리는 데에 도움을 준다(Castle, 1987; Fractor et al, 1993; Hickman, 1983; Routman, 1991; 또한 3부 참고).

1. 학급문고를 눈에 잘 띄는 교실의 중심부에 만든다. 아이들은 매력적이고 중요해 보이는 장소에 이끌린다. 독자들을 학급문고로 이끌기 위해 선반, 포스터, 게시판, 소품, 인형들을 활용하고 천장을 꾸민다. 몇몇 책들은 책을 읽고 싶은 마음이 들도록 표지(다른 것들은 책등이 보이도록)가 보이도록 전시한다.

2. 조용하게 책을 읽는 곳으로 만든다. 칸막이, 책상 또는 선반을 이용해 경계를 만들고 집중할 수 있도록 정리한다. 소파, 카펫, 베개를 이용해 편안히 앉을 수 있는 공간을 만든다. 보통 다섯 명에서 여섯 명이 이용할 수 있는 방을 만드는 것이 좋다.

3. 다양한 자료들을 제공한다. 그림책, 동화책, 페이퍼백[3], 기초 독본(basal readers)[4], 학생이 쓴 책, 지도, 신문, 사전, 백과사전, 전단지 모두 가능하다. 부직포 판과 같은 소품을 잘 활용하면 학생들이 읽었던 책을 다시 읽게 할 뿐 아니라 언어 발달도 촉진시킬 수 있다. 큰 포스터 또는 큰 종이를 "낙서벽"으로 활용하여 학생들이 읽기와 책에 대한 의견을 나눌 수 있도록 한다.

---

3 페이퍼백: 책 표지를 종이 한 장으로 한 문고판 책으로 일반책보다 보통 30~40% 정도 가격이 싸다. (역자 주)
4 basal readers는 독해나 독해와 관련한 기능을 학생들에게 가르칠 때에 사용하는 기초독본 교재를 뜻한다. (역자 주)

4. 기준을 세워 책을 정리한다. 장르, 테마, 주제, 작가, 읽기 수준, 내용 영역 등으로 분류하면 학생들끼리 서로 추천해주기 쉽고 책의 위치를 빨리 파악할 수 있다. 책에 색이나 글자로 표시하면 책을 원위치에 두기 쉽고 학급 문고에서 가져온 책을 구분할 수 있다.

5. 학생들이 학급문고를 자율적으로 운영하게 한다. 학생들에게 학급문고의 이름을 직접 정하고 꾸미게 하며, 책의 사용과 관리 방법과 도서 정리 기준 등의 규칙을 정할 수 있게 한다. 학급문고 운영 시간이나 대출 기간, 새 책의 구매 시기 등도 학생들이 직접 정할 수 있도록 한다. 교사는 학생들이 독서하기에 안정된 환경에서 책임감 있게 사용하도록 한다. 책의 훼손과 분실에 관한 정당한 규칙을 학생들이 협력하여 수립하고 유지할 수 있도록 해야 한다.

## 나. 학급문고용 도서 구비하기

학급문고를 만들고 규모를 늘리기 위해서는 가장 먼저 학교 도서관(도서실)이나 공공 도서관 사서의 도움을 받아야 한다. 사서는 학급문고의 이름을 제안하거나 도서를 체계적으로 정리하는 방법을 알려줄 수 있다. 또 학급문고 설치를 위한 비용과 학급문고 순환의 기준을 제공할 수도 있다. 또 전문가들은 책들을 효과적으로 조직하는 '도서 검색(Dreyer, 1992)' 프로그램을 알고 있어서 주제별로 편리하게 책의 위치를 정하는 데 도움이 된다. 학교 또는 도서관의 재정으로 다양한 책들을 구입하여 학급별로 책을 돌려서 본다면 학생들은 다양한 장르의 책들을 골고루 접할 수 있다. 도서 수는 많을수록 좋다. 학급문고가 잘 운영되는 교실의 경우 보통 학생 수의 8~10배 정도 되는 권수의 책이 있다(Fractor et al., 1993).

학생과 학부모는 학급 문고의 책을 수집하는 데 큰 도움이 된다. 교실에 물려받은 책이 하나도 없는 경우 학생들에게 집에서, 서점에서, 도서관에서 교실에 둘 책을 가져오도록 할 수 있다. 또한 학생들이 직접 만든 책을 다른 반에 소개할 수도 있다.

학부모들의 사회·경제적 지위에 상관없이 그들의 도움을 적극 활용할 필요가 있다. 책 기증이 어려운 형편의 학부모들에게는 벼룩시장이나 책 전시회를 방문하거나, 권장도서목록을 작성하도록 한다. 또 학급 문고를 관리하도록 하거나, 공공기관에 책 기증을 요청하여 도움을 받을 수 있다. 마을 공동체 및 전문적인 기관이나 교사 교육과 관련된 교육기관에서 학교와 연계를 맺고 학생들의 독서 교육에 도움을 주기도 한다. 또한 학교 주변의 공공 도서관이나 지역 기관, 가게, 식당에서 학교에 책을 기증해주기도 한다.

적극적인 교사의 경우 출판사 북클럽(book club)[5]의 지원을 받아 학급 문고를 구성하고 독서를 장려해 왔다. 북클럽에서 제공받은 저렴한 페이퍼백을 읽은 학생들은 책이 마음에 들 경우 북클럽에서 직접 책을 구입할 수도 있다. 북클럽에서는 책을 많이 구입하여 포인트가 쌓이면 교실에 무료로 책을 제공해주기도 한다. 미국의 어떤 은행은 학생들이 북클럽에서 책을 구입할 수 있도록 교실에 일정 금액을 제공하기도 한다. 예비교사인 대학생들이 봉사 활동으로 북클럽을 운영하게 하는 것도 매우 좋은 방법이다. 현직에 나오기 전에 학교에서 학급문고 운영을 어떻게 해야 하는지 미리 배우면 많은 도움이 되기 때문이다.

가끔 북클럽에서 제공되는 책의 질에 실망할 수도 있다. 그러나 일부는 질이 낮지만(junk) 대부분의 북클럽은 다양한 문화적 차이에 관한 책들, 고전을 포함하여 읽기 쉬운 책과 어려운 책, 스포츠에 관한 요즈음의 책, 학교와 가족생활에 관한 책, 정보를 제공하는 책, 전기(biographies), 추리물, 모험 이야기, 설화 등 다양한 도서를 구비하고 있다. "북클럽에서 제공하는 도서 목록은, 도서 목록의 폭이 좁다는 일부 교사들의 생각과 다르다."(p.6)

## 다. '적절한' 책 선정하기

학급 문고가 있다는 것이 학생들이 학교 도서관이나 공공 도서관을 이용할 필요가 없어졌다는 것을 의미하지는 않는다. 짜임새 있는 학급문고가 있더라도, 학생들은 학교 도서관이나 공공 도서관을 이용할 필요가 있다. 학생들은 학급문고, 학교 도서관, 공공 도서관의 차이점과, 흥미와 필요에 따라 이용하는 방법을 알아야 한다. 무엇보다도 학생들은 각각의 도서관에서 적절한 책을 쉽게 고르는 방법을 알아야 한다. 마치 게임하듯 휩쓸려서 너무 쉽거나, 어렵거나, 길거나, 짧거나, 지루한 책을 고르는 학생들이 있어선 안 된다. 책 읽기를 좋아하지 않는 학생들은 책 고르기에서 좌절감을 맛보며 상처를 받기 쉽다. 왜냐하면 작가의 글과 독자 사이에 공유해야 할 감정을 느끼지 못하는 경우가 많기 때문이다. 책을 고르는 데 시간이 많이 걸리고 이것이 지속된다면 독서를 포기할 가능성이 높다. 따라서 학생들이 책을 잘 골라 독서에 흥미를 붙일 수 있도록 교

---

5 출판사 북클럽(book club): 출판사나 서적유통업체의 서적 소매 채널(retail market channel)의 하나로 출판사 등이 만든 조직. 이 북 클럽에 가입한 독자들에게는 할인가격으로 서적을 우편 등을 통해 배포, 판매한다. (역자 주)

사가 책 선정하는 법을 지도하는 것이 매우 중요하다.

앞서 학생들에게 책을 읽어주는 것과 학생들이 다양한 종류의 책을 접할 수 있도록 독서 시간을 제공해주는 것이 중요하다고 언급했었다. 그렇다면 학생들에게 어떻게 책을 잘 고르게 할 수 있을까? 어떻게 하면 학생들이 어떤 종류의 책이 학급 문고에 필요한지 알게 할 수 있을까?

한 연구에 의하면, 초등학교 저학년들이 책을 선정하는 데 가장 중요하게 생각하는 다섯 가지 기준이 '구성(structure)', '내용(content)', '친근성(familiarity)', '장르(genre)', '시리즈(series)'였다고 한다(Carter, 1988). 여기서 학생들이 구성을 고려한다는 것은 책 표지나 삽화, 이야기의 길이, 글씨 크기 등을 고려함을 의미한다. 학생들이 어떤 기준으로 책을 선정하는지 교사가 인지하고 있으면 학생들이 책을 선정하는 데 유용한 전략들을 가르칠 수 있다. 만약 다채로운 색의 겉표지와 삽화 때문에 코끼리에 관한 책을 고른 학생이 있다면, 마지막 결정을 하기 전에 책이 자신에게 적절한 난이도인지 확인하기 위해 짧은 단락을 읽어보게 한다. 학생들은 도서관에 방문했을 때 최소한 두 권 이상을 빌리는 것이 좋다. 빌린 책 중에 좋은 책이 없다고 생각되면 학생들은 노력할 가치가 없다고 단정 지을 수 있기 때문이다. 카터(Carter, 1988)가 제시한 책 선정 기준의 다섯번째인 '시리즈'에는 마케팅 전략이 반영되어 있다. 출판사들은 오래전부터 이 전략을 사용해 왔다. 학생들이 특정 작가나 특정 등장인물에 관심을 가질 때, 출판사들은 그 작가의 다른 책이나 동일한 등장인물이 나오는 책에 관심을 갖는다. 학생들은 좋은 이야기를 접했을 때 관련된 이야기를 더 접하고 싶어 하기 때문이다. 또한 학생들은 특정 등장인물에 익숙해질 때 편안함을 느끼기도 한다. 프리드만과 프로스트(Freedman & Frost, 1993)의 연구에 의하면, 서점에 있는 아동 도서의 절반은 시리즈 도서라고 한다. 그들은 한 서점에서 3~6학년을 대상으로 쓰인 18개의 시리즈 책을 찾았다. 시리즈 책들을 분석한 결과, 좋은 도서의 특성을 갖추지 못하고 있음을 알 수 있었다.

등장인물들은 단조롭고 역동적이지 않다. 이러한 책의 주요 인물들은 소수 집단이나 다양한 삶을 나타내지 않는다. 이러한 책은 어휘가 풍부하지 않고 틀에 박힌 문장이 많다(p.43).

프리드만과 프로스트(1993)는 시리즈 책들이 원작가가 세워놓은 틀을 토대로 다른 작가가 수정하여 쓰는 경우가 많다고 한다. 예를 들어 베이비시터(The Babysitters) 시리즈 책의 원작가인 마틴(Ann M. Martin)은 책의 윤곽만 잡았고 다른 작가가 나머지 세부적인 것들을 덧붙여 출간했다고 한다. 이런 방식으로 대량의 시리즈를 출판하는 것이다.

프리드만과 프로스트는 학생들에게 이러한 "가벼운" 시리즈 책을 읽도록 장려하는 것에 반대한다. 교사가 학생들에게 높은 수준의 문학과 관련된 다른 장르의 작품과, 작가는 같지만 보다 역동적인 인물이 나오거나 플롯이 다른 다양한 작품들을 추천하고, 이러한 책들이 많은 환경을 제공해야 한다고 주장한다.

학생들이 책을 선정할 때, 좋아하는 등장인물이 나온다거나 좋아하는 작가가 책을 썼다는 이유만 고려하는 것은 바람직하지 않다. 다양한 조건들을 고려하여 책을 고르는 것이 책을 선정하는 안목을 더욱 키워준다. 교사는 학생들이 여가와 즐거움을 위해 책을 읽는 습관을 기를 수 있도록 장려하고, 책의 좋은 점에 대해 말해 주어야 한다. 학생들이 책을 고르는 행동을 유심히 관찰하면 학생들에게 책을 잘 선정하도록 도움을 줄 수 있다. 교사는 직접 가르쳐 줄 수도 있고, 세세하게 안내해 줄 수도 있으며, 필요하다면 개별적으로 가르쳐줄 수 있다. 이와 같은 방법을 통하여 학생들은 책을 잘 선정하는 법을 내면화하고 자연스럽게 책을 고를 수 있게 된다. "한눈에 책 고르기"라는 책을 보면 다음과 같은 지침을 제공해주고 있다. 특히 책을 잘 읽지 않거나 자신의 능력에 맞는 책을 고르고 싶어하는 독자에게 도움이 된다.

1. 읽고 싶은 책을 고른다.
2. 책의 중간 부분을 읽어본다.
3. 스스로 읽어본다.
4. 한 쪽을 읽으며 모르는 단어가 하나 나올 때마다 손가락을 꼽으며 세어본다.
5. 만약 다섯 손가락을 다 꼽으면 그 책은 어려운 책이다.
6. 다른 쪽을 읽어보아도 마찬가지이면 그 책은 어려운 수준이므로 다른 책을 고른다.

특정 책에 대한 관심이 높으면 교사는 학생들에게 그 책을 읽어주거나 함께 읽을 수 있다. 짝과 함께 책을 읽는 것도 좋은 방법이다(Fielding & Roller, 1992). 모둠별로 같은 책을 주고 함께 읽게 하는 것이 좋다. 학생들끼리만이 아니라 부모님과 함께 읽을 수도 있다. 학생들이 책을 읽으면서 생소한 단어들을 인지하고 글을 보고 들으면서 독서 방법을 익히도록 하면, 나중에는 도움 없이도 스스로 읽을 수 있을 것이다. 학생들이 스스로 책을 읽게 되려면 적어도 한 번 이상은 읽어야 한다. 읽고 재미있으면 학생들은 반드시 그 책을 다시 읽을 것이다. 특정한 수준의 책을 읽을 수 없는 학생이라도 삽화나 그림을 보거나, 상대적으로 쉬운 부분을 읽거나, 다른 사람들이 읽는 것을 들으면서 그들의 생각을 키울 수 있다.

성인과 마찬가지로 학생들도 다양한 수준의 책들을 각자의 목적에 따라 여러 가지 방법으로 읽는다. 한센(Hansen, 1987)은 초등학교 2학년 아동들에게 도움이 되는 책을 세 종류로 구분했다. 첫 번째는 한 번에 몇 분씩만 읽을 수 있는 힘들고 어려운 책이고, 두 번째는 어려운 부분이 있긴 하지만 이해하는 데는 문제가 되지 않는 적절한 책이고, 세 번째는 부드럽게 잘 읽히고 읽는 데 어려움이 없는 쉬운 책이다.

올하우젠과 제프슨(Ohlhausen & Jepsen, 1992)은 "골디락스 전략"을 이용하여 책이 너무 어려운 경우, 적절한 경우, 쉬운 경우에 필요한 미니레슨 시리즈를 제안했다. 그들은 교사들이 학생들에게 어떻게, 왜 이런 책을 골랐는지 설명할 기회를 많이 주어야 한다고 조언했다. 소집단 토의, 개별 상담 및 전체 교실 토론 또는 분기별로 개인평가 상담을 하는 동안에 적용할 수 있다 (pp.39-40).

훌륭한 교사는 올하우젠과 제프슨(Ohlhausen & Jepsen, 1992), 올맨(Ollman, 1993)이 추천한 것처럼 공식적으로 책에 대한 의사결정 전략을 안내하고 비공식적인 대화를 통해서 현명한 선택을 돕는다. 반 학생들이 선호하는 책 목록, 학생들이 읽은 책 목록, 서평은 학생들이 책을 선정하는 데 도움을 준다. 또한 다양한 장르의 아동 도서를 읽은 교사는 학생들에게 쉽게 도움을 줄 수 있다.

교사가 특정 연령층의 아동이 선호하는 책을 알고 있으면 소리 내어 책 읽기를 위한 선택을 하는데 도움이 된다. 이 책의 4장 "사람들은 언제 책을 읽는가?"에서 피셔(Fisher)는 저학년과 고학년이 선택한 이야기 유형, 장르, 구체적인 제목에 의한 순위를 포함하여 학생들의 선호를 자세하게 제시하였다. 하지만 교사는 학생들 개별적으로 선호도 차이가 있음을 인지하고, 항상 학생들에게 적절한 책을 찾을 수는 없음을 인정해야 한다. 학생들은 그 날 읽을 책을 선택할 때에 순간적인 감정이나 환경에 영향을 받는다. 교사는 아이들에게 딱 맞는 책을 선정해주기 위해 너무 부담을 가질 필요가 없다. 오직 학생들만이 자신에게 적합한 책을 찾을 수 있는 것이다.


## 3. 독서 동기 유발하기

로버트 킴멜(Robert Kimmel)이 쓴 『Mostly Michael』은 책읽기를 싫어하는 11살 소년에 관한 이야기이다. 교사는 마이클(Michael)이 학기말에 독후감을 베낀 것을 알고 여름 방학 동안 책 10권을 읽어오라는 벌칙에 가까운 과제를 내주었다. 처음에 마이클은 최악의 벌이라고 생각했지만 나중엔 책읽기가 여가 활동이 되었고 책에 대한 태도가 긍정적으로 변화하였다. 방학을 마치고 도서관에 처음 방문한 날 마이클은 어떤 책을 좋아하냐는 사서의 질문에 "전 천천히 읽기 때문에 쉬운 책이 좋아요"라고 자신있게 대답했다. 사서와 마이클의 부모는 그가 읽기에 대한 흥미를 발견할 수 있도록 하기 위해 노력했다.

그런데 훌륭한 학급문고를 갖추고 있고, 잘 정리된 학교 도서관이 가까이 있다고 해서 모든 학생들이 책 읽기를 좋아하는 것은 아니다. 10%의 학생들이 90%의 도서를 읽을 수도 있다. 독서에 대한 흥미를 갖게 하기 위해 학생들에게 책을 읽어주고 함께 책을 읽기도 하며 독서할 시간을 주는 등의 노력을 하여도, 책 읽기를 좋아하지 않는 아동들은 독서에 쉽게 흥미를 갖지 못하는 경우가 있다. 이때는 특별한 조치가 필요하다.


## 가. 약속하기(다짐하기)

학생들은 자신의 독서 습관과 독서 동기에 대해 인식해야 한다. 이를 위해, 첫째, 학생들에게 다른 학생들과 어른들은 무엇을 읽는지, 왜 읽는지, 얼마나 읽는지에 대해 설문지를 만들고 면담을 하도록 할 수 있다. 다른 학생들도 설문조사와 면담에 참여하면서 흥미를 느낄 것이다. 설문조사와 면담을 마친 후 조별 토의를 통해 수집한 자료를 가지고 책을 몇 시간 정도 읽는지, 다른 여가 활동과 비교했을 때 독서의 비중은 얼마나 되는지, 어떤 자료의 유형을 선호하는지, 어떤 주제에 관한 책을 선호하는지에 대해 차트나 그래프를 만들도록 한다. 학생들이 독서의 세계에 빠질 수 있게 하는 또 다른 활동으로 학생 개개인에게 어떤 책을 어디서 얼마나 자주 읽었는지에 대해 기록하도록 한다. 그리고 4주 후 개별적으로 면담을 하도록 한다.

둘째, 학생들에게 앞으로 3개월 동안 더 많이 읽고 다양한 종류의 문학작품을 읽음으로써 독서 습관을 개선하겠다는 다짐을 하게 한다. 그리고 부모님과 상담하여, 학생들에게 다음과 같은 독서 약속장([표 1])을 작성하고 서명을 하게 한다.

그리고 4주 동안의 관찰과 일대일 면담을 통해 수합한 자료들은 학생이 개별적으로 실현가능한 목표를 설정하는 데 도움이 된다. 그리고 앞서 학부모에게 독서 약속장 작성에 대한 공지와 함께 학부모가 어떤 도움을 주어야 하는지에 대해 다음과 같은 가정통신문([표 2])을 작성하였다.

**[표 1] 독서 약속장**

# 독서 약속장

이름 :                                              날짜 :

나는 (     ) 학기 동안 책을 읽고 다음의 빈칸에 책의 제목을 기록하겠습니다.

_____

_____

_____

_____

날짜 :

나는 이 약속장을 (                              )까지 완성할 것입니다.

학생 서명 _____
학부모 서명 _____
교사 서명 _____

- - - - - - - - - - - - - - - - - - - - - - - - - - - - - - - -

## 평가

나는 이 약속장을 채웠다/채우지 못했다. 왜냐하면

_____

_____

이 약속장을 작성해 본 결과 내가 알게 된 점은 다음과 같다.

_____

_____

## [표 2] 가정 통신문

학부모님들께,

귀하의 아이들이 책을 읽고 선택하는 것에 관한 독서 약속장에 대해 안내 드립니다. 이 프로젝트의 목적은 다음과 같습니다.

1. 학생들이 독서에 흥미를 갖게 하기
2. 독서습관을 기를 수 있도록 장려하기
3. 학생들의 관심 분야 넓혀주기
4. 다양한 장르의 도서 접하게 하기

독서 약속장에 대해 아이와 의논해서 아이의 흥미와 독서 능력에 알맞은 독서 목표를 정해 주세요. 약속장을 쓰고 난 뒤, 아이가 알맞은 책을 선정하고 정기적으로 가정에서 독서를 할 수 있도록 꾸준히 격려해 주세요. 아이와 함께 도서관이나 서점을 방문하고, 아이에게 책을 선물하고, 북클럽에 정기적으로 함께 참가하면 책을 선정하는 데 큰 도움이 됩니다.

아이의 독서 동기를 높이기 위해서 아이가 잠들기 전 15분 동안 함께 책을 읽어주세요. 재미있는 구절을 아이에게 읽어달라고 하거나, 같은 책을 읽고 함께 이야기를 나누는 것도 좋습니다. 모든 가족 구성원들이 매일 밤 또는 일주일에 며칠이라도 조용히 책을 읽어보세요. 무엇보다 이 시간을 편안하고 즐거운 분위기로 만드는 것이 중요합니다.

아이가 책을 다 읽으면 확인하고 독서 약속장에 서명을 해 주세요. 책에 대해 함께 의견을 나누거나 읽은 책이 어떤 면에서 좋았는지 질문을 하면 학생들이 정확하게 과정을 기록하는 데 도움이 됩니다.

아이가 원하는 특정 책이 있다면 바로 연락주세요. 최선을 다해 찾아보겠습니다. 도서를 찾기 위해 바로 공공 도서관뿐만 아니라 어떤 곳이라도 이용할 수 있도록 해주세요. 자녀가 간혹 쉽거나 짧은 책을 골라도 괜찮습니다. 책을 아예 읽지 않는 것보다 어떤 책이든 읽는 것이 중요하기 때문입니다.

각자의 다짐을 실천에 옮긴 학생에게는 도서상품권 지급, 보너스 점수 등의 보상이 주어질 거라고 약속한다. 물론 이와 같은 외적 보상은 바람직한 것만은 아니다. 하지만 학생들의 독서 시간을 늘리고 그동안 무심하게 지나친 도서를 접하려는 노력을 하게 만드는 데에 도움이 된다. 교사의 역할은 학생들의 독서 진행 과정을 확인하고 재미있는 도서를 찾는 것이다. 예를 들어 학생들로 하여금 다 읽은 책에 대한 기록(제목, 저자, 출간 연도, 가격), 독서 동아리 참여 등을 지속해 나가도록 하는 것이다. 학생들이 읽은 책은 다른 학생과 공유하고 참고할 수 있도록 학급 홈페이지나 다양한 SNS를 활용한다. 등장인물을 나타내는 의상 그리기, 포스터 만들기, 독서토론하기, 독창적인 책읽기 프로젝트 등도 사용할 수 있다. 그러나 전통적인 독서 지도 방법인 독후감 쓰기는 되도록 사용하지 않는다.

학생들이 학급문고와 학교 도서관을 자주 활용할 수 있도록 할 필요가 있다. 그리고 다양한 도서를 타 교과와 연계하여 지도하여야 한다. 사서, 학생, 교사는 책의 특별히 재미있는 부분을 읽으며 '책 맛보기' 활동을 한다. '책 바꿔 읽는 날'을 정하여 각자 이미 읽은 책들을 서로 교환하여 읽는 시간도 가진다. 전체적인 협의와 자유토의는 학생들이 독서와 학습에 집중하도록 도움을 줄 것이다. 이러한 활동을 통하여 학생들이 더 자주 독서를 하고, 더 다양한 책을 읽으며, 독서가 가치 있는 활동이라는 태도를 갖게 되었음을 학생과 학부모, 동료 교사의 피드백을 통해 알 수 있을 것이다.

물론 이 프로그램이 모든 상황에 적합하다는 것은 아니다. 학생들이 독서 약속장을 성공적으로 수행하는 데 필요한 것은 주인의식(ownership), 지원(support), 협동(cooperative effort)이다. 처음에는 교사의 제안과 주도로 시작하지만, 점차 학생들이 활동에 대해 책임감을 가지고 선택할 수 있도록 조정하는 프로그램이 되어야 한다. 어쩌면 독서 약속의 성공 여부를 가늠할 수 있는 건 학생들이 독서 약속이 끝난다 해도 계속해서 높은 수준의 책을 읽는 지이다. 학생들은 이제 더 이상 읽은 책의 제목을 적고 독서 약속장을 채우기 위해 독서를 하지 않는다. 그들은 이제 독서의 가치를 알고 독서를 내면화하게 된 것이다. 따라서 더 이상 보상 같은 게 필요 없게 된다.

독서 약속장의 다른 방식으로 정해진 시간만큼 독서 시간을 채우기가 있다. '백만 분 읽기 프로젝트'(O'Masta & Wolf, 1991)라고 불리는 이 방법은 학생들이 학교 밖에서 백만 분 이상 독서를 하는 것을 목표로 한다. 이 프로젝트는 관리자, 교사, 학부모의 전폭적인 지지를 받아 은행의 시스템과 유사한 형식으로 구성된다. 집에서 책을 읽은 시간을 '독서 통장'에 적는다. 특별한 활동들, 기념 행사, 차트, 소식지, 도서 전시회는 학생들이 열정을 가지고 참여하도록 하는 기폭제와 같은 역할을 한다. 백만 분 읽기 프로젝트의 효과는 상당히 높다. 94%의 학부모가 이 프로젝트에 참여한 후 아이가 책 읽기를 더 좋아하게 되었다고 했다. 교사들은 학부모의 참여가 학생들이 교실에서 읽는데 도움을 주었다고 했다(p.661). 해볼 만한 가치가 있는 프로젝트이다.

## 나. 외적 보상하기, 내적 보상하기

앞서 언급했던 『Mostly Michael』이라는 책에서 독서 습관을 바꾸게 된 마이클(Michael)은 외적·내적 보상에 대해 흥미로운 시사점을 주었다. 마이클은 낮은 자존감을 가진 평균 이하의 학생이었다. 그는 학교 생활을 어떻게 하면 잘 할 수 있는지도 몰랐다. 벌로 숙제를 하다가 독서의 이로움을 깨닫게 되었다. 이 책에서 교사는 독서를 싫어하는 학생에게 여름방학 동안 책 10권을 읽고 각각에 대한 독후감을 써오라고 하는 것이 가장 큰 벌이라고 생각해서 마이클(Michael)에게 이와 같은 과제를 내주었다. 그러나 마이클은 벌로 숙제를 하다가 새로운 경험을 했다. 작가가 의도했든 그렇지 않든 간에, 이는 후에 많은 동기 유발 이론의 지지 근거가 되었다.

윌스(Willis, 1991)의 '학생들의 동기를 유발하기 위한 다양한 방법'의 관점에 따르면 학생들은 중요한 상황일수록 학교에서의 성취에 따라 동기 유발 여부가 달라진다. 로스엔젤레스 대학의 교육심리 교수인 산드라 그레이엄(Sandra Graham)은 다음과 같이 말하였다.

실패하는 학생들에게 동정을 느끼는 교사는 오히려 학생들에게 부정적인 영향을 끼칠 수 있다. 학생들을 칭찬할 때는 주의해야 한다. 교사들은 흔히 성취도가 낮은 학생들에게 동기를 부여하기 위해서 칭찬을 많이 한다. 하지만 간단한 과제를 수행해도 칭찬을 받는 학생들의 입장에서는 교사가 자신을 정말로 바보인줄 안다고 생각한다(p.5). 학생들마다 동기유발 방법이 다르기 때문에 동기유발은 매우 복잡하다. 교사는 학생 개개인과 상황을 고려해야 한다.

학생의 동기를 유발하는 것은 매우 복잡하고 개인적이며, 학생들의 특성과 상황을 고려해야 한다.

바이젠댄거와 바더(Wiesendanger & Bader, 1989)는 9살에서 12살 사이의 학생들에게 일반적으로 통용될 수 있는 동기 유발법을 제안하였다. 가장 인기 있는 보상법은 보너스 점수 주기, 학교에서 자유 시간 주기, 교실 학습에서 열외 시켜주기, 다른 교실에 가게 해주기, 등급 올려주기, 게시판에 이름 써주기, 차트에 스티커 붙여주기 등이 있다. 가장 좋은 동기 유발 방법은 교사가 학생들에게 책의 앞부분만 읽어주고 책에 대한 정보를 제공해주어 학생들의 호기심을 자극하고 책을 마저 읽을 수 있도록 해주는 것과 교사가 읽은 책에 대해 설명을 해주는 것이다. 책을 읽기 전에 학생들에게 질문을 하거나 읽는 도중에 학생들이 특정 질문에 답하게 하는 방법도 있지만 이것은 학생들이 별로 좋아하지 않는다. 독서 활동 후에 할 수 있는 활동으로는 읽은 책과 관련한 영화 보기, 역할극하기, 작가 만나기 등이 있다. 독후감을 쓰는 활동이나 책 내용에 대해 시험을 보는 것은 아이들이 싫어하는 활동이다. 바이젠댄거와 바더(Wiesendanger & Bader)는 학생들이 경쟁하는 것, 먼저 질문 하는 것, 독후감 쓰는 것, 시험 보는 것을 싫어한다는 것을 교사들이 인지할 필요가 있음을 주장했다.

학습에서 내적동기와 외적동기의 영향을 측정하기 위한 여러 연구가 있다(Alderman, 1990; Brophy, 1987; Chance, 1992, 1993; Csikszentmihalyi, 1990; Kohn, 1993, 7장 참조). 대부분의 동기부여는 연령과 능력에 적합하다면 다음과 같은 조건에서 효과적이라고 한다. 격려해주는 환경에서, 가치 있는 목표를 위해 동기유발을 과용하지 않을 때이다. 교사는 외적동기를 사용할 때 보상보다는 보다 더 지속될 수 있는 내적 가치인 지식과 기능 발달에 중점을 두어야 한다. 또한 외적 동기는 수행의 질보다는 노력이나 결과물의 양이 더 중요할 때 효과적이다. 학생들이 자신이 목표로 하는 것이 가치 있다고 생각하고 자신이 노력하면 그 목표를 이룰 수 있다고 생각할 때, 동기가 지속될 확률이 높다.

외적 동기는 독서를 싫어하는 학생들의 관심을 끄는 데 도움이 된다. 하지만 그대로 끝나서는 안 된다. 칙센트미하이(Csikszentmihalyi, 1990)는 다음과 같이 말하였다. "만약 교사가 독서를 하나의 도구로 대하지 않고 아동들이 책의 세계에 빠질 수 있도록 보상을 한다면 학생들이 다양한 분야에 관심을 갖는 데 도움이 될 것이다. 이로써 교사의 임무는 끝난 것이다(pp.125-126)."

## 다. 동기 유발을 위한 인적 자원 활용하기

가장 좋은 동기 유발 방법은 다양한 사람을 만나는 것이다. 학생 멘토링 활동과 다른 연령으로 구성된 소집단에서 책에 관해 이야기하는 활동은 동기 유발에 도움이 된다. 또한 동료, 부모, 친구들과 소리 내어 책을 읽거나 책에 대하여 이야기를 나누고 토의하는 활동도 독서 동기를 높인다.

허들리(Hudley, 1992)는 도움이 필요한 아프리카계 미국인 고등학생들과 라틴 아메리카계 여성들을 위해 독서 프로그램을 개발하였다. 이 프로그램은 성공한 사람들의 기사문, 전기문, 영감을 주는 이야기들, 시 등을 가져와서 점심시간에 학생들과 나누는 것이다. 이 프로그램의 목표는 학생들에게 적합하고 흥미로운 책을 소개해 줌으로써 독서 태도를 향상시키고 독서 습관을 길러 주는 데 있다. 문화와 언어 면에서 다양한 학생들의 요구를 수용하기 어려웠던 점도 있지만, 독서프로그램의 효과가 있었다. 학생들은 독서 습관을 기를 수 있었을 뿐 아니라 자신과 타인의 삶을 성찰할 수 있었다.

## 4. 전망

이 장은 오닐(O'Neil) 선생님의 이야기로 시작했다. 오닐(O'Neil) 선생님께서 6학년이었던 우리에게 처음 읽어주신 책은 『Beautiful Joe』[6]였다. 비록 그 책은 그림이 하나도 없었지만 나는 아직도 잘 묘사된 선명한 개의 이미지가 머릿속에 그려진다. 몇 년 전에 오래된 책방에서 그 책의 복사본을 찾을 수 있었다. 그리고 그 복사본을 넘겼을 때 이 책이 1902년에 출간되었다는 사실을 알고 놀랐다. 그리고 '왜 1954년에 출간된 지 50년이나 지난 책을 우리들에게 읽어주셨을까?'하고 생각했다. 오닐(O'Neil) 선생님은 내가 초등학교를 졸업한지 얼마 안 되어 퇴직하셨다. 1902년에 선생님은 아마도 6학년이었을지 모른다. 선생님이 6학년이었을 때 그녀의 선생님께서 읽어주셨던 책을 우리에게도 읽어 주신 게 아닐까?

---

6 『Beautiful Joe』: 실존했던 개 'Joe'의 이야기를 다룬 책으로, 1894년 처음 출판되었으며 현재에도 여전히 사랑받고 있는 책이다. (역자 주)

# 12장

# 다양한 주제의 책 읽기

*June D. Knafle*

 

교사와 학부모들은 문학이 수년간 도덕적 교훈 전달을 의도하는 설화(tale)에서 이상적인 가족 생활을 그리는 이야기와 모험(adventure) 이야기로, 그리고 우리 시대의 더 현실적인 이야기로 변해왔다는 것을 잘 알고 있다. 예전 가족 이야기와 모험 이야기에서 어린 시절을 행복한 시기로 묘사하고, 그 안에서 안정적인 가족 생활을 포함하고 있다. 그러나 1960년대 미국 사회가 변화하기 시작할 때, 문학은 점점 더 현실적이며(realistic) 심지어 사실적인(graphic) 방법으로 이러한 변화를 반영했다.

1970년 말까지, 안정적인 가족 생활을 묘사하는 아동 · 청소년 문학이 규범 표준(norm)이 아니라 예외(exception)가 될 정도였다. 행복한 결말과 아이를 보호하는 어른은 더 이상 당연시될 수 없었다. 아동은 순종적인 캐릭터를 좋아하지 않았고 사회의 관습적 가치를 타파하고자 하였다.

사회가 아동과 청소년을 바라보는 방식 변화는 오늘날의 책들, 특히 문제 소설이나 청소년 소설에서 찾을 수 있다. 이러한 책들은 죽음, 이혼, 혼전 성관계, 마약, 알코올 중독, 피임, 낙태, 소외, 형제자매의 갈등, 또래 학대, 동성애, 인종주의, 적개심, 자기중심 등에 초점을 둔다. 현재의 책에는 폭력, 분쟁, 욕설이 자주 나타난다. 이러한 문제를 다룬 책들은 크게 유행하며, 때로 책이 찢어질 때까지 돌려 읽힌다. 아동과 청소년들은 어른들이 문제라고 여기는 책들을 읽고 반응한다.

책을 바라보는 방식 역시 변화되어 왔다. 지금은 재미있고 매력적이라고 여겨지는 루이스 피츠버그(Louise Fitzhugh)의 『탐정 해리엇』이 1964년에 출판되었을 때 많은 논쟁을 불러 일으켰다. 그러나 더 이상 해리엇의 과장과 희화화(caricature)는 우리에게 충격과 불편을 느끼게 하지 않는다. 더 정확히 말하자면, 오히려 우리가 크게 웃을 수 있도록 만들어 준다.

『Don't tell the Grownup: Why Kids Love the Books They Do』[1](1990)에서 루리(Lurie)는 시간의 시험을 견뎌온 많은 아동 도서가 출판 당시에는 매우 충격적이었다고 주장한다. 그것은 사회의 관습적 가치에 저항했으며 어른의 가식을 폭로했고 성인의 제도를 조롱했다. 예를 들어, "톰 소여(Tom Sawyer)"는 자녀들을 위한 롤 모델로서 부모들의 지지를 받는 소년의 유형은 아니었다. "앨리스(Alice)"[2]는 빅토리아 중기에 선호되는 순하고 소심한 소녀가 아니었다. 『작은 아씨들』의 과격한 말괄량이 조 마치(Jo March) 역시 그 사회가 바람직하다고 생각하는 인물은 아니었다. 『내 이름은 삐삐 롱스타킹』은 출판되었을 때(1950년 출판) 엄청난 비판을 받았으나, 수년이 지난 후에야 권장하는 책이 되었다.

많은 현대의 책들은 흠이 있는 등장인물을 등장시킬 뿐만 아니라 어두운 분위기를 띤다. 이고프(Egoff, 1981)는 점점 증가하는 소설의 주요 주제가 로버트 코마이어(Robert Cormier)의 『초콜릿 전쟁(Chocolate War)』[3]의 주제와 같은 절망이라고 한다. 또한 유괴, 적대감, 소외, 죽음 또한 일반적인 주제이다. 아동과 청소년들은 종종 성인의 영향력을 받지 않는 것으로 묘사되거나, 스스로 삶에 대처하는 것으로 그려진다. 때로 혼자서 어린 동생들을 책임지는 것으로 표현되기도 하고 자기 자신을 스스로 책임져야 하는 경우도 있다. 재난 앞에서 아무런 준비 없이 살아남기 위해 몸부림치기도 한다. 그림책에서도 부모들은 때로 존 스텝토(John Steptoe)의 『Daddy Is a Monster…Sometimes』[4]에서처럼, 결점이 있는 것으로 묘사된다.

---

1 Don't tell the Grown-up: Why Kids Love the Books They Do』: 이 책은 어린이들에게 인기 있는 책을 분석하여 어린이들이 순종하지 않는 캐릭터와 전통적인 성인의 관점에 도전하는 책을 선호하고 있다고 밝히고 있다. (역자 주)
2 『이상한 나라의 앨리스』(1865)의 주인공 앨리스를 지칭하는 말이다. (역자 주)
3 『초콜릿 전쟁(Chocolate War)』: 미국 청소년 문학을 대표하며 학교 내 폭력과 비리를 사실적으로 묘사한 소설. 전미 도서관 협회가 선정한 '청소년을 위한 최고의 책'. (역자 주)
4 『Daddy Is a Monster…Sometimes』: 아버지에 대한 두려움을 자연스럽게 극복해가는 과정을 담고

요즈음 소설에서 어린이들의 생활 속 종교는 거의 나타나지 않는다. 주디 블룸(Judy Blume)의 『안녕하세요, 하느님? 저 마거릿이예요.』에서 희화화된 기독교도인 할머니와 로버트 콜마이어(Robert Cormier)의 『초콜릿 전쟁』에서 완전히 이기적이고 사악한 레온 형제와 같은 묘사는 예외이다. 깊은 신앙심을 지닌 등장인물들은 연약하거나 별난 사람으로 그리고 동료들의 희생자나 보살펴야 하는 사람으로 그려진다. 이러한 묘사는 이전의 아동과 청소년을 위한 기독교적 작품과는 전혀 다른 모습을 보여준다. 판타지 역시 루이스와 톨킨(Lewis & Tolkien)의 관점으로부터 불가사의한 세계에 대한 매혹으로 완전히 방향을 바꾸어왔다. 이고프(Egoff, 1981)는 실존주의가 종교를 대신해 왔고, 사회학과 심리학이 도덕성을 대신해 왔다고 말한다.

많은 현대 사실주의 동화의 잔인함에도 예외가 있는데 특히 저학년 동화가 그렇다. 1989년 이후로 학술지 "The Reading Teacher"에서 필자들이 특정 주제에 따라 최근 책의 내용을 요약하고 소개하는 "『아동도서(Children's Books)』"라는 제목의 유용한 출판물을 정기적으로 발간해 왔다. 대부분의 책은 초등학교나 중학교 수준에 적절하다. 갈다(Galda, 1991a)의 "관계 만들기(Building Relationship)"에서는 가족과 친구, 애완 동물과의 관계를 다룬다. 그리고 표면적 수준을 뛰어넘는 내용을 담고 있다. 늙음과 죽음뿐만 아니라 조부모와의 관계도 포함한다. 그 외 다수의 책들은 또래 친구와 형제자매의 상호관계에 초점을 둔다. 대개 갈등은 해결되고, 다양성의 수용과 관용이 일반적인 덕목으로 다뤄진다. 검토된 책에서 몇몇 주제, 특히 문화적 다원론과 정치적 쟁점은 학생들을 읽기에 참여시킬 뿐만 아니라 학생들이 오늘날의 개인적·사회적 문제에 반응하고 이 문제를 해결하도록 한다.

## 1. 문화적 다원론

갈다와 콕스, 카터(Galda, Cox & Cotter)가 쓴 논문에 의하면, 다른 문화를 이해하고 감상하는 것은 세계관을 더 글로벌하게 만든다(Cox & Galda, 1990; Gald & Cotter, 1992; Galda & Cox, 1991). 그래서 적절한 책들을 교육과정에 포함시켜야 한다고 주장한다. 최근의 책들은

---

있으며, 아프리카계 미국인 가족의 사랑을 느낄 수 있는 책이다. 어린이책이지만 귀엽고 사랑스러운 모습과는 다소 거리가 있다. (역자 주)

다문화 가정과 같은 사회 변화를 반영하고(토니 브래드맨(Tony Bradman)의『Wait and See』[5]), 빈곤한 상황을 기술하는 데 주저하지 않는다(앤 카메론(Ann Cameron)의『세상에서 가장 아름다운 곳[6]』). 경제적 고난을 겪는 동안 사랑하는 가족 관계를 보여주는 바바라 슈크 하이젠(Barbara S. Hazen)의『힘든 때』[7]와 베라 윌리엄스(Vera B. Williams)의『엄마의 의자』[8]는 매력적인 그림책이다.

미국과 다른 나라에서 히스패닉, 미국 원주민, 아시아 등장인물이 나오는 책 출간이 늘어나고, 아프리카의 설화와 이야기도 두드러지게 나타났다. 이러한 책들은 최근에 아동들에게 교차문화적(cross-cultural) 가치와 신념을 소개하는 경향을 반영한다. 몇몇 책들은 여러 나라의 창조 신화를 이야기하는데, 가장 폭넓게 이용할 수 있는 것은 버지니아 해밀턴(Viginia Hamilton)의 뉴베리상[9] 수상작인『In the Beginning: Creation Stories from Around the World』[10]이다.

수년 간 연구자들은 다른 나라의 이야기들을 분석해왔다. 맥클러랜드(McClelland, 1963)는 40개국의 3~4학년 추천 이야기를 읽고, 그들이 표현한 가치의 차이를 보고했다. 예를 들어, 중

---

5 『Wait and See』: 올리비아는 자신의 생일날 몇 가지 소원을 말한다. 이루어질 것 같지 않던 올리비아의 소원들은 이루어지기 시작한다. (역자 주)

6 『세상에서 가장 아름다운 곳(most beautiful place in the world)』: 과테말라 풍경과 가난을 이겨내는 인물을 생생하게 보여주는 작품이다. 가난에 익숙한 후안은 환경을 탓하지 않고 오히려 사촌과 축구를 하고, 삼촌이 알려주는 공중제비를 돌고, 이모들과 함께한 밤 산책에서 행복을 느낀다. (역자 주)

7 『힘든 때(Tight time)』: 경제적 어려움에 놓인 어느 평범한 가족 이야기. 이 책의 주인공인 아이는 강아지를 너무나 갖고 싶다. 그러나 엄마·아빠는 지금은 물건 값이 계속 올라서 살 수 없는 '힘든 때'라고 말한다. 경제적 어려움은 가족의 생존을 위협할 뿐만 아니라 가족들의 마음에도 커다란 상처를 준다. 그 모든 상황을 담담하게 받아들이면서 성장하는 한 가족의 일상이 담긴 그림책이다. (역자 주)

8 『엄마의 의자(A Chair for My Mother)』: 화재로 집과 가구를 몽땅 잃은 한 가족이 편안히 앉아서 쉴만한 의자를 사기까지의 과정을 담은 그림책이다. 주인공 아이와 엄마, 할머니의 끈끈한 사랑을 느낄 수 있고 어려울 때 서로를 돕는 이웃의 정을 느낄 수 있다. (역자 주)

9 뉴베리 상(영어: Newbery Medal)은 해마다 가장 뛰어난 아동 도서를 쓴 사람에게 주는 상으로 아동 도서계의 노벨상이라 불린다. 미국 아르아르보커 출판사의 프레드릭 G. 멜처가 제정했으며, 아동용 도서를 처음 쓴 18세기 영국의 출판인 존 뉴베리의 이름을 따서 지었다. 1922년부터 처음으로 시상되었고 한스 크리스티안 안데르센 상과 더불어 최고의 아동 문학상으로 꼽히고 있다. 뉴베리상 메달과 뉴베리 아너 상(뉴베리 아너상은 뉴베리상에 버금가는 작품에 주는 상)으로 나뉘며 중복 수상이 가능하며 수상 작가는 미국 국적을 가진 사람이거나 미국에 거주하는 사람이어야 한다는 제한이 있다. (출처: 위키백과)

10 『In the Beginning: Creation Stories from Around the World』: 중국, 타히티, 미크로네시아, 호주 등 다양한 문화의 창조 신화를 담고 있는 책으로, 특히 삽화가 훌륭하다고 평가받는다. (역자 주)

동·북아프리카의 이야기에는 영리함과 다른 사람보다 앞서는 능력이 강조되었다. 반면, 칠레와 일본 이야기에는 친절함과 다른 사람에 대한 복종이 강조되고, 독일 이야기들에는 애국심이 강조되었다. 그러나 아동 문학에서 해석되는 가치는 복잡하다. 왜냐하면 읽기는 상호작용 과정이기 때문이다(Langer & Nicolich, 1981; Rosenblatt, 1982). 마쳐(Machet, 1992)는 이야기의 가치에 대한 남아프리카 청소년들의 인식은 그들의 개인적 가치에 영향을 받지만 사회문화적 집단에 따라서도 다르다고 하였다. 따라서 아이들은 이야기 속 등장인물과 사건에 대해 정반대의 반응을 보이기도 한다. 이러한 점을 염두에 두면 교사들은 문화적 다원론이 반영된 도서를 읽고 새롭고 폭넓은 식견과 이해를 기르는 목표를 설정할 수 있으며 다양한 관점을 뒷받침하는 논의를 이끌어낼 수 있다.

## 2. 정치적 쟁점

정치적 쟁점은 많은 어린이 책의 주제가 되어왔다. 헐리만(Hurlimann, 1967)은 어린이 책 속의 정치에 영향을 끼친 동향과 사건의 흥미로운 역사적 배경을 제시하였다. 많은 미국인들은 평화주의자 '소'에 관한 먼로 리프(Munro Leaf)의 고전적 그림책인 『꽃을 좋아하는 소 페르디난드』[11]를 기억하는데, 이 책은 2차 세계대전 동안에 매우 인기가 있었다. 그러나 많은 어린이 책이 번역될 때에도 사회와 정치적 가치를 반영하여 출판되었다는 것을 아는 사람은 거의 없었다.

사회 가치의 변화를 반영하는 중국 아동 문학의 변화는 뜻깊다. 1965년 이후 출판된 중국 아동 책에 대한 조사에서, 미첼(Mitchell, 1980)은 거의 모든 책들이 집단에의 순응이라는 가치를 강요했다고 주장하였다. 반면 장과 브리드러브(Zhang & Breedlove, 1989)는 요즘 작가들이 전통적 가치에 도전하기 위해 설화(fair tales)와 동물담과 같은 전통적 형식을 사용하고 있었다고 보고하였다. 그들은 1980년 단편 수상작인 『Who Will Be Our Future Monitor』를 제시하였다. 이 이야기는 증가하는 중국 아동 문학에서 보여주듯이 예의 바른 소녀는 과소평가되고 적극

---

11 『꽃을 좋아하는 소 페르디난드(Story of Ferdinand)』: 꽃을 좋아하는 소 페르디난드가 엉뚱한 오해로 투우장의 투우 소가 되었다가 결국에는 꽃들이 피어있는 언덕으로 다시 돌아오게 되는 이야기. (역자 주)

적인 소년이 칭찬받는다는 내용을 담고 있다.

어린이의 관점에서 전쟁을 바라보는 책도 많다. 안네 프랑크(Anne Frank)의 『안네의 일기』는 친숙한 고전이다. 덴마크 사람들이 나치로부터 숨겨주는 소녀에 관한 최근의 책은 1990년 뉴베리상 수상작인 루이스 로리(Lois Lowry)의 『별을 헤아리며』이다. 최근에 그림책에서도 유대인 대학살에 관하여 이야기한다. 로베르토 이노첸티(Roberto Innocenti)의 『백장미(Rose Blanche)』는 어린 소녀의 눈을 통해 독일 마을과 근처 수용소의 가혹하고 억압적인 이미지를 묘사한다. 유대인 대학살에 대한 고학년 아이들의 사고를 자극하는 이야기는 아란카 사이젤(Aranka Siegel)의 1982년 뉴베리상 수상작 『Upon the Head of a Goat: A Childhood in Hungary 1939–1944』[12]와 『Grace in the Wilderness: After the Liberation 1945–1948』[13] 이다. 베티 그린(Bette Green)의 『Summer of My German Soldier』는 국적이나 종교를 초월한 우정을 보여준다.

갈다(Galda, 1991a)는 문명화가 야기한 환경 문제를 다룬 책들에 대해 이야기한다. 이러한 주제는 지난 10–15년 동안 유행되었다. 비슷한 메시지가 1972년에 출판된 리처드 애덤스(Richard Adams)의 『워터십 다운의 열한 마리 토끼』에 나타나 있다. 그리고 많은 사람들이 좋아하는 버지니아 리 버튼(Virginia Lee Burton)의 『작은 집』은 성장하는 도시의 문제를 시간순으로 기록하였다.

## 3. 개인주의와 자기중심주의

새넌(Shannon, 1986)은 개인주의(individualism), 집단주의(collectivism), 그리고 둘의 균형을 중심으로 어린 독자를 대상으로 한 1978년, 1980년, 1982년 '어린이의 선택' 목록에서 30

---

12 『Upon the Head of a Goat: A Childhood in Hungary 1939–1944』: 헝가리의 소녀 '피리'가 우크라이나의 할머니를 방문하였다가 제2차 세계대전으로 인하여 1년 후에야 집으로 돌아갈 수 있게 된 이야기를 다룬 작품이다. (역자 주)

13 『Grace in the Wilderness: After the Liberation 1945–1948』: 앞선 『Upon the Head of a Goat: A Childhood in Hungary 1939–1944』의 후속작으로, 적십자 병원에서 환자로서, 스웨덴 난민 학교의 학생으로서, 기독교 가족의 양녀로 '피리'의 경험을 담고 있다. (역자 주)

권의 책을 표집하여 분석하였다. 이 목록은 4장에서 Fisher가 기술한 것이다. 섀넌은 30권의 책 중 29권에서, 저자들이 "사람들이 자신의 최대 관심은 개인적 자유를 최대한 확보하는 것 (p.659)"을 포함하는, 개인주의에 초점을 맞추고 있음을 발견했다. "사회 발달, 공동체에 봉사, 공유된 목표를 향한 협력, 공동체, 공동 변영(p.660)"과 같은 관심사를 지닌 집단주의에 초점을 맞춘 책은 한 권도 없었다. 그리고 단 한 권의 책만이 개인주의와 집단주의 사이의 균형을 제시했다. 섀넌(Shannon)은 "최근의 책들은 현대 사회의 상대주의 즉, 개인이 모든 가치의 진정한 결정권자임을 시사한다.(p.657)"고 하였다.

스테판(Stephens, 1989)은 등장인물이 "스스로 회복하는" 회복력(resiliency)의 특성을 14권의 인기 있는 아동 도서와 1927년부터 1987년까지 각 10년마다 5권씩 30권의 뉴베리상 (Newberry award)과 뉴베리 아너상(Newberry honor)을 대상으로 검토했다. 등장인물의 회복력이 초점이었고 S와 W로 라벨이 붙은 것을 포함하여 6개의 범주가 있었다. S는 사회집단의 목표를 해결하는 것이고 W는 내향적이거나 개인의 목표를 추구하는 것이었다. 인기 있는 책을 분석한 결과, 14권 중 12권의 책이 S범주에 포함되었다. 1928년부터 1967년까지의 뉴베리상 수상작 20권 중 19권이 S범주에 포함되었다. 그러나 1968년~1977년까지의 작품 5권 중 3권이 W로 범주화되었고, 1978~1987년은 5권 모두가 W로 범주화되었다. 또한 "등장인물들이 성인의 도움을 구하고 받는다"는 내용은 5권 중 1권에 나타났다. "등장인물이 특별한 재능이나 흥미를 발달시킨다"는 내용은 5권 중 2권에 나타났다. "등장인물이 활기차고 자신감 있으며 열정적이다" 는 5권 중 1권에 나타났다. 이러한 변화는 최근 10년간의 뉴베리상 수상작들과 이전 수 십년간의 뉴베리상 수상작들 사이의 분명한 차이를 보여준다. 어떤 이들은 최근의 책들이 실생활의 문제를 다루고 있으며 현실적이라고 본다. 다른 이들은 최근의 책들이 집단 사회의 목표를 고려하지 않고 자기중심적인 삶의 관점을 반영한다고 말한다.

이고프(Egoff, 1981)는 요즘의 소설의 강조점이 명확히 자신, 자아, 자주적 결정, 자기 발견에 있는 실존주의에 있다고 주장한다. 개인적 도덕성은 현대 생활의 복잡함에 의하여 정교화된다. 그녀는 이렇게 말한다. "현대 사회가 '내가 그것을 한다면, 그것은 틀림없이 올바른 것이다.'라는 관점을 지지함에 따라, 문학에서 '내가 그것을 좋아한다면, 그것은 틀림없이 좋은 것이다.'라는 관점을 지지하게 되었다."(p.302).

그러나 칼데콧상 수상작들에 나타난 가치는 뉴베리상, 뉴베리 아너상 수상작들과 차이가 있었다. 네이플, 웨스코스, 파스카렐라( Knalfe, Wescott & Pascarella, 1988)는 1938~1986년의 칼데콧상 수상작들을 분석했고, 매 10년 간의 책에는 가치 면에서 큰 차이가 없었다. 책에서 발견된 가장 큰 가치의 범주는 중립적 가치였다. 이어서 긍정적 행동, 긍정적 느낌, 전통적 가치, 부정적 느낌, 부정적 행동, 유대교와 크리스트교의 종교적 가치, 다른 종교적 가치가 나타났다. 유사하게, 칼데콧상 수상작에서 발견된 가치는 미국에서 사용되는 기초 독본(basal readers)에서도 발견되었다(Knaffle, Rodriguez-Brown & Budinsky, 1991). 이 연구자들은 또한 유치원부터 4학년까지 학생이 사용하는 미국과 히스패닉의 독본에 나타난 가치의 차이에 주목했다. 미국 시리즈는 스페인 시리즈보다 훨씬 더 단조로웠다. 스페인 시리즈는 이상적인 가족의 가치와 역할이 연결된 종교적이고 전통적이며 도덕적인 주제와 함께 폭력, 음주와 같은 행동이 나타난 주제도 포함되어 있었다.

## 4. 문제 소설(problem novels)[14]

일반적인 소설과 구별하기 어려운 리얼리즘 소설의 하위 범주인 문제 소설은 매우 영향력이 있으며 특정한 분쟁과 위기를 묘사한다. 이러한 장르에서 저자는 음주, 마약, 이혼, 원치 않은 임신, 근친상간, 또래 문제(peer acceptance), 비만, 육체적·정신적 장애와 같은 문제로 고통받는 아동과 청소년을 보여준다. 오늘날 TV와 영화가 모든 유형의 투쟁과 고난을 다루는 것처럼, 문제 소설도 똑같이 사실적이거나 피상적인 방법으로 사건을 다룬다. 문제 소설은 오늘날의 삶을 반영하는 것을 목표로 한다. 문제 소설에는 폭력적인 장면이 빈번하게 나오며 상세하게 묘사된다.

소외, 정서적 고통, 어른 특히 부모에 대한 적개심이 주요 주제이며, 등장인물들은 한결같이 절망적인 세계관을 가진 것으로 나온다. 소설의 분위기는 암울하며 육체적으로 건강하지 않거나 정서적으로 불안정한 성인은 종종 동정심 없고 부적절하고 둔감하며 냉소적인 것으로 묘사된다. 폴 진더(Paul Zindel)의 『I Never Loved Your Mind』[15]에서 이베트(Yvette)는 부모와 함께 살지

---

14 사회 문제를 다룬 소설(problem novels): 정치적·사회적·사상적으로 특수한 여러 문제를 중심 주제로 한 소설. 흔히 작가의 주장이나 비판이 모티프를 이룬다. (역자 주)

15 『I Never Loved Your Mind』: 17살 듀이(Dewey)를 주인공으로 한 작품으로 주인공은 학교를 그만

않는 이유를 묻는 사람에게, "그들은 나쁜 사람들이기 때문이다. 우리 엄마는 청각장애인이고, 아빠는 비열한 사람이다."(p.42)라고 말한다. 또한 진델(Zindel)의 『My Darling, My Hamburger』[16]에서 션(Sean)은 냉소적이고 통명스러운 아버지 때문에 임신한 여자 친구를 버리는 것으로 묘사된다.

문제 소설의 주제는 많은 아동 문학에도 영향을 주었다. 두 권의 그림책은 이를 잘 보여주는데, 레슬리 뉴먼(Leslea Newman)의 『Heather Has Two Mommies』[17]에는 레즈비언 커플이 나오고, 둘 중 한 명이 인공 수정을 한다. 마이클 월호이트(Michael Willhoite)의 『Daddy's Roommate』[18]는 동성애자 커플의 이야기이다.

문제 소설의 분위기와 부모로부터 소외라는 주제는 1951년에 출판된 샐린저(J. D. Salinger)의 『호밀밭의 파수꾼』에 의해 영향을 받고, 에밀리 네빌(Emily Neville)의 1964년 뉴베리상 수상작 『It's Like This, Cat』[19]에 의해 형성되었다(Egoff, 1981). 주디 블룸(Judy Blume)과 노마 클라인(Norma Klein)과 같은 작가들은 성에 대한 내용을 다루어 폭넓은 인기를 누리는 반면 자주 검열의 대상이 되곤 하였다. 실제로 주디 블룸의 이름이 쓰여 있는 책은 내용에 관계없이 금서 논란을 일으켰다. 폴라 댄지거(Paula Danziger)의 소설 역시 매우 인기가 있으며, 때로 주디 블룸의 소설에 대한 건전한 대안으로 간주되기도 한다.

보다 절망적인 세계관은 로버트 코마이어(Robert Comier)의 책에서 찾아볼 수 있다. 그의 청소년 도서는 어른들이 생각하는 청소년에게 적절한 책과는 명백히 다르다. 그의 책들은 자주 검열의 대상이 되었다. 그러나 이 책들은 좋은 작품이기 때문에 성과 폭력을 다루는 많은 청소년

---

두고 병원에서 아르바이트를 하다가 이베트(Yvette)를 보고 한 눈에 반한다. 그러나 두 사람은 여러 가지 면에서 다른 점이 많다. 두 사람이 겪는 갈등과 화해를 다룬 내용이다. (역자 주)

16 『My Darling, My Hamburger』: 십대 부부 Liz와 Sean 그리고 그들의 가장 친한 친구인 매기와 데니스의 이야기를 다루고 있으며, 성에 대한 내용이 포함되어 있다. (역자 주)

17 『Heather Has Two Mommies』: 아빠 없이 두 명의 엄마와 함께 생활하는 헤더(Heather)의 이야기를 다룬 작품으로, 학교에서 가족 구성이 달라서 겪는 일들이 나타난다. (역자 주)

18 『Daddy's Roommate』: 이 작품은 부모가 이혼을 한 후 아빠와 함께 사는 집에 다른 남자가 오는 것으로 시작한다. 아빠가 남자를 사랑하는 것을 다른 종류의 사랑으로 묘사한 작품이다. (역자 주)

19 『It's Like This, Cat』이 책의 주인공인 사춘기 소년인 데이브(Dave)는 아버지와 사이가 좋지 않다. 그래서 아버지가 개를 기르자 고양이를 키우기로 한다. 서로 소리치고 갈등하면서 가족의 의미를 알아가는 과정을 다룬 작품이다. (역자 주)

책들이 단순하다는 이유로 무시되는 것과는 다른 대우를 받는다.

코마이어의 등장인물들은 독자들을 매혹시키는데, 책을 읽은 몇 년 뒤에도 생생하게 회상할 수 있을 정도이다. 많은 사람들, 특히 성인들이 생각하는 이 책의 문제점은 주인공들이 보통 마지막에 승리하지 못하고 다른 사람(정정당당하지 못한, 결핍된 어른들)에 의해 희생된다는 점이다. 코마이어의 책에 나타난 인간 본성의 어두운 면에 대한 훌륭하고 식견 있는 논의는 "로버트 코마이어 소설 속의 악의 얼굴"(Veglahn, 1988)에서 볼 수 있다. 코마이어는 인터뷰에서 그의 이야기가 불행한 이유에 대해 이렇게 말했다. "내가 쓰는 것이 사실이고 믿을 수 있는 것입니다. 행복한 결말? 삶은 꼭 그렇지 않습니다."(Schwartz, 1979, p.88) 많은 청소년들이 코마이어(Cormier)의 열렬한 팬이기 때문에, 어른들은 청소년들에게 강력한 영향을 주는 동기와 상황을 이해하기 위해 그의 소설을 읽고 성찰할 필요가 있다.


## 5. 냉소주의

몇몇 작가들은 의도적으로 사회 전통과 관습에 관한 어른들의 냉소주의 속으로 청소년들을 끌어들이는 것처럼 보인다. 이고프(Egoff, 1981)는 많은 리얼리즘 소설에서 성인 작가는 아이들의 세계에 함부로 침입하며 "독자들이 삶에 대하여 가질 수 있는 어떠한 희망이나 환상도 없애려는 것으로 보인다. 이 정도가 되면, '있는 그대로를 말하라'는 리얼리즘은 염세에 매우 가까워진다."(p.44)고 말한다. 또한 이러한 작가들 중 몇몇은 청소년들이 강력한 흥미를 느끼는 소재를 고르는 데 특히 능숙하기 때문에, 청소년들이 겉보기에 세련된 작품을 탐독하는 것은 당연하다. 청소년들이 그러한 작품에 진정으로 영향을 받는지 혹은 단순히 흥미를 지니며 매료되는지 또 호기심을 지니는지는 다른 문제이다.

유머는 아이러니하고 풍자적인 어조를 취해 왔다. 그리고 아동 문학에 대한 몇몇 비평은 무의식 중에 편견을 드러낸다. 예를 들어, 한 비평가가 어떤 책을 코미디같다고 하면 냉소적인 독자도 불운하고 비극적이기까지 한 등장인물과 사건을 익살스럽게 생각할 것이다.

# 6. 선호도

아동과 청소년의 선호도는 그들이 쉽게 이용 가능한 책의 종류나 권수와 같은 단순한 것에 의해 형성될 수 있다. 아동 도서의 출판이 1980년대에 극적으로 증가했기 때문에, 이것이 어린이들의 선호도에 영향을 미칠 수 있다. 점점 더 대담하고 색다르며 특수한 흥미의 주제로 시장 점유율을 높이기 위해 경합하면서, 소규모 출판사 또한 급증했다.

책의 선호도에는 학생이 좋아하는 교사, 도서관 사서, 부모의 흥미나 추천만큼이나 또래의 영향도 크다. 때로 상을 받은 책들이 홍보를 오래하고 다른 책들보다 오래 출판되기 때문에 폭넓게 읽히기도 한다.

종종 몇몇 소설은 독자층에서 차이가 나타나기도 한다. 보수적인 중산층 성인이 존 스타인벡(John Steinbeck)이 쓴 이야기에 흥미를 가지는 것처럼, 십대들은 문제 소설에서 모험과 등장인물의 경험을 즐기기도 한다.

앞서 언급한 것처럼, 몇몇 문제 소설은 성인에 대한 적개심과 강압적인 가치에 대한 반항을 보여준다. 때로 성장의 일반적인 구성 요소인 적개심과 반항은 문제 소설의 인기를 부분적으로 설명할 수 있다. 아이들이 영웅적 자질이 없는 주인공이나 삶을 불공평하게 묘사하는 책을 좋아하지 않는다는 렝글러(L'Engle)의 관점(1980)은 현대 소설의 많은 저자나 독자와 관점을 달리한다.

또한 많은 사서들이 없어지기를 바라지만 계속 출판되는 청소년 도서가 슈퍼마켓, 가판대, 서점에서 누구나 이용 가능하다. 그러한 책들은 학교 도서관 책꽂이에는 절대 나타나지 않을 것이다. 많은 것들이 형편없이 급하게 쓰여지고, 사실적 성, 폭력, 복수, 약탈, 초자연적인 것의 선정적 요소를 포함하는데, 이는 슈퍼마켓 타블로이드판 신문과 유사하다. 이 신문과 다른 것은 단지 전통적 로맨스가 나온다는 점이다.

내용뿐만 아니라 빠르게 진행되는 서사와 결론은, TV의 영향을 강하게 받은 것이다. 그러한 빠른 전개를 즐기면서 많은 시간을 보낸 어린이들은 복잡한 플롯 구조와 등장인물의 발달 변화를 이해하는 데 시간을 쓰는 것을 달가워하지 않는다. 많은 저자들은 짧은 기간에 집중 시간에 맞춰서 글을 쓴다. 그러나 이러한 많은 책들이 오랫동안 읽힐 것인가는 알 수 없다.

## 7. 전망

『초콜릿 전쟁』[20]에서 아키(Archie)는 승리를 거두지만 그는 분명히 피해자이며 동시에 가해자이다. 그리고 그는 행복한 사람이나 누구를 모방한 사람으로 묘사되지는 않는다. 로버트 코마이어는 독자가 그에게 매료되도록 하면서도 그와 그의 가치를 혐오하도록 만들기도 한다. 아직 비양심적이고 무자비한 주인공을 아동과 청소년을 위한 영웅적 모델로 묘사하는 책은 별로 없다. 그런 일은 결코 일어나지 말아야 한다. 그러나 현대 생활의 미디어의 측면에서 보자면 어린이 책의 현실적인 미래 가능성은 그다지 밝지 않다. 아마도 이러한 불안을 상쇄시키는 방법은 가족과 함께 책, 특히 논란이 되는 아동과 청소년 책을 읽고 토론하는 일일 것이다. 그러한 토론은 세대 간의 상호작용과 이해의 새로운 길을 여는 방법이 될 수 있다(Knafle, 1989). 부모, 교사, 사서교사가 역사 소설과 전기문을 권장함으로써 아동과 청소년의 보다 균형 잡힌 독서를 유도할 수 있다. 몇몇 교사들은 책 읽기를 싫어하던 독자가 책 속의 등장인물과 사건을 통해 새로운 세계를 가지게 되었음을 발견했다.

---

20 『초콜릿 전쟁(The Chocolate War)』은 로버트 코마이어의 소설이다. 그는 이 소설에서 학교 폭력과 그것을 방관하고 있는 학교의 현실을 초콜릿 판매, 초콜릿 전쟁을 통해 적나라하게 고발하였다. (역자 주)

# 13장

# 반응을 활성화하기 위한 독서 지도

*Camille L.Z. Blachowicz*

*Cathryn A. Wimett*

이 장에서는 예비교사[1]가 초·중등학생들에게 문학을 읽으면서 정의적인 반응을 할 수 있도록 지도하는 방법을 다룬다. 아동문학에 대한 배경지식과 경험은 독서 발달과 지도 방법에 필수 요소이다. 이는 예비교사가 꼭 고려해야 할 요소이다. 그러나 최근 다문화 사회에 접어들면서, 교사들은 다양한 문화적 배경을 가진 학생들을 지도해야 한다. 이러한 다양성은 예비교사들에게 부담이 될 수도 있다. 특히, 아동문학이나 청소년 문학을 별로 접해 보지 않은 예비교사들에게 더욱 부담으로 다가온다(Rose, 1989). 따라서 예비교사 양성과정에 문학 반응을 활성화하기 위한 독서 교육에 대한 강좌를 개설하여 예비교사의 부담을 해소하도록 해야 할 것이다. 이와 같은 교원양성과정을 통해 실제적인 독서 교육에 대한 전문성을 확보한 교사를 길러낼 수 있을 것이다.

---

1 예비교사는 원래 교육대학생이나 사범대학생을 뜻하지만 이 장에서는 독서 교육을 하고자 하는 교사로 생각해도 무방하다. (역자 주)

# 1. 수업에서 일지 쓰기

독서 교육에서 문학 작품에 대한 정의적 반응을 풍부하게 형성하는 것은 가장 중요한 목표이다. 일지(Journal) 쓰기 연구에서는 비구조화된 일지 쓰기, 반(semi)구조화된 일지 쓰기, 구조화된 일지 쓰기는 각각 다른 방식으로 읽고, 쓰고, 생각하도록 한다고 하였다(Schell & Danielson, 1991). 예비교사들은 초·중등학생들과 함께 일지를 쓰고 문학 토론을 함으로써 독서교육의 중요한 문제들에 대해 고민하고, 독서 교수학습 방법을 터득하게 될 것이다.

## 가. 문학에 대한 반응(response)으로서 일지 쓰기

문학에 대한 반응 일지는 문학에 대한 반응을 풍부하게 하는 데 효과가 있다. 예비교사를 대상으로 한 세 편의 연구를 통해 알 수 있다.

### 1) 연구 1 : 모두 같은 책을 읽고 일지를 쓰는 방법

이 연구에서는 예비교사 모두 동일한 소설을 읽고 일지를 썼다. 이 연구에서는 강의 구성원 전체가 같은 책을 읽고 일지를 작성하였다. 같은 책을 읽음으로써 구성원들은 이어지는 독후 활동에서 경험을 공유할 수 있었다. 예비교사들은 학생들이 동일한 소설을 읽고 일지를 쓰는 이 활동을 통해 소설에 대한 반응이 개인마다 서로 다름을 알 수 있었다.

이 연구에서 함께 읽은 책은 『천둥아, 내 외침을 들어라(Roll of Thunder, Hear My Cry)』[2]이다. 이 이야기는 대공황 시기의 아프리카계 미국인 가정에 관한 이야기이다. 미국의 학급에서 어떤 예비교사는 생생한 인물 묘사에 관심을 가졌고 다른 예비교사는 노예제도 같은 사회적인 문제에 관심을 두었다. 이 분반은 각각 다른 인종으로 구성되어 있었기 때문에 다양한 문학 반응

---

2 『천둥아, 내 외침을 들어라(Roll of Thunder, Hear My Cry)』 : 인종차별을 다룬 작품 중 하나로 이 이야기는 작가 밀드레드 테일러의 가족사를 토대로 꾸며진 작품이다. 이 이야기의 배경은 경제대공황이 최고조로 달한 1930년대 남부의 어느 마을이다. 이 시대에는 흑인과 백인 공동체 사이에 많은 대립이 있었다. 하지만 흑인은 언제나 약자이다. 이에 맞서 싸우는 주인공 캐시 로건의 가족들의 이야기이다. (역자 주)

이 나타났다.

그리고 이 독서 활동은 한 아프리카계 미국인 예비교사가 그녀의 어머니와 책 내용에 대해 토론할 수 있는 계기가 되었다. 이 예비교사의 어머니는 『천둥아, 내 외침을 들어라(Roll of Thunder, Hear My Cry)』에 묘사된 배경과 유사한 환경에서 자랐다. 어머니는 자녀에게 역사적으로 흥미 있는 내용을 많이 알려주었다. 이 예비교사는 어머니와 토론하면서 주고받은 이야기를 일지에 풍부하게 기록하였다. 예비교사는 평소에 매우 수줍었지만, 이러한 어머니와의 토론 경험 때문에 전체 토론에서 매우 활발하게 참여했다. 그녀는 이 책을 부모와 읽지 않은 다른 예비교사들과 토론하면서 이 학급의 감수성(sensitivity)을 높였다.

다른 아프리카계 미국인 예비교사는 이 과정에서 글쓰기를 시작하였다. 이 예비교사는 『천둥아, 내 외침을 들어라(Roll of Thunder, Hear My Cry)』를 읽고 흑인 가정에 관한 다른 이야기를 읽고 싶었다. 그래서 1930년대 중산계층의 흑인 가정에 관해 다룬 다른 책들을 찾아 읽었다. 예비교사들은 자신의 친척과 면담을 하거나 주제와 관련된 사진을 모으는 등 프로젝트를 진행하였다.

또한 대부분의 예비교사들은 세 인물, 로건 부인(주인공 캐시의 어머니), 할머니, 리틀맨(처음 인종차별주의를 느끼게 된 로건 가족의 막내)에게 관심을 보였다. 흥미롭게도 이 소설의 중심인물인 '캐시'에 대해 관심을 둔 예비교사는 거의 없었다. 이것은 평소 교사가 질문을 하는 방식으로 진행되는 수업에서 나타나는 반응과는 다른 반응이었다. 학생들이 동일한 책을 읽어도 다양한 반응이 나타날 수 있음을 보여준다.

수업 참여자들이 동일한 소설을 읽고 반응을 공유하는 것은 예비교사에게 문학 반응의 다양성을 탐구하고, 교사와 학생 사이의 상호작용을 경험할 수 있는 기회를 준다. 예비교사들은 읽은 내용을 간추리고 질문을 하고, 자신의 독서 과정에 대한 반성적인 질문(reflective questioning)을 일지에 썼다. 예비교사는 많은 학생들이 문학 반응 일지 쓰기를 부담스러워 하지만, 이것이 작품을 더 깊이 있게 이해하도록 하는 데 도움이 된다는 점을 직접 해보고 이해할 수 있었다.

이 연구는 수업 참여자들이 같은 책을 읽고 일지 쓰기를 하는 것의 효과성을 보여주었다. 실제로 이 연구에 참여한 예비교사 22명 중 12명의 학생이 교육 실습 기간에 같은 책을 읽고 일지 쓰기를 지도하였다. 그 결과 9명은 효과적이라고 하였고, 3명은 일지 쓰기 과정에서 예상치 못한 상황이 발생되어 어려움이 있었다고 하였다. 이들은 일지 쓰기 과정에서 생기는 문제점에 대해 토론을 충분히 했어도 예상치 못한 상황에 대응하기 어려웠다고 하였다.

## 2) 연구 2 : 자신이 고른 책을 읽고 일지를 쓰는 방법

이 연구에서는 예비교사와 초 · 중등학생이 짝을 이루어 함께 일지를 썼다. 이를 위해 그들은 스스로 고른 책을 읽고 일지를 쓰도록 하였다. 책이 모두 다르기 때문에 수업 중 토의는 학생들의 반응을 보다 풍부하게 불러일으키는 전략에 초점이 맞춰졌다.

예비교사는 학생이 쓴 일지를 보고 학생의 반응의 다양성과 학생들이 읽기 흥미, 읽기 선호도에 대해 보다 풍부하게 이해하게 되었다. 그리고 성인독자와는 다른 다양한 반응이 나타남을 알게 되었다.

이 연구에서 예비교사는 앞으로 현장에 나가 독서교육을 하기 위해서는 아동문학과 청소년 문학에 관한 공부를 해야 한다는 점과 학생들이 문학에 대해 다양하게 반응한다는 것을 인식하였다. 예비교사는 학생들과 함께 일지를 쓰면서 훗날 자신이 가르칠 학생들에 대한 이해가 보다 깊어졌다. 각각 다른 책을 읽고 일지를 쓰는 활동을 통해 한 권의 소설을 읽을 때보다 학생들의 다양한 반응을 볼 수 있었다. 이 활동을 통해 예비교사들은 책을 읽기 싫어하는 학생들이 습관적으로 책을 계속해서 바꾸는 경우, 독서 반응을 하지 않는 경우, 책 내용을 제대로 이해하지 못하는 경우, 책을 고를 때 자신의 수준보다 너무 어렵거나 너무 쉬운 책을 고르는 경우 등의 다양한 반응을 관찰하였다고 하였다.

## 3) 연구 3 : 제3자로서 예비교사가 일지에 참여하는 방법

이 연구에서는 실습 기간에 예비교사와 초등 5학년 학생이 10주 간 참여하였다. 이 연구에서는 '읽고 싶은 책 선정하기(book stacking)' 활동을 적용하고, 학생 자기 평가를 실시하였다. 그리고 5학년 학생과 예비교사가 짝을 지었다. 자기 평가 결과에 따라 짝을 지었기 때문에 독서 능력이나 관심을 두는 분야에 큰 불일치가 없었다. 예비교사와 5학년 학생은 만나서 같이 읽을 책두 권을 골랐다. 그리고 이 책을 읽고 일지를 써서 수업 시간에 가져오도록 하였다.

예비교사는 이 활동을 통해 5학년 학생들이 어느 정도의 속도로 읽는지 알게 되었고, 학생들이 쓴 반성적 질문의 유형을 파악하게 되었다. 그리고 자신이 현장교사가 되었을 때 실행할 독서교육 방법으로서 일지 쓰기에 대해 관심을 갖게 되었다. 또 그들은 책을 고르고 읽는 과정에서 학생들의 문학 능력에 대해 알게 되었다고 일지에 썼다.

## 나. 교재에 제시된 일지 쓰기(Journal on course texts)

이전에는 교재에 독서 일지 활동이 거의 실리지 않았다. 그러나 최근에는 학생들이 다양한 양식으로 일지를 쓰도록 교재가 구성되었다. 학생들은 교재에 제시된 과제로서 일지를 쓰고, 친구들과 이야기를 나누고 일지를 쓰기도 하고, 내용을 자세히 살펴보거나 개인적인 경험 등을 관련지어 자신의 반응을 일지에 표현한다. 그리고 학생들은 서로 일지를 바꾸어 읽고 이에 대해 반응하기도 한다.

일지 쓰기 지도 방법은 계속 발전해왔다. 이전 교재에는 단순히 학생들이 읽기 과제에 대한 반응을 일지에 쓰도록 하는 방식이었다. 주로 요약하여 쓰기, 내용을 도식으로 정리하기(graphic organizer) 등이었다. 이때는 일지 쓰기의 중점이 내용보다는 형식에 맞추어져 있었다.

최근에는 학생들의 개인적인 반응에 대한 관심이 높아지고 있다. 일지 내용은 교과 시간에 부과된 교과 독서 과제, 독서 활동, 개인적인 경험에 대한 반응이었다. 독서 교육 목표가 학생들이 독해를 하면서 교과에서의 학습과 독서를 통합하도록 하는 것이므로 읽기 과제에 대한 내용이 포함되었다. 글의 대강 파악하기, 요약하기, 교과서 질문에 답하기, 개념 지도(concept maps)나 오디오·비디오 활용하기, 예술 작품 만들기와 같은 일지 활동 목록(journal entries)의 다양하게 변형된 형태로 제공될 수 있다.

학생들은 보다 폭넓고 다양한 일지 형식을 선택하였다. 많은 학생들은 책의 내용과 연관된 자신의 경험을 일지에 썼다. 그리고 어떤 학생들은 책 내용을 간추려 일지에 썼고, 어떤 학생들은 교재에 제시된 질문에 대한 답을 썼다. 그리고 개념 지도를 만들어 쓰는 학생도 있었다. 어떤 학생들은 학급에서 이루어진 활동과 읽기 반응을 녹음했다. 또 어떤 학생들은 문학 작품에서 인상적인 문구를 자신의 티셔츠에 써 넣기도 하였다.

## 2. 문학에의 몰입(Literature engagement)

예비교사들은 아동문학(청소년 문학)에 대한 지식과 아동문학교육에 대한 지식이 부족하다. 이런 부족함을 보완하기 위해서 예비교사 양성과정에 아동문학교육에 대한 강좌가 필수적으로 포함되어야 한다.

학생들이 문학에 몰입하도록 하기 위해서 예비교사는 아래 세 가지를 명심해야 한다.

(1) 학생들의 배경 지식을 중요하게 생각하고 수업에 활용하여야 한다.
(2) 다양한 연령대의 학생이 가진 독서 흥미와 수준을 파악하여야 한다.
(3) 교사주도의 문학교육이 아닌 대안적인 방법을 활용하여야 한다.

예비교사는 (1), (2)를 성취하기 위해 '읽고 싶은 책 선정하기 활동'과 '소리 내어 책 읽어주기 활동'을 학습할 것이다. 그리고 (3)을 성취하기 위해 전통적인 독후 활동에 대한 대안적인 방법으로 '문학 동아리 활동'과 '상자 속의 책 보고서' 활동을 학습할 것이다. 예비교사가 이 네 가지 독서 활동을 초·중등학생들에게 해 봄으로써 학생들의 정의적인 반응을 이끌어 낼 수 있을 것이다.

## 가. 읽고 싶은 책 선정하기(book stacking)

많은 학생들은 마지못해 책을 읽고 이야기하고, 토론할 때에도 독자로서의 자아를 드러내기 꺼리는 경향이 있다. 많은 토론에서 『샬롯의 거미줄』 증후군'에 빠지는 경우가 있다. 그들이 기억하는 책을 조사할 때, 많은 학생들이 "안전한" 고전이라고 생각하는 『샬롯의 거미줄』을 떠올렸기 때문에 그런 이름이 붙었다. 실제로 학생들은 『샬롯의 거미줄』과 같은 고전들을 좋아해서가 아니라, 자신이 읽었던 책들을 드러내는 것을 두려워하거나 읽은 책이 많지 않기 때문에 고전에 대해 이야기하는 경향이 있다.

예비교사들은 학생들에 대해 빠르게 파악하고 책과 독서에 대해 이야기하고 싶어했다. 이러한 점을 고려하여 몇몇 학급에서는 '읽고 싶은 책 선정하기(book stacking)' 활동을 했다. 이 활동을 위해서는 예비교사는 많은 책을 수집해야 한다. 최소한 학급 학생 수의 3배에 달하는 책이 필요하다. 책은 초등학생을 위한 책이든, 중등학생을 위한 책이든, 성인을 위한 책이든 상관없다. 그리고 다양한 종류와 장르도 허용된다. 학생들이 교실에 들어오기 전에 가지각색의 책 더미(stack)를 의자 옆에 놓아두었다. 학생들이 교실에 들어왔을 때 최소한 한 권의 책이라도 그들이 읽고 싶은 책이 있는 자리에 앉도록 했다. 책을 훑어보는 데에는 약 20분 정도면 된다. 그 후에 학생들은 읽고 싶은 책이 있는 자리에 앉았고, 자신이 왜 이 자리에 앉았는지에 대해 설명했다.

이 활동은 학생들이 독서에 흥미를 가질 수 있도록 하는 훌륭한 동기유발이며 다른 학생의 생각을 아는 데 도움을 준다. 예를 들어, 두 학생은 여러 번에 걸쳐 똑같은 책 더미를 골랐다. 이것은 서로의 흥미와 선호도를 알도록 해 주었다. 이 활동은 예비교사가 나중에 교사가 되었을 때 학생의 독서 흥미와 선호도를 파악하는 데 많은 도움을 줄 것이다.

'읽고 싶은 책 선정하기' 활동으로 때로는 학생들에게 자신이 수업 시간에 읽고 싶은 책을 갖고 오라고 하여 책 더미에 포함시키기도 했다. 이것은 교사가 제공하였던 책 더미를 보다 다양하게 해 준다는 점에서 중요하다. 이를 통해 학생들은 자신이 흥미 있어 하는 분야를 자연스럽게 드러내고, 책에 대한 다양한 요구에 대해 말할 수 있게 된다. 이렇게 하여 흥미가 유사한 학생들끼리 비슷한 주제의 책을 읽을 수도 있다.

이 활동을 참관한 예비교사들은 각자의 반에서 읽고 싶은 책 선정하기를 하고 결과를 보고하였다. 한 예비교사는 한 학생이 읽은 책에 나오는 인물이 읽고 싶어 할 것 같은 책들을 모아 더미(character stacks)를 만들었고, 이 책들을 선택한 이유를 설명했다고 하였다.

## 나. 소리 내어 책 읽어주기(reading aloud)

학생들에게 책을 읽어주는 것은 다양한 아동문학(청소년 문학)에 대한 흥미를 높이고 감상을 돕는 좋은 방법이다. 그래서 예비교사들에게 이야기를 소리 내어 읽어줌으로써 아동문학에 대한 인식을 확장시킬 수 있기를 기대하였다. 예비교사는 소리 내어 읽어주기 지도 방법을 인식하여, 나중에 현장 교사가 되었을 때 자신의 학생들에게 책을 읽어줄 것이다.

소리 내어 읽어주기는 '국어교육론' 강좌를 듣는 예비교사들에게 10분에서 15분 정도 책을 읽어주는 것으로 시작했다. 『사다코와 천 마리 종이학(Sadako and the Thousand Paper Cranes)』[3], 『키가 크고 수수한 새라 아줌마(Sarah, Plain and Tall)』[4], 『조금만, 조금만 더 (Stone Fox)』[5], 또는 『내겐 백 벌의 드레스가 있어(The Hundred Dresseses)』[6]와 같은 그림이

---

[3] 핵의 위험을 알리고 전 세계에 평화 운동을 일으킨 열두 살 소녀의 이야기 (역자 주)
[4] 아버지는 아내가 되어 줄 사람을 구한다는 광고를 내고, 이를 보고 새라 아줌마가 찾아온다. 새라 아줌마와 두 아이 케이럽, 애나가 서로를 알아가는 이야기이다. (역자 주)

있는 쉬운 책들을 수업이 시작될 때 읽어주었다. 책을 소리 내어 읽어주자 예비교사들이 문학에 대한 반응을 하였다. 그들은 자연스럽게 인물의 동기에 대해 궁금해 했고, 이야기의 단서 조각들을 맞추려고 했으며, 앞으로 일어날 사건을 예상했다. 그리고 원래 읽어주기로 계획한 쪽보다 훨씬 많은 양을 읽어달라고 요청하기도 하였다.

그림이 있는 쉬운 책 읽기가 끝났을 때, 예비교사들에게 그들이 우리 모두에게 무엇을 읽어주고 싶은지 생각해보도록 하였다. 보통 자신이 읽고 싶다고 지원하는 예비교사가 많았다. 그들은 자신이 발견한 재미있는 책들을 다른 이들과 공유하고 싶어 했다. 왜냐하면 아동문학 도서를 빌려가도록 권장하였고, 강의 초반 몇 주에 걸쳐 자신이 관심 있는 아동문학 목록을 작성하고 있었기 때문이다. 아주 드물게 아무도 책을 소리 내어 읽기를 원치 않는 경우에는 강의자가 책을 읽어주었다.

예비교사들은 폭넓고 다양한 문학을 읽으려고 했다. 짧고, 예상 가능한 책이나 시(poem)를 많은 예비교사들이 선호하였다. 어떤 예비교사들은 대중서적(trade books)에서 한 장(chapter)을 읽었다. 그것은 그들의 선호도에 의한 것이고, 개인적으로 책을 다 읽는 경우가 많았다. 때때로 예비교사들은 소설이나 전기를 발췌하여 읽기도 했다. 그렇게 하는 것이 그 예비교사들에게 매력이 있었기 때문이다.

예비교사들은 어른들이 읽어주는 것도 즐거워했다. 종종 예비교사들은 좋은 이야기를 듣는 것이 그들의 마음을 편안하게 해준다고 일지에 적기도 했다. 마음이 편안하기 때문에 그들은 마음 속에 있는 다른 것들에 주의를 기울이지 않고 강의 중 활동에 집중할 수 있게 되었다. 예비교사들은 다음 소리 내어 읽어주기 시간을 기대하였다. 교생실습 기간 동안, 몇몇 예비교사들은 자신의 반에 읽어줄 책을 빌려달라고 하였다. 다른 예비교사들은 강의 시간에 읽었던 책을 자신의 반에 읽어주거나, 같은 작가의 다른 책을 읽어주었다고 말하였다. 그래서 소리 내어 읽어주기를 시범보이기는 것은 문학에 대한 긍정적인 반응을 이끌어 낼 뿐 아니라 효과적인 교수 전략이 되며, 예비교사들이 아동 문학(청소년 문학) 읽기라는 목표에 도달하도록 해 준다.

---

5 개 썰매 경주 대회에서 꼭 이겨서 상금을 타야 하는 윌리와 마지막까지 함께 승부를 다투는 인디언 '얼음 거인'의 이야기이다. (역자 주)

6 완다에게 드레스가 몇 벌인지를 물어보면서 서로 말다툼을 벌이던 메디와 페기는 완다가 이사를 간 후에 자신이 한 일을 깨닫고 마음 아파한다는 이야기이다. (역자 주)

## 다. 문학 동아리(literature circles) 활동하기

문학 동아리(Literature Circles) 활동하기는 이질집단으로 구성된 예비교사 집단에서 그들이 스스로 이끄는 활동에 참여함으로써 문학에 대한 반응을 하고 문학을 탐색하는 기회를 제공한다. 예비교사에게는 또 다른 아동문학을 읽고 자신의 반응을 동료와 토론하는 경험을 할 수 있다. 그리고 독서 지도 방법을 조직하는 복잡한 과정에 익숙해질 수 있다. 또한 문학 동아리가 진행되는 형식의 구조에 관련해서 읽기 전과 읽기 중, 읽은 후의 활동을 발전시키는 데 초점을 두는 기회로 활용할 수 있다.

처음에 '문학 동아리' 개념에 친숙해지기 위해서 교재를 활용하였다. 전체 토론에서는 학생들이 스스로 원하는 것을 선택하여 읽는 방법을 지도하기 위해서 학생들에게 문학을 소개하는 방법(techniques)에 초점을 두었다. 이 활동에 참여한 예비교사들은 대부분 나탈리 배비트가 쓴『트리갭의 샘물』[7]을 골랐다. 왜냐하면 이 책이 정의적인 반응을 환기하는데 효과적인 책이기 때문이다.

그 다음으로 문학 동아리(Literature Circle)의 한 구성원으로서의 역할에 대하여 회의를 하였다. 이때에 기존에 언급된 역할들뿐만 아니라 새롭게 만들어진 것들까지 고려했다. 역할은 토론의 책임자(질문자), 어휘가 풍부한 사람(vocabulary enricher), 문학 전문가(이야기에서 흥미로운 부분을 설명하는 사람), 역사가, 과학자, 예언자(predictor), 그리고 점검자(checker)등이다. 그리고 이러한 역할을 준비하는 동안 필요한 경우 읽으면서 중간에 메모를 남겼다. 고려할만한 다른 역할들은 시인, 일러스트레이터, 작곡가 등 예술적 표현에 집중하는 역할들이다. 그러나 역할 배분은 선택적으로 가끔 이루어져야 하고, 학생들은 항상 자연스럽게 수업의 흐름에 따라갈 수 있어야 한다. 역할은 그들이 유용하다고 생각할 때만 제시하였다.

독서 사전 활동으로, 예비교사들은 예측 안내표(anticipation guide)에 답하였다. 그들은『트리갭의 샘물』이란 제목을 보고 바로 떠오른 대로 이 진술들에 대해 생각하게 하고, 이에 동의하는지, 동의하지 않는지를 결정하도록 했다. 그들은 문학 동아리에서 이 반응에 대해 토론했다.

---

7 『트리갭의 샘물』: 이 책은 미국의 저명한 아동 문학가이자 그림 작가 나탈리 배비트의 장편동화이다. 우연히 숲 속의 샘물을 마시고 영원한 삶을 얻게 된 한 가족의 이야기를 담고 있다. 발표되자마자 이 책은 풍부한 상상력과 아름다운 문장으로 인정받았다. (역자 주)

그리고 예비교사들은 이 책이 무엇에 관한 책인지 예상하였다. 강의자는 그들의 회의에 최소한으로만 참가했고, 때때로 한 두 개 정도의 질문을 던졌다.

예측 안내표에 대한 답을 토의한 후에, 연구자는 토론의 책임자, 어휘가 풍부한 사람, 문학 전문가의 역할이 『트리갭의 샘물』에 적합하며, 문학 전문가는 세 가지 고유한 상징이 이야기에서 발달하는 양상에 초점을 맞춰야 한다고 설명했다. 이 상징이 무엇인지 확인하고 예비교사들은 그들의 역할을 선택했다. 그리고 책을 읽고 그들의 역할에 대해 준비할 시간을 가졌다. 그리고 역할을 고려하며 책에 대한 반응을 이야기했다. 그리고 책을 두 부분으로 나누어서, 방과 후에 각 부분을 읽고 문학 동아리의 수업시간 동안에 토론을 하였다. 예비교사들은 다른 부분을 읽을 때에는 다른 역할을 하려고 했다. 보다 폭넓고 다양한 경험을 하도록 하기 위해서였다.

『트리갭의 샘물』 읽고 나서, 예비교사들이 예측 안내표의 진술에 대해 문학 동아리에서 토론하면서 읽기 후 활동을 하도록 했다. 그들은 동아리에서 다섯 가지 진술에 대한 반응을 모두 토론한 뒤, 그 중 한 진술에 초점을 맞추어 감상문을 썼다.

이후 지속적으로 예비교사들이 문학 동아리를 경험하도록 했다. 다양한 소설을 여러 권씩 준비하여 그들에게 선택하도록 했다. 그리고 예비교사들이 미래에 맡을(지도할) 학생들과 사용할 수 있도록 두 세 편의 소설을 위한 읽기 전·중·후 활동을 구성하도록 도왔다. 또한 그들이 강의에서 했던 것과 같은 방법으로 아이들과 함께 문학 동아리 활동을 할 수 있는 사이트를 만들었다. 이러한 실제의 경험들은 예비교사들이 학생들의 흥미와 요구를 경험하는 방법으로 활용하도록 만들었다.


## 라. 상자 속의 책 보고서(Book Report in a Box) 활동하기

독서 지도 방법을 발전시키는 것과 더불어 높은 수준의 효과를 보장하는 다양한 방법을 활용할 필요가 있다. 가장 흥미로운 것 중 하나는 "상자 속의 책 보고서(Book Report in a Box, BRIAB)"이다. 이 활동의 목표는 예비교사들이 보다 극적이고 예술적인 표현을 할 수 있도록 읽기, 쓰기, 말하기, 듣기를 통합하고, 반응에 몰입하는 것을 시범보이는 것이다. "상자 속의 책 보고서(Book Report in a Box, BRIAB)"는 학생들이 싫어하는 전통적인 독후감이 아니라, 독후 활동의 대안적인 방법이다[8].

상자 속의 책 보고서(BRIAB)를 만들 때에, 학생들은 신발 상자나 쇼핑백, 캔, 다른 가능한 보관 용기들로 공예품(artifacts)을 만든다. 그 공예품은 학생들이 읽은 문학 작품에서 가장 매력적이고 가장 흥미가 있는 부분을 나타낸 것이다.

예를 들면, 『천둥아, 내 외침을 들어라!』를 읽고, 예비교사들은 특별히 친근감을 느끼는 인물을 고르고, 이 인물에 대한 내용을 공예품으로 만들어 상자를 채운다. 예로 들면, 상자에, 분필한 조각, 앞치마, 접착제, 약간의 작업용 장갑, 레이스 한 조각, 자와 같은 것으로 만들었는데, 이것은 책에 나오는 로건 부인을 나타낸 것이다.

예비교사들은 상자(시리얼 상자, 종이 가방, 신발 상자 등)를 가져와서 다른 이들과 서로 교환하고 이 소품이 누구를 설명하기 위한 것인지 그리고 왜 그렇게 선택했는지에 대해 알아내려고 노력한다. 그리고 이것에 대해 발표하고 때로는 쓰기도 하며, 때로는 인물을 그리는 활동을 통해서 이루어지기도 한다. 앞서 언급한 상자에 대해서 설명하자면, 로건 부인은 가르칠 때 분필과 자를 사용하고, 물려받은 책에서 인종 차별적인 문구가 있는 부분을 가리기 위하여 풀을 사용하며, 들판에서는 작업용 장갑을 착용하고, 교회에서는 레이스 장갑을 착용한다.

한편 다른 예비교사들은 공예품을 활용하여 연극의 독백으로 표현하고자 하였다. 이 독백은 로건 부인이 각각의 물건이 그녀의 인생에서 가지는 의미를 설명하는 방식으로 진행하였다. 왜냐하면 공예품은 다양한 의미를 포함할 수 있기 때문에, 상자를 만든 사람과 상자를 해석하는 사람이 그들의 반응을 비교하는 과정에서 토론이 자연스럽게 발생한다.

---

8 독후감 쓰기의 대안적인 방법으로는 '상자 속의 책 보고서'(Book Report in a Box) 외에 광고 만들기, 스크랩북 만들기, 상장 만들기, 스무고개 만들기 등 다양한 책 보고서 활동이 있다. 상자 속의 책 보고서는 시리얼 상자, 종이 가방(쇼핑백), 신발 상자, 피자 상자 등이 다양한 상자나 음료수 캔 등의 다양한 재료로 활용하여 책에 대해 표현하는 활동이다. (역자 주)

〈상자 속의 책 보고서 예〉

| "초정리 편지" 상자 속의 책 보고서 |
| --- |

최근에는 예비교사들은 교재 내용의 쟁점에 대한 반응을 하기 위하여 공예품을 상자에 모으는 활동인 "상자 속의 장(chapter in a box)"활동을 했다. 예를 들어, 철자법 발달과 관련하여 다른 연령대의 아동들의 글을 수집하였다. 이러한 노력 덕분에 더 많은 내용 초점(content-focused)을 가진 반응들이 나타났다. 계속해서 예비교사들이 이러한 쟁점들에 대해서 정의적인 반응을 하도록 도와야 한다. 철자법 발달 상자를 예로 든다면, 한 예비교사는 초등학교 5학년 때 쓴 빨간 표시가 가득한 생활문을 제시했다. 그리고 이것이 그녀가 말하고자 했던 중요한 내용에 대해 어떻게 느끼게 했는지 되돌아보았다. 이러한 공예품을 활용한 활동은 가르침을 의미 있게 하고, 풍부하게 하며, 스스로를 돌아보게 한다.

## 3. 전망

이 장에서는 교실에서 사용할 수 있는 시범 보이기를 활용하여 예비교사의 독서를 발달시키는 연구를 시행하고 그 결과를 제시하였다. 문학에 대한 정의적인 반응을 격려하는 것은 학급에서 '책을 읽고 쓸 수 있는 독서 공동체(literature community)'를 만드는 데에 중요한 요소가 될 것이다.

# 5부

# 독서의 생활화를 위한 프로그램

교사는 모든 학생들이 독서를 사랑하고 살아가는 내내
독서를 갈망하게 하는 것을 목표로 삼아야 한다.
학생들이 그런 태도를 가지게 된다면
어려움 없이 독서를 할 수 있을 것이다.

— E. Mayne

# 14장

# 맞춤형 독서 지도

*Betty S. Heathingyon*

독서에 관한 학생들의 부정적인 태도를 변화시켜 긍정적인 태도를 형성하게 하는 것은 오늘날 학교가 교사에게 요구하는 중요한 역할 중의 하나이다. 많은 교사들이 이런 생각에 동의하지만 실제로 수업에서는 독서에 관한 긍정적 태도를 기르는 데 주안점을 두지 않는다(Heathing & Alexander, 1984). 그 동안 긍정적인 태도 형성과 독서 기능(skill)의 발달 중 대체로 교사들은 독서 기능의 발달을 더 중요한 학습 요소로 꼽는다. 이것은 교사들이 독서에 관한 학습자의 태도 형성보다 독서 기능을 더 강조하고 있다는 것을 드러낸다.

허크(Huck, 1973)는 독서에 관한 태도가 가장 우선적으로 교육되어야 한다고 주장했다.

> 독서에 대한 즐거움을 느끼도록 하지 않은 채 독서 기능만을 가르치는 것은 잘못된 것이다. 결국 이것은 어떻게 읽어야 하는지는 알지만 실제로 읽지는 않는 "문맹적 식자(illiterate literate)"를 기르는 것과 같다(p. 203).

이와 비슷한 주장을 제기한 스미스(Smith, 1983)는 문식성(읽기와 쓰기)을 지도하기 위해 우선적으로 고려해야 할 것을 다음과 같이 이야기한다.

독서가 실용적인 것이지만, 단지 실용성에만 목적을 두어서는 안 된다. 독서를 지도하는 이유가 소득 신고서나 입사 지원서 등과 같이 실용적인 목적으로 한정된다면 본연의 목적이 아니라 수단적인 용도로 사용되는 것과 같다(p.viii).

가장 비극적인 일은 독서 능력을 갖춘 사람이나 그렇지 않은 사람 모두 읽기와 쓰기에 대한 거부감으로 평생을 살아가는 것이다. 이는 이들이 읽기와 쓰기를 순전히 학교에서만 일어나는 사소하고 지루한 일로 이해하기 때문이다(p.115).

이러한 주장은 학생들의 독서에 관한 태도를 우선적으로 고려하지 않는 이상, 교사의 교육적인 노력은 헛된 것이라는 점을 의미한다. 교사가 학생들에게 읽기 쓰기 활동의 즐거움을 느끼도록 하지 못하면 학생들은 평생 독자나 필자가 되기 힘들다. 독서에 대한 즐거운 경험을 가지기 위해서는 매일 읽기와 쓰기에 대한 가치 있는 경험을 만들어 주어야 한다. 학생들에게 문식 활동(읽기와 쓰기 활동)을 강요하게 되면 학생들은 문식 활동을 의미 없다고 생각하여 싫어하거나 피하게 된다. 독서에 대한 긍정적인 태도 형성에 중점을 두어 지도해야 한다는 것은 기능의 지도를 미루자는 것이 아니다. 그와는 반대로 교사가 독서에 대한 긍정적인 태도 형성에 중점을 두고 학생을 지도하였을 때 학생의 높은 성취감이 더 많은 독서 활동 참여를 가져온다는 것이다.

교사는 독서 교육에 대한 자신의 신념을 검토해 보아야 한다. 교사의 신념은 과거의 경험에서 기인한다. 학생이었을 때 교사는 어떤 교육을 받았던가? 교사 양성 기관에서는 어떤 교수법을 배웠는가? 교생 실습 기간 동안 어떤 것을 배웠는가? 동료교사와는 어떻게 상호 교수하였는가? 독서 지도를 위해 어떤 연수를 받았는가? 이러한 경험에 따라 교사는 독서에 대해 신념을 갖게 된다. 이전 경험을 통해 교사 스스로가 독서에 대한 태도 형성 교육이 중요하지 않다고 느낀다면 독서 태도 형성 교육을 간과하기 쉽다. 경험을 통해 신념이 형성되고 신념은 행동에 반영되기 때문이다. 따라서 교사는 자신의 행동과 수업 등을 확인하면서 학생들에게 독서에 대한 긍정적인 태도를 형성하는 역할을 하고 있는지 점검해 보아야 한다(교사의 태도를 변화시키기 위한 다양한 방법은 17장 참고).

아래에 소개한 내용은 독서 지도에서 교사의 신념과 행동을 점검해볼 수 있는 사례들이다. 독서 교육에 대한 서로 상반된 신념과 행동이 제시된다. 즉, 하나는 태도를 중요하게 여기는 경우이고, 다른 하나는 기능을 중요하게 지도하는 경우이다. 이러한 사례들을 통해 교사는 교실에서 어떤 역할을 수행해야 하는지를 생각해볼 수 있다. 다양한 사례를 살펴보면서 자신의 독서 신념을 재평가해볼 수도 있을 것이다.

## 1. 독서 지도 사례

### 가. 사례 1

초등학교 5학년 교사인 애덤 선생님은 학기 초 6주 간의 독서교육을 설계하였다. 교사는 책을 읽어 주거나 읽기 기능을 되짚어 볼 수 있는 시간을 마련하였다. 교사는 개학 첫 날 학급문고에서 책 한 권을 골라 짧은 한 단락을 읽어주었고, 학생들이 그 내용을 좋아하자 학생들끼리 책의 내용에 대해 토의하고 긍정적인 논평을 하도록 했다. 그러나 지난 학기 학생들의 읽기 점수를 살펴보면서 많은 학생들이 독해력이 낮다는 점을 알게 되었다. 순간 교사는 학생들에게 개학 첫 날 소개한 이 활동을 계속 진행해야 하는지, 독해력을 높이기 위해 선다형 문제로 중심 생각 찾기 연습을 시켜야 할지 고민이 되었다.

여기서 교사는 읽기의 즐거움에 중점을 두고 책 읽어주기 활동을 해야 하는지 아니면 읽기 성취에 중점을 두고 중심 생각 찾기 활동을 해야 하는지를 결정해야 한다.

대부분의 학교에서는 학생들의 독서 발달 수준을 높이는 것에 관심이 있고 학생의 독서 수준을 점검하고 평가하는 것을 중요하게 여기기 때문에 대다수의 교사들은 기능 향상에 집중한다. 일부 학교에서는 학생의 독서 수준 향상을 교사의 지도력과 결부시켜 평가하려는 경향이 있다. 따라서 교사들은 독서에 대한 긍정적 태도 형성보다는 학습자의 독서 수준을 향상시키기 위한 기능 습득에 더 많은 관심을 둘 수밖에 없다.

교사는 일련의 기능에 대한 반복적인 활동이 학생들에게 지루함을 준다는 것을 알아야 한다. 또한 중요한 주제에 대해 읽고 쓰는 기능도 갖출 수 있도록 해야 한다. 그리고 학생들이 읽은 것과 쓴 것에 대해 다른 사람들과 이야기를 나눌 수도 있도록 해야 한다. 학생들은 10장에서 제시한 '독서 수업 아이디'와 같이 다양하고 흥미로운 활동에 참여할 수 있어야 한다.

## 나. 사례 2

초등학교 2학년 교사인 로드리게스 선생님이 근무하는 학교는 읽기 능력에 따른 수업을 진행하고 있으며 수준별 독서 자료를 이용해 매일 30분씩 읽기를 지도하고 있다. 이 교사는 인근 학교에서 수준별 독서 자료를 활용하지 않고 총체적 언어 교육을 통해 수업을 한다는 것을 알게 되었다. 그 학교의 학생들은 스스로 도서관에서 읽을거리를 찾아서 읽는다고 하였다. 로드리게스씨는 총체적 언어 교육에 대해 알고 있었는데 이런 방식을 자신의 수업에 적용할 수 있을지 궁금했다. 그러나 학교에서 정해놓은 워크북과 독서 기능을 다루는 학습을 하면서 동시에 문학 수업을 하는 것이 가능한지, 지도하고 있는 다른 교과목에도 이를 적용할 수 있는지 궁금했다. 또한 자신이 직접 학생들을 지도할 것인지, 독서 전문가에게 요청하여 읽기, 쓰기, 토의를 총체적으로 지도하도록 할 것인지 고민 중이다. 교사가 고민하는 이유는 독서 전문가가 학생들에게 더 많은 도움을 줄 수 있다고 생각하기 때문이다.

이 상황에서 이 교사는 기능 중심의 독서 프로그램과 정서적인 독서 환경 조성을 위해 학생들이 읽을거리를 선택하게 하는 프로그램 사이에서 고민하고 있다. 동시에 교사 스스로 지도 능력을 가지고 있는지 여부도 고민하고 있다. 미국 공립학교 학생들의 낮은 읽기 성취도 평가 점수에 대한 대중적 관심과 비판의 목소리로 인해 교사들은 학생에게 유익한 독서 활동이 무엇인지를 판단하는 것은 대중이라는 인식을 하게 되었다. 이에 대해 홀(Hall, 1986)은 다음과 같이 설명하고 있다.

우리 사회에서는 기술이 예술보다 더 가치 있는 것으로 받아들여진다. 이처럼 교육을 예술로 여기는 인식보다는 다른 양적 평가나 시험 결과를 통해 교육의 효율성을 평가할 수 있다는 인식이 우리 사회에 팽배해 있다 (p.34).

또한 홀(Hall)은 교사가 "일정 시간에 주어진 업무량을 모두 달성해야하는 노동자"(p.34)로 대우받는다고 하였다. 교사는 단순히 독서 기능을 가르치고 학생들이 기능을 잘 배웠는지를 평가하게 된다.

그러나 실제로 교사가 수업을 하면서 맞닥뜨리는 많은 상황은 "기능을 가르치고 평가"하는 상황보다 훨씬 더 복잡하다. 그 많은 상황에 대한 올바른 판단을 위해서는 교육자로서 자신의 역할에 대한 전문성이 있어야 한다. 교사는 자신의 전문 지식에 대한 확신을 가지고 학생들에게 유익한 문식 활동에 대해 전문적인 견해를 이야기할 수 있어야 한다. 학생들이 즐거워하고 성공할 수 있도록 돕는 최신의 독서교육 이론에도 밝아야 한다. 그래서 교사 스스로 학생들을 위한 최선의 결정을 할 수 있어야 한다.

## 다. 사례 3

중학교 1학년 교사인 파월 선생님은 교과서에 제시된 학습 활동은 하지 않고 도서관에서 빌려온 책만 읽고 있는 메리 때문에 걱정이다. 읽기 학습 활동을 하지 않으면 독해력이 낮아지고 곧 성취도 평가에서도 낮은 점수를 받을 것이기 때문이다. 교사가 메리에게 학습 활동을 하게 해야 하는가? 아니면 스스로 읽기 활동을 하고 있다는 점을 격려해야 하는가?

이 상황은 읽기에 대한 흥미와 읽기 기능 습득의 두 가지 가치에 대한 문제와, 교사가 학생들의 읽기와 쓰기 활동에 대해 고민하는 모든 문제를 다루고 있다. 문식 활동 계획을 교사 혼자서 계획해야 하는가? 아니면 학습자나 학부모와 함께 해야 하는가? 만약 교사가 학습자들에게 읽을거리를 결정해 주고 그것만 읽으라고 한다면 나중에 학습자는 누가 결정해 주지 않아도 스스로 읽을거리를 찾아서 읽을 수 있는가? 이 상황에서 교사는 메리가 원하는 책을 읽을 수 있도록 한 다음 교과서의 학습 활동 대신에 그 책에 대한 중심 생각을 써 보도록 할 수 있다.

스트리클러(Strickler, 1977)는 학생들이 읽는 방법은 알지만 "왜 읽는지, 언제 읽는지 그리고 무엇을 읽을지" 알지 못한다는 점을 지적했다(p.3). 교사가 학교에서 학습자에게 스스로 읽을거리를 선택하는 기회를 주지 않는다면 학생들은 영원히 그런 능력을 갖추지 못한다. 읽을거리와 읽을 시간을 학생들이 스스로 선택하는 것은 학교에서의 중요한 문식 활동이 되어야 한다.

## 라. 사례 4

노먼 선생님은 초등학교 4학년 교사로 25명의 학생을 지도한다. 선생님은 철자법에 맞게 쓰기를 반드시 지도해야 할 요소로 생각한다. 즉, 이 교사는 학생들이 쓴 글에서 철자나 문법적인 실수를 교사가 모두 교정해 주어야 한다고 생각한다. 그래서 모든 학생들의 실수를 바로 잡아 주기 위해 애쓴다. 자신이 쓴 글에 대해 교사와 이야기하고 싶어하는 학생들도 있지만, 철자법을 고쳐주는 데 많은 시간이 걸리므로 그런 기회를 가질 수 없다. 교사는 학생들에게 쓰기 활동을 적게 시켜야 할지 아니면 더 정확하게 글을 쓰는 방법을 가르쳐야 할지 고민이 되었다.

이 상황은 학생들의 정서에 심각한 영향을 미치는 오류 교정에 대한 교사의 신념과 행동을 보여준다. 대체로 많은 교사들은 학생들의 실수가 반복되지 않으려면 학생들이 실수했을 때 바로 고쳐 주어야 한다고 생각한다. 사실 많은 교사들이 창의적인 글쓰기 결과물에서 오로지 문법적 오류만을 지적하기도 한다. 또한 학생들이 글을 읽다 잘못 발음하는 경우 즉시 수정해 주기 위해 학생의 읽기를 방해하기도 한다. 그러나 학습자의 실수를 수정할 때에는 시기와 방법에 신중을 기해야 한다. 지나친 수정과 비판은 학습자들에게 읽기에 대한 공포심을 불러일으킬 수 있다. 위그필드와 애셔(Wigfield & Asher, 1984)는 사회경제적 지위가 낮은 학생들에게 칭찬과 격려를 하는 교사가 가장 훌륭한 교사라는 연구를 제시한 바 있다.

## 마. 사례 5

초등학교 3학년 교사인 코헨 선생님은 학생들에게 관심을 가지며 자유 독서 시간에 읽는 책에 대해 긍정적인 강화를 주어야 한다고 알고 있었다. 그러나 매주 25명의 학생들에게 단 15분만 사용한다고 해도 매주 약 6시간을 사용하게 된다. 그는 학생들의 자유 독서 시간을 위해 긍정적인 강화를 제공할 충분한 시간이 있는지에 대해 회의적이다. 이에 대한 대안으로 세 개의 독서 그룹으로 나누어 정기적인 독서 활동을 해보는 방법을 생각해 보기도 했다. 그는 자유 독서 시간에 대한 강화를 포기해야 할지, 정기적인 독서 활동을 하루에 한 시간으로 줄여야 할지, 아니면 다른 방법을 찾아야 할지? 고민이다.

이 사례에서 보면 교사는 독서 활동에 대한 긍정적 강화를 제공하는 책임이 전적으로 교사에게 있다고 생각한다. 그는 긍정적 강화를 제공하도록 도움을 주는 많은 다른 요인이 있다는 것을 알 필요가 있다. 교사는 도움을 줄 수 있는 학생과 자원봉사자, 부모와 협력적 관계를 맺을 수 있다. 이들은 특정 학생에게 최고의 도움과 용기를 줄 수 있는 멘토다. 때로는 교사들의 협력을 통해 혼자 활동하는 학생에게 도움을 줄 수도 있다. 학생들이 다른 학생을 위한 "긍정적 강화자"가 될 수 있도록 할 때 교사는 긍정적 강화의 책임을 덜 수 있을 것이다.

## 바. 사례 6

에임 선생님은 초등학교 3학년 교실에 읽기 센터를 만들었다. 학생들이 읽기와 철자 워크북, 바른 글씨 쓰기 수업을 마치고 나면, 다양한 책과 활동을 선택할 수 있는 읽기 센터에 갈 수 있게 했다. 어느 날 글씨를 잘 쓰지 못하는 존이 센터에 있는 책에 관심을 보였다. 이 특별한 날 존은 과제를 다 마친 다른 학생들과 동시에 자신의 과제를 마쳤다. 교사는 읽기 센터로 가려는 존에게 다 쓴 글을 보여 달라고 하였고 몇 가지 오류를 발견하였다. 교사는 존에게 읽기 센터에 가서 책을 읽도록 해야 하는가? 아니면 존에게 글씨를 다시 쓰게 해야 하는가? 만약 존이 바른 글씨 쓰기를 다시 한다면 읽기 센터에서의 자유 독서 시간은 끝나게 된다.

이런 상황은 기능 중심 활동과 독서 태도 즉 몰입 사이의 선택을 의미한다. 또한 이 사례에는 다른 쟁점이 있다. 독서와 관련한 '즐거운' 활동을 학급에 있는 모든 수준의 학생들에게 똑같이 제공해야 하는가? 독서 기능에 문제가 있는 학생들은 기능에 숙달한 학생들 보다 기능 훈련을 더 많이 해야 하는가?

겜벨과 윌슨(Gambrell & Wilson, 1973)은 "학습자가 가진 문제에만 집중하는 것과 견딜 수 없는 학습 경험을 제공하는 것"에 대해 말한다. 『독서 국가로 성장하기(Becoming a Nation of Readers)』의 일부분에(Anderson 외, 1985), 정의적 영역에 대해 능숙한 독자와 미숙한 독자가 받는 대우가 다르다는 것을 아래와 같이 요약하였다.

- 미숙한 독자는 능숙한 독자보다 음독을 많이 하고 묵독은 적게 한다.
- 미숙한 독자는 의미 있는 맥락에서 읽기를 적게 한다.
- 교사들은 능숙한 독자가 한 실수보다 미숙한 독자의 실수를 더 많이 수정한다.

## 사. 사례 7

초등학교 6학년 교사인 쿠엔탄 선생님은 뛰어난 운동선수인 제라드가 여가 시간에 책을 읽지 않고 운동선수 친구인 마이크와 차분히 이야기를 나누는 점에 주목하였다. 교사는 "활동적인 남학생은 좀처럼 읽기를 좋아하지 않는다. 그들은 꽤 차분하고 다른 사람을 방해하지 않는다."고 생각한다. 그 두 소년은 그런대로 괜찮은 성취도 평가 점수를 받았으므로 교사는 그들의 읽기 능력에 대해 걱정할 필요가 없다고 느꼈다. 교사는 이 두 학생을 읽기에 소극적인 상태로 두어도 되는지? 아니면 두 학생이 적극적으로 문식 활동에 참여하는 방법을 찾아야 하는지 고민이 되었다.

이 사례는 학생들의 성별이나 문화적 배경에 따라 독서 태도가 발달하지 않을 수도 있다는 교사의 신념을 보여준다. 일부 교사들은 남학생이 여학생만큼 독서에 대한 열의가 없다고 생각한다. 그러나 학생들은 저마다 독서에 대한 독특한 흥미를 가지고 있다. 그래서 교사는 각 학생들의 특별한 요구에 맞는 지도를 해야 한다. 스트리클러(Strickler, 1977)는 다음과 같이 말했다.

지속적으로 효과를 발휘할 수 있는 읽기 방법이 없는 것처럼, 학생들의 읽기에 대한 흥미, 태도, 가치를 향상하기 위해 가장 효과적인 단 하나의 접근법도 없다(p.7).

교사는 반드시 학생들의 흥미를 알아야 한다. 포트폴리오, 일기, 신문을 통해 학생들의 흥미를 짐작해 볼 수 있다. 또한 학생들이 책에 어떤 반응을 보이는지, 학생들이 책을 얼마나 읽는지 알고 있어야 한다. 기본적으로 기능의 성취보다 흥미에 대한 정보를 더 중요하게 고려해야 한다.

## 아. 사례 8

초등학교 1학년 교사인 조단 선생님은 일주일 동안 읽기와 쓰기 과제를 수행한 학생들에게 특별한 보상을 매일 제공한다. 한 주가 끝나면 학생들은 보상을 받는다(사탕 1개, 작은 장난감 1개). 그러나 교사가 제시한 목표를 성취하지 못한 학생들도 있다. 조단씨는 다른 방법을 고려해야 하는가?

이 사례에서 보상은 부여된 일을 끝낸 뒤에 받는 성취 중심 활동이다. 외적인 보상이 아닌 내적 동기에 초점을 둔 보상이 있는가? 예를 들어, 정말로 좋아하는 책을 찾아 읽는 학생에 대한 보상이 있는가? 특별한 날에 이야기 쓰기를 즐기는 학생에 대한 보상이 있는가? 보상의 초점은 기능 성취가 아니라 독서 활동의 즐거움에 있어야 한다.

교사들은 보상이 수업 활동의 일부분이라는 것을 기억해야 한다. 따라서 보상 자체가 주요한 활동이 되어서는 안 된다. 또한 사소한 발전에도 값어치 있는 보상이 있어야 한다. 그러나 1주일에 한 번 보상하는 것은 문제가 있다. 보상은 가치 있는 목표에 도달한 학생을 위해 필요할 때마다 이루어져야 한다. 다만, 7장과 11장에 논의된 바와 같이, 비본질적인 보상들이 남용되면 효과가 없을 수 있다.

## 2. 독서를 장려하기 위한 교사의 역할

독서 활동에 대한 긍정적인 태도를 기를 수 있는 교사의 역할은 다음과 같다.

① 독서 활동에서 태도 향상에 우선순위를 두는 지원자(Advocates)

교사는 기능 향상이 아니라 독서 활동에 대한 학생들의 태도 향상에 초점을 두어야 한다. 긍정적인 태도를 향상시킬 수 없는 활동은 재고해야 한다. 또한 독서 수준에 상관없이 모든 학생들에게 긍정적인 태도가 중요함을 알아야 한다. 교사는 인종, 문화, 성에 관계없이 모든 학생이 독서에 대한 긍정적인 태도를 가질 수 있다고 생각한다.

② 학생을 위해 무엇이 최고인지 아는 의사결정자(Decision makers)

교사는 자신이 결정한 내용이 학생들의 독서 습관에 평생 영향을 미친다는 것을 안다. 따라서 독서 교육에 대한 의사 결정은 매우 중요하고, 이것이 올바른 결정이라는 믿음을 가지는 것도 중요하다. 또한 학생들이 독서 활동을 즐겁게 하는 데 도움이 될 만한 지식을 끊임없이 찾아야 한다.

③ 학생들에게 긍정적인 태도를 강화하기 위해 다른 사람들의 도움을 요청하는 협력자(Collaborators)

학생, 학부모, 자원 봉사자들은 독서 활동을 계획하고 긍정적인 강화를 제공하여 학생들에게 용기를 줄 수 있다. 이것은 교사의 책임을 덜어주어 독서 교육에 도움이 된다.

④ 학생들의 성취를 축하하고 독서를 장려하는 시간을 제공하는 촉진자(Promoters)

성취의 수준에 관계없이 교사들은 학생들의 성취에 기뻐하고 보상을 줄 수 있다. 학생들이 독서 활동의 즐거움을 알게 될 때 교사가 축하해 주면, 학생들은 계속해서 즐거움을 유지할 수 있다. 읽기와 쓰기에서 발생하는 오류에 대해 보상하는 것이 아니라 '독서의 즐거움'이라는 목표의 성취에 대해 보상해야 한다.

이와 같은 교사의 네 가지 역할을 통해 독서에 대한 학생들의 태도를 긍정적으로 변화시킬 수 있다. 이렇게 되면 학생들은 독서를 즐기는 평생 독자가 될 수 있을 것이다.

# 15장

# 책 읽어주기의 활용

*Judy S. Richardson*

　소리 내어 읽기는 학생들이 가장 좋아하는 활동이다. 어린이들과 모든 연령의 학생들에게 소리 내어 읽기의 중요성을 강조하는 연구물 역시 많다. 소리 내어 읽기는 표현적이고 열정적인 읽기를 할 수 있도록 하고 읽기의 즐거움을 독자에서 청자로 전하여 청자가 책을 읽도록 권하는 효과가 있다. 소리 내어 읽기 옹호론자이면서 '새로운 소리 내어 읽기 안내서(부모가 시행할 수 있는 버전)'를 썼던 짐 트렐리스(Trelease, 1989)가 그러한 주장을 한 대표적인 인물이다. 래릭(Larrick, 1969)은 아이들이 독서 자체의 재미를 알도록 하기 위해서는 아이들이 독립적인 독자가 된 이후라도 부모와 교사가 모두 소리 내어 읽기를 해 주어야 한다고 하였다. 또 소리 내어 읽기 활동은 새로운 책을 소개하기에 아주 적절하다.

　글레이저(Glazer, 1990)는 부모들에게 '자녀가 태어난 날부터 책을 읽어주며 절대 멈추지 않기'를 주장하였다. 노턴(Norton, 1992)은 초등학교 고학년 학생과 중학생에게 고전과 뉴베리상 수상작을 즐길 수 있는 기회를 주기 위한 방법으로 책 읽어주기를 강조했다. 컬리넌(Cullinan, 1987)은 좋은 이야기를 듣는 것은 어휘를 발달시키고 언어에 대한 감성을 풍부하게 하며 쓰기 감각을 높이는 데 도움이 된다고 말한다. 아동도서 저자 빌 마틴 주니어(Bill Martin Jr, 1987)는 하루에 세 번 책을 읽어주었던 선생님이 그의 첫 번째 멘토라고 말한다. 교사 교육에서도 예비교사들도 소리 내어 읽어주는 것을 좋아한다.

특히 교사가 시간을 조절할 수 있고 통합 활동을 할 수 있는 초등학교에서는 소리 내어 읽기가 효과적이라는 연구물이 많다. 페이텔슨(Feitelson), 키타(Kita)와 골드스타인(Goldstein)은 하루에 20분씩 책을 소리 내어 읽은 초등학교 1학년 학생이 독해력, 작문력에서 다른 아이들보다 높은 점수를 얻었음을 보여주었다.

## 1. 중, 고등학교 수업에서 책 읽어주기의 적용

중등 교사는 소리내어 책 읽어주기의 장점을 인정하면서도 수업에서 소리 내어 읽기를 하는 데에는 반감을 보인다. 어떻게 수업에서 소리 내어 읽기를 하라는 말인가? 글레이저(Glazer), 래릭(Larrick)과 짐 트렐리즈(Jim Trelease)가 언급한 부모가 자녀의 십대 시절 내내 계속해서 소리 내어 읽기를 해야 한다고 한 대상은 주로 어린 아이들을 위한 것이다. 짐 트렐리즈(Jim Trelease)가 고학년을 위한 몇 권의 책을 소개하고 그 외에는 중등학교 학생을 위한 소리 내어 읽기 도서가 거의 없다. 이 또한 짐 트렐리즈가 7학년 이상으로 분류하고 있어 구체적으로 중학교 몇 학년에 적용해야 하는지가 분명치 않다. 안데르스(Anders)와 레빈(Levine, 1990)이 소리 내어 읽기를 중학교 독서 프로그램에 적용한 예를 보여주고 있으나 그것을 실제로 수행할 수 있는 세부적인 절차를 제시해 주지는 못했다.

소리 내어 읽기는 내용에 대한 설명이 수업의 주를 이루고 특정 시간에만 독서 수업을 하는 중등 수업에서는 실천하기가 어렵다. 고등학교 교사들도 이론적으로는 책 읽어주기의 가치를 이해하고 있으나 "교재 내용을 가르치기에도 시간이 없다.", "소리 내어 읽기를 포함하기에는 설명할 시간이 너무 부족하다.", "고등학교 학생은 소리 내어 읽기를 유치원과 초등학생이 하는 것으로 생각할 것이다.", "시험 범위가 아닌 활동에 매달릴 시간이 없다.", "수업 내용과 학생의 흥미를 맞출 수 있는 적절한 소리 내어 읽기 책을 어디서 찾아야 할지 모르겠다." 라며 책 읽어주기 실천을 많이 하지 않는다.

나는 고등학생을 가르치면서 성공적으로 책 읽어주기를 적용했고, 위 문제들을 해결했다.

## 가. 교육적 고려사항

처음에 고등학생을 대상으로 한 수업에서 짧은 이야기 한 편을 사용했다. 먼저, 학생들의 특성을 분석했다. 이들은 학습 능력이 '평균'이고 사회적으로 활발하고, 호감이 가고, 활동적이기는 하나 학문적인 과제가 주어졌을 때, 특히 이것들이 특별히 숙제로 제시될 때는 거부감을 가지고 있었다. 그래서 동기 부여가 힘들 것이라는 점을 고려했다.

다음으로, 이 단원을 가르쳐야 할 시간을 고려했다. 이 단원은 3주 동안 가르쳐야 했는데 그 이유는 다른 단원의 학습과 외부 강사 초빙 시기 때문이었다. 세 번째로 단원에서 지도할 이야기를 분석했다. 상당히 흥미로운 이야기도 있었지만 학생들의 삶과 거의 연관성이 없는 이야기도 있었다. 이 수업을 받은 학생들의 공통된 불만이다. 또 교사인 내가 가르치고, 학생들이 이해와 감상을 하기에는 어려운 이야기도 있다.

다음으로 나는 독서 과정 이론을 참고했다. 읽기 전 활동은 학습자의 이해에 영향을 준다. 학생들에게 독서의 분량을 제한해 주는 것이 더 잘 이해하고, 더 열정적이고, 더욱 목적적으로 읽을 수 있도록 한다는 점을 발견했다. 그럼에도 독서에 더 많은 흥미를 가지도록 하는 기제가 필요하다는 점도 알게 되었다. 그래서 나는 이 단원을 소리 내어 읽기로 지도하기로 하였다.

## 나. 소리 내어 읽기 수업 첫 시간

애드가 앨런 포의 『붉은 죽음의 가면(The Masque of the Red Death)』은 소리 내어 읽기 지도를 시작하기에 적절한 이야기로 생각된다. 중학교 학생들은 보통 포의 소설에 흥미 있어 하고 또 이 이야기만이 가지는 미스터리와 공포를 좋아한다. 몇몇은 이전에 포의 책을 읽었을 것이나 대부분은 그 작품을 표면적으로만 이해했을 것이다. 고등학생들은 이 작품에서 인물, 줄거리뿐만 아니라 주제, 배경, 아이러니 등과 같은 짧은 이야기의 기본 요소가 어떻게 표현되고 있는지에 대해 학습한다.

『붉은 죽음의 가면』의 전제―한 사람이 자신을 철장 안에 가둠으로써 죽음을 피할 수 있다는 것―는 학생들에게는 생경하다. 학생들은 질병이 접촉에 의해 옮겨진다는 것을 알고 있고, 청결이 질병 예방의 기본이며, 격리가 아니라 약이 질병을 예방하는 데 효과적이라는 것을 알고 있다. 심지어 에이즈(아마도 어떤 면에서는 붉은 죽음과 유사한)에 대해서도 우리는 어떻게 전염되고 그래서 어떻게 병을 피할 수 있는지를 알고 있다. 이 이야기는 질병의 결과로 받는 고통에 대한 것이 아니라 어떻게 한 사람이 그것보다 "한 수 앞설 수 있는지(outsmart)"에 대한 이야기이기 때문에, 나는 에이즈에 대한 논의가 적절한지 확신할 수 없었다. 학생들은 주인공이 질병을 두려워하나 그것을 막을 수 있다고 믿는 이 이야기를 믿을 수 있을 것인가? 카운트 프로스페로가 전염병을 성에 가둘 수 있다고 생각했다는 것이 터무니없는 일로 보이지 않겠는가? 이야기의 배경은 이 아이러니를 이해하는 데 단초를 제공하지만 깊이 있게 이야기를 생각하지 않는다면 이것을 이해하기는 어렵다.

이전 여름에 나는 에드워드 러더포드(Rutherfurd, Edward)의 『Sarum』을 읽었는데 이것은 영국의 역사 소설이다. 이 책에서는 유럽에서 영국으로 전염병이 옮겨지는 것은 화물선에 탑승한 쥐 때문이라고 하였다. 그래서 전염병을 피하기 위해 사람들은 작은 오두막으로 도망치는데 오두막 안으로 들어오지 못한 다른 가족들이 오두막에 들어오려고 하자 이를 막는다. 이 부분을 읽으면서 나는 전염병에 대한 공포를 분명히 느낄 수 있었다. 나는 싸울 수 없는 질병과 사랑하는 사람이 죽어가는 것을 보아야 하는 소름끼치는 상황이 얼마나 공포스러울지 상상했다. 『Sarum』에 묘사된 이 한 토막의 이야기는 학생들이 포 이야기의 배경을 이해하는 데 도움이 될 것이다. 아이러니와 주제도 물론 더 명확해질 것이다. 그래서 나는 이 부분을 소리 내어 읽었다.

내가 이 책을 소개하고 읽기 시작하자 교실이 조용해졌다. 이 학생들에게는 흔하지 않은, 완전 몰입해서 집중하고 공감하는 모습을 나는 목격할 수 있었다. 그렇다면 소리 내어 읽기가 성공적이지 않은가? 매우 긍정적인 학생들의 반응을 통해 성공을 확신했다. 그래서 여러 가지 견해를 열정적으로 말해주었다. 흥미 있고 정서적인 활동(소리 내어 읽기)을 내용(인지)과 연결했기 때문에 수업은 효과적이라고 생각했다. 만약 학생들이 다음날까지 포의 이야기를 읽어오는 과제를 끝마치면 소리 내어 읽기가 학생들에게 동기부여가 되는지 알게 될 것이었다. 모든 학생들이 해온 것은 아니었기 때문에 소리 내어 읽기의 전체적인 성공을 말할 수는 없었지만, 다음날 교실에서 이루어진 토론에서 대부분의 학생이 이야기를 읽어왔음을 보여주었다.

중등 교사들은 학생이 시험을 통과할 정도의 실력을 갖추었는가를 수업의 성공 여부를 가늠하는 잣대로 삼는다. 나 역시 이러한 점을 무시할 수 없기 때문에 짧은 이야기 단원 평가에 두 가지 "핵심적인" 문제를 포함하였는데, 학생들의 응답은 상당히 시사하는 바가 컸다. 첫 문제는 『붉은 죽음의 가면』의 주제를 진술하여 쓰는 것이었다. 49명의 학생 중 36명이 최고 점수를 받았다. 모든 시험에서 낙제점을 받은 학생은 "너는 죽음을 피할 수 없다"고 썼다. 낙제점을 받은 또 다른 학생은 "너는 항상 달릴 수 있지만 너는 항상 숨을 수는 없다."라고 썼다. 내가 판단하기에 시험에서 낙제점을 받은 학생들의 이런 대답도 읽은 텍스트를 이해하는 데 소리 내어 읽기가 도움이 되었다는 것을 보여주는 듯 했다. 두 번째 문제는 학생들에게 이야기에서 좋았던 부분과 그 이유를 한 단락으로 쓰는 것이었다. 이것은 또한 학생들에게 이야기를 공부했던 방식 중 무엇을 좋아하는지를 묻는 것이기도 했다. 낮은 점수를 받은 한 학생은 이렇게 썼다.

나는 『붉은 죽음의 가면』을 좋아하는데 그 이유는 모든 종류의 파티광들이 7번방에 들어가서 죽는 것이 흥미로웠기 때문이다. 파티를 끝내기에 얼마나 좋은 방법인가? 나는 책 읽어주기 수업이 좋았는데 왜냐하면 사람들이 도망갈 수 있을 때 그들이 어떻게 생각하는지를 선생님이 읽어주었기 때문에 이야기가 흥미로워졌기 때문이다.

이 대답에서 나는 학생들이 소리 내어 읽기의 진가를 알아보는 것뿐만 아니라 이야기의 아이러니를 다시 말할 수 있다는 것을 볼 수 있었다. 16퍼센트의 학생들만 이 질문에 대해 완벽한 점수를 받았고 70퍼센트의 학생은 통과할 수 있는 점수를 받았다.

48퍼센트의 학생이 시험에서 낙제하거나 낙제에 근접한 점수를 받았지만 많은 수의 학생들이 예시로 보여준 것과 같은 그런 대답으로 점수를 받았기 때문에, 나는 이 수업이 성공하였다고 생각하였다. 이것이 소리 내어 읽기 없이도 성취될 수 있었을까?

## 다. 소리 내어 읽어주기 수업 두 번째 시간

사키(Saki)의 『이야기꾼(The Storyteller)』은 앞의 이야기보다 더 복잡하다. 이 작품은 기차를 타고 가면서 한 남자가 두 아이에게 그들의 이모보다 훨씬 나은 이야기를 해준다는 내용이 담겨 있다. 이 남자가 하는 섬뜩한 이야기가 빅토리안 이모의 교훈적인 이야기보다 아이들에게 더 인기가 있다는 아이러니를 발견했다.

소리 내어 읽어주기를 위한 교사 매뉴얼대로 하기 전에 나는 두 가지 다른 활동을 하였다. 나는 학생들에게 기차에 타고 있는 학생들의 역할을 연기해 보라고 하였다. 나는 『The McGuffey Reader』[1]에 실린 도덕적인 이야기를 읽으면서 이모 역할을 하였다. 그리고 주디스 바이올스트(Judith Viorst)의 『난 지구 반대편 나라로 가버릴테야!(Alexander and the Terrible, Horrible, No good, Very Bad Day!)』를 읽어 주면서 독신자 역할을 하였다.

그런데 내가 『The McGuffey Reader』의 이야기를 읽자 학생들은 공손하고 조용해졌다. 학생들은 필기를 하지도 않고 오로지 듣기만 했다. 그런데 내가 바이올스트(Viorst)의 이야기를 읽어주자 학생들은 이와 사뭇 다른 반응을 보였다. 학생들이 이 이야기를 엄청나게 즐기고 있다는 것이 분명했다. 수업 분위기를 고려해 보면 소리 내어 읽어주기는 성공적이었다. 나중에 학생들은 그들이 선호하는 이야기가 무엇인지 투표를 했다. 승자는 물론 후자의 이야기였다.

단원 시험에서 나는 소리 내어 읽은 이야기와 관련된 몇 가지 질문을 하였다. 처음으로 물었던 것은 『이야기꾼』에서의 아이러니를 한 문장으로 서술하여 쓰라는 것이었다. 49명 중 29명이 만점을 받았다. 한 명은 "비록 남자에게는 자녀도 없었고 선정적인 이야기를 들려주었지만, 그 아이들은 남자의 이야기를 더 좋아했다."라고 썼다. 두 번째 문제 "내가 읽어주었던 어미닭과 병아리에 대한 이야기는 이모의 이야기와 남자의 이야기 중 어디에 더 가까운가? 그 이유는?"이었다. 32명이 정답을 썼다. 세 번째 문제는 『죽음의 붉은 가면』과 동일한 것으로 학생들이 이야기를 공부할 때 좋아하는 방식을 나타내는 것이었다. 한 학생이 이모와 남자가 '대립(confrontation)' 하는 것이 재미있었다고 썼는데 그것은 우리가 처음에 읽은 두 이야기가 "어떻게 그 아이들이 그의 이야기를 더 좋아할 수 있었는지를 잘 보여준다."라고 했다.

## 라. 중, 고등학교에서 소리 내어 읽어주기 활동의 효과

나는 소리 내어 읽어주기 활동의 성공이 매우 기뻤다. 학생들의 집중 시간이 늘었다는 점, 감상을 즐기는 논평이 증가하였다는 점, 심지어 책 제목과 저자 이름을 반복해 달라는 요구가 있었다는 점을 통해 무관심했던 고등학생들이 소리 내어 읽어주기에 점점 흥미 있어 한다는 판단을 내렸다. 또 소리 내어 읽어주기 수업에 대한 시험 성적이 다른 시험 성적보다 훨씬 좋았다. 그래서 나는 계속해서 소리 내어 읽어주기 방법을 사용했다.

이 교수 방법을 사용한 지 두 달 후에는 다른 활동들에 대해서도 학생들에게 평가해 보라고 하였다. 그 활동의 도움 정도에 따라 '매우 많이, 가끔, 도움이 안됨'을 표시하도록 하였다. 53%

---

1 The McGuffey Reader는 맥거페이(McGuffey)가 1800년대에 쓴 책이다. 초등학교 2~3학년 학생들이 읽을 수 있는 책으로 주로 기독교와 관련된 내용이 실려 있다. (역자 주)

의 학생이 소리 내어 읽기 활동을 "매우 많이"로 표시했고 43%가 "가끔"에 표시했다.

마지막 쓰기 과제에서 나는 학생들에게 좋아했던 활동 2가지를 꼽아보라고 했다. 대다수 학생들이 소리 내어 읽어주기를 꼽았다.

- 이야기를 읽는 것이 좋았다. 나는 독서를 그렇게 많이 좋아하지 않지만 선생님이 읽어주는 것을 듣는 것은 좋아했다.
- 나는 선생님이 우리에게 짧은 이야기를 읽어주기 전에 미리 준비해 오는 것이 좋았다.
- 나는 선생님이 이런 이야기들을 크게 읽어주는 게 좋았다.
- 내가 좋아했던 또 다른 것은, 그날 선생님이 가져온 이야기를 우리에게 읽어주는 것이었다.
- 나는 선생님이 교실에서 크게 읽어줄 때 좋았다.
- 나는 각 이야기를 읽고 싶은 마음이 들었고 이 책들을 더 배우고 싶다.

## 2. 내용 교과 수업에서 소리 내어 읽어주기의 적용

### 가. 중학교 3학년 사회 교과에서의 적용

사회 수업에서 학생들이 다른 문화의 신화, 전설, 동화에 대한 이해를 돕기 위하여 소리 내어 읽어주기를 하려고 한다. 소리 내어 읽어주는 이야기를 들은 후에 학생들은 동·서양의 문화에서 나온 이야기를 스스로 읽고 그 다음에 그들 자신의 신화를 쓰도록 구성되었다. 이 학생들은 중학년인 3학년 우등반에 속해 있었으며 저학년이 하는 활동이라며 하기를 꺼려했다.

교사는 중국과 일본에 관한 단원을 학습하며 이틀에 한 번씩 신화, 전설 또는 동화를 수업 마지막 5~10분 동안 읽어주었다. 그러고 나면 학생들은 역사적인 가치뿐만 아니라 이런 이야기의 특징에 대해 토론했다. 다음으로 학생들은 고대 그리스를 공부했고, 그 후에 학습한 것을 바탕으로 그들 자신만의 신화, 전설, 또는 동화를 쓸 수 있게 된다.

이 과제에는 평가가 뒤따르기 때문에 과제 완성을 위한 2주의 시간이 주어졌다. 또한 자신이 쓴 이야기를 구두로 표현하는 것도 가능했다. 우등반 학생들이기 때문에 열정적으로 참여할 것이라고 기대를 하였지만 학생들의 참여 열의는 보통 때보다도 훨씬 높았다.

교사는 학생들이 소리 내어 읽어주기를 어떻게 평가하는지 확인하기 위해 조사를 했다. 63%의 학생이 다른 단원에서도 계속해서 소리 내어 읽어주기를 했으면 좋겠다고 대답했다. 교사는 소리 내어 읽어주기의 성공을 다음과 같이 나타냈다:

> 나는 학생들이 말했던 것보다 훨씬 더 소리 내어 읽어주기를 좋아할 거라 생각했었어 소리 내어 읽어주기를 마친 뒤에 몇몇 학생들과 이야기를 나눴다. 책 읽어주기에 대한 학생들의 평가는 훨씬 더 긍정적이었다.

## 나. 과학 교과와 수학 교과에서의 적용

중등학교 과학 시간에 이용할 수 있는 소리 내어 읽어주기 자료로는 지역 신문의 간단한 기사문도 포함된다. 가령, '워싱턴 포스트'지의 음식란의 최근 기사에는 소개된 요리법 대로 정확하게 따라했지만 요리에 실패했다는 독자의 글이 실렸다. 기자는 독자에게 "적합한 적용(exact adaptations)"의 몇 가지 예시를 제시해 주었다. 예를 들어, 한 요리에서 케이크 반죽(밀가루 혼합물, 베이킹파우더, 액체)을 오븐에 넣기 전에 45분 동안 둔다. 물론, 베이킹파우더는 이것이 액체와 섞이자마자 가스를 발산하기 시작할 것이다. 이렇게 하여 케이크 반죽은 이것이 오븐에 들어갔을 때 기포가 남아있지 않아 케이크가 부풀어 오르게 한다. 이 소리 내어 읽어주기 자료를 활용하여 실제 화학 수업을 할 수 있다.

대체로 신문은 최소 일주일에 한 번은 과학기사를 제시한다. 로버트 오브라이언(Robert C. O'Brien)이 쓴 『Mrs. Frisby and the Rats of Nimh』[2]는 예상한 것보다 수행된 결과가 훨씬 좋았던 과학 실험에 대한 소설이다. 과학자들은 들쥐와 쥐를 세 그룹(통제집단, 실험용A, 실험용B)으로 나누고 혈청을 주사하고 실험을 수행했다. 통제 집단의 혈청은 위약이었지만, 실험용 그룹의 혈청은 과학자들이 들쥐와 쥐를 더 작고 오래 살게 해 줄 것이라고 이론을 세웠던 성분을 포함하고 있었다. 그 혈청은 그룹A에서 매우 큰 영향을 미쳐 그 들쥐와 쥐들은 도망을 갔고 그들만의 사회를 만들었다.

---

2 『Mrs. Frisby and the Rats of Nimh』: 로버트 오브라이언이 1971년에 쓴 어린이 소설이다. 이 소설은 동물 판타지 소설로 남편을 잃고 네 명의 아이들을 돌보며 살아가는 야생쥐와 인간의 실험실에서 태어난 비상한 두뇌를 가진 쥐의 모험담을 담은 소설이다. (역자 주)

노튼 저스터(Norton Juster)의 『The Phantom Tollbooth』[3]에 나오는 무한성의 예는 중학교와 고등학교에서 수학을 공부하는 학생들의 마음을 사로잡을 수 있다. 이 소설에서, 작은 댐을 만들 수 있는 30피트의 꼬리를 가진 비버는 재미있게 문장제 문제를 살핀다. 『내용 교과에서 학습 독서(Richardson & Morgan, 1994)』의 부록 G에는 역사, 수학, 그리고 과학의 주제에서 학생들에게 적합한 몇 가지를 바꾸어 볼 수 있는 책의 목록이 소개되어 있다. 또한, 이 책의 12장에서는 다양한 주제의 많은 책들이 소개되어 있다. 마를린 보스 사번트(Marliyn vos Savent)가 주간 잡지 Parade에 연재한 칼럼도 1~2분 정도의 소리내어 읽어주기 자료로 적당하다.

## 다. 중, 고등학교의 소리 내어 읽어주기 수업의 효과

이 장의 처음에, 중학교 교사들이 내용을 가르칠 시간이 부족하다고 호소한다고 하였다. 그러나 소리 내어 읽어주기는 내용의 한 부분이 될 수 있고, 또한 추가의 활동이 아니므로 부담스러워 할 필요가 없다. 지금까지 살펴 본 소리 내어 읽어주기는 내용과 관련 없는 것이 아니라 통합적인 것이었다. 또 교사들이 소리 내어 읽어주기까지 하기는 수업시간이 너무 짧다고 호소한다고 하였는데, 소리 내어 읽어주기를 활용하는 교사들은 수업시간에도 소리 내어 읽어주기를 할 수 있다고 하였다. 오히려 소리 내어 읽어주기를 통해 수업 시간이 더욱 알차게 되어 50분 수업 내용을 20분 만에 할 수 있다고 보았다.

일부 교사는 학생들이 소리 내어 읽어주기를 '아이들이나 하는 것(baby stuff)'이라고 생각한다며 걱정하지만 수업 목표의 맥락에 맞게 소리 내어 읽어주기의 중요성을 설명해 준다면 학생들도 그렇게 생각하지 않을 것이다. 사키(Saki)의 예에서 보듯이 고등학생들은 다시 '어린 아이가 되는 것'을 오히려 즐겼다. 물론 소리 내어 읽어주기를 도입할 때에는 신중해야 한다.

그리고 교사들은 소리 내어 읽어주기가 평가를 하기 어렵다고 생각하는데, 우리들은 학생의 감상을 평가할 수 있는 방법을 발견했다. 에세이 쓴 것이나, 중요도 평정으로, 이야기 쓴 것을 보고 평가 하였다.

또, 교사들은 중, 고등학생에게 적절한 소리 내어 읽어주기 책을 찾을 수 없을 것이라고 생각

---

3 마를린 보스 사번트는 기네스북에 기록된 아이큐가 가장 높았던 사람으로, 1986년 이후부터 마를린 보스 사번트는 주간 잡지 Parade에 퍼즐이나 다양한 문제에 대한 칼럼을 연재했다. (역자 주)

하였다. 그러나 이에 대한 해답은 앞서 과학과 수학 교사를 위한 제안에서 제시하였다. 소리 내어 읽어주기를 위한 도서를 찾기 위해서 교사가 먼저 독서를 해야 한다. 책을 즐겨 읽다보면 필요한 도서를 찾을 수 있다. 소설, 신문, 잡지는 짧고 많은 재미있는 읽기 자료가 담겨 있다. 이 자료들은 매년 국제독서학회[4]와 영어교사협회(National Council of Teachers of English)[5]와 같은 협회에서 출간한다. 사서 교사의 도움을 받는 것도 좋은 방법이다.

소리 내어 읽어주기는 중등학교 교실에서 가치 있는 교육 경험을 주고 학생들에게 좋은 습관을 가질 수 있도록 해 준다. 중학생들은 소리 내어 읽어주기를 듣는 것을 좋아하는데 이것은 활발하고 흥미 있어 하는 학생의 태도를 통해 알 수 있다. 학생들은 소리 내어 읽어주기와 내용 간의 연결이 이루어질 때 더욱 재미있어 한다. 소리 내어 읽어주기가 바로 정서 영역과 인지 영역의 통합을 촉진하는 독서 활동이다.

---

4 국제독서학회(International Reading Association)는 독서 이론과 교육에 관한 연구를 하는 학회이다. 현재는 문식성(literacy)를 강조하여 국제문식성학회(International Literacy Association)로 정식 명칭을 변경하였다. (역자 주)
5 정식 명칭은 영어교사협회(National Council of Teachers of English)이고 미국 초, 중, 고, 대학의 영어 교사 단체이다. (역자 주)

# 16장

# 독서 흥미를 증진시키는 글쓰기

*Irene  Schultz*

이 장에서는 읽기 능력이 부진한 독자를 위한 새로운 종류의 동화 쓰는 방법을 소개하려고 한다. 이 동화는 독서에서 실패와 후회를 해 본 학생들에게 디딤돌이 될 것이다.

학생들은 과거와는 전혀 다른 삶을 살고 있다. 물론 우리도 잘 알고 있다. 그럼에도 불구하고 이 차이가 학습 속도의 차이에서 기인한다는 점을 잊곤 한다. 학생들에게 필요한 새로운 통찰력과 방법을 가르치는 것이 아니라 40년 전에 우리가 배웠던 방법으로 학생들을 지도한다. 우리는 아이들이 우리와 같은 읽기 방법으로 배우고 똑같은 읽기 방법을 적용하며 똑같은 속도로 배우고 우리가 읽었던 도서를 좋아할 것이라는 잘못된 생각을 가진 셈이다. 그러나 대체로 많은 학생들이 과거의 읽기 속도를 따라가지고 못하고 과거의 읽기 방식을 이해하지 못한다. 그러므로 읽기 방법과 속도를 따라가지 못하는 학생들을 위해 그 학생의 실제적 발달 단계에 맞는 새로운 재료의 형태와 접근이 필요하다. 그러나 그것은 학생의 수준을 낮추어야 한다는 뜻이 아니라 보다 높은 읽기 수준에 도달할 수 있도록 이끌어 주어야 한다는 뜻이다.

우리는 아이들이 어른과 마찬가지로 집에서 자신이 해야 할 일을 하고 가족들과 여러 가지 일들을 함께 하며 성장한 후에도 가족들과 근거리에 살았으면 하는 소망이 있다. 우리가 가치 있다고 생각하는 이러한 요소들이 아이들에게 전해지기를 바라기 때문에 읽기를 배우는 방법을 가르치는 것에도 관심을 가질 수밖에 없다. 사전 찾는 방법, 구두 표현, 발음, 단어 의미, 음절을 익히는 표, 접미사에 관한 지식, 현장 학습, 상상과 관련된 체험, 이야기를 크게 소리 내어 읽는 것, 기본적인 작문 활동, 물질에 관한 촉각, 게임, 포스터, 활동지, 퍼즐, 재미있는 이야기책을 가르쳐 준다면 초등학교 3학년 말에는 대부분의 학생들이 읽기 방법을 배우게 될 것이고 또한 읽기를 좋아하게 될 것이다.

하지만 그와 조금 다른 학생들은 어떻게 지도할 것인가? 앞서 제시한 내용이 신체적 혹은 발달상의 문제로 인해 학습이 느린 학생들을 어떻게 지도할 것인지에 대한 답이 되지는 않는다. 이 학생들은 소수자이지만 수적으로는 무시할 수 없는 소수자이다. 30% 혹은 그 이상의 학생들이 읽기를 제대로 하지 못하는 학습 부진아이다. 대체로 이 학생들은 가정에서 문자 언어의 중요성에 대한 학습을 하지 못하였고 잠재적 독자로서 자신을 인식하는 능력이 부족하며 또한 학교에서도 그것에 대한 학습을 받지 못하였다. 이 학생들에게 학교는 실패를 한 번 더 경험하게 하는 공간에 불과하다. 그래서 학생들은 학교를 나갈 수밖에 없다.

- 우리가 있어야 할 곳에서 다시 쫓겨났어요.
- 나는 교실에서 항상 바보취급을 받았어요.
- 부모님은 땅을 파고 살면서 사람을 먹어치우는 지난밤 영화에서 본 것과 같은 괴물이 사는 곳에 나를 데리고 가요.
- 우리 선생님은 항상 똑똑한 우리 형과 나를 비교해서 말해요.
- 우리 엄마는 내 팔이 멍든 것에 대해 다른 사람에게 말하지 말라고 해요.
- 우리 선생님은 내가 집에서 만들어 온 작은 쿠키를 친구들에게 나누어 주지 못하도록 했어요.
- 엄마는 책 읽기를 못하는 사람은 우리 가족이 아니라고 했어요.
- 지난밤 어떤 남자가 우리 집 뒷문으로 총을 쏘았어요. 그래서 아버지가 벽난로 뒤에 숨었어요.
- 우리 집에는 같이 사는 삼촌이 맨날 바뀌어요. 지난번에 살았던 삼촌은 우리에게 새 텔레비전을 사 주셨어요.
- 소리 내어 읽어주기를 할 때 내 순서가 다가오는 것이 싫어요. 왜냐하면 다른 친구들이 내가 읽을 때 킥킥 웃기 때문이에요.
- 나는 아버지를 가끔 만나요.

- 나는 커서 우리 언니처럼 미용실에서 머리를 만지는 사람이 되고 싶어요.
- 코트 단추를 잠글 수 없어요. 단추가 없거든요.
- 집에 아무도 없어서 내 숙제를 봐 줄 수 없어요.
- 나는 우리 이모랑 살아요. 어머니가 집을 나가셨거든요.
- 나는 읽기는 잘 못해요. 사실 읽기가 싫어요.
- 이야기책이 아닌, 여러 장으로 나뉜 큰 책을 주시지만 너무 어렵고 왜 읽어야 하는지도 잘 모르겠어요.
- 학교 마치면 집에 가서 나는 부모님이 오실 때까지 TV를 봐요.

이 아이들이 어떤 생활을 하고 있는지 안다면 왜 이 학생들이 다른 학생들과 다르게 읽은 내용에 대해 반응할 수 밖에 없는지 이해할 수 있다. 앞서 언급한 이 학생들은 매슬로의 욕구 위계 이론에 비추어 보자면 가장 아래 단계에 속한 삶을 살고 있다. 이 이론을 살펴보면 왜 이 학생들의 발달 속도가 느린 것인지에 대한 이유를 잘 알 수 있다. 그렇다고 아이들이 자신의 생활을 바꿀 수 있는 것도 아니다. 학생들에게 읽기의 즐거움을 맛보게 하기 위해서는 우리가 제대로 된 독서 지도를 해야 하는데 이것이 아이들의 삶을 변화시킬 수 있다. 만약 우리가 읽기의 즐거움에 대해 알려주지 못한다면 아이들은 절대 훌륭한 독자가 될 수 없다.

찰(Chall, 1983)이 두 번째 읽기 단계로 규정한 초등학교 3학년 말 시기는 동화나 정보책을 읽을 수 있는 4학년으로 넘어가는 시기로 매우 중요하다. 하지만 읽기 능력이 부족한 경우 이 단계에 도달하지 못한다. 이 학습자들은 정확성, 유창성, 해독 능력이 떨어진다. 그래서 다른 친구들과 달리 이 학습자들은 낮은 수준의 어휘로만 이루어져 있어 재미있는 동화도 읽을 수 없고 동화는 너무 어려워 엄두도 낼 수 없다. 그래서 통상적으로 그 학년 학습자들의 수준에 맞는 책을 제시해 주어도 이 학습자들에게는 그것이 고역이 되기 때문에 읽기를 점점 기피하게 되고 결국 읽기를 포기하게 된다. 겨우 9살, 10살 경에 학습자들은 동화의 주제를 파악할 수 없고 기본 어휘조차도 이해할 수 없게 되는 것이다.

우리는 이 학생들이 더 높은 수준의 읽기를 할 수 있는 능력이 있고 실제로 할 수 있다고 생각하면서 '능력보다 낮은 성취수준'을 보였다고 말한다. 또한 우리는 이 학습자들을 격려하지는 않으면서 교사가 지시하는 학습을 따라하지 않고 진정으로 노력하지 않는다고 하여 이 학생들에게 "독서를 싫어"한다는 꼬리표를 붙인다. 우리는 가르쳤지만 학습자들은 배우지 않은 셈이다.

이것이 학습자의 잘못인가? 정말 그럴까? 아니다. 학습자들이 배우지 않았다면 교사가 가르친 것 역시 없다. 우리는 학습자들에게 필요한 것이 아닌 형식적인 지도만 했던 것이다.

가정 환경 때문에 학습자들은 읽기 능력을 발달시킬 수 없었지만 학생들은 읽고 싶어했다. 학교에서는 인종, 민족, 경제적 형편 등을 고려하지 않고 오로지 나쁜 행동만 지적한다. 복도에서 장난치는 학생이나 교실에서 잘난 척 하는 학생, 도서관에서 잡기 놀이를 하는 학생들을 잡아 혼을 내는 일은 아이들에게 그 학생이 바보 같다는 인상을 심어주고 곧 이것은 그 학생을 왕따로 만들게 된다. 아이들은 읽기를 두려워하지만 실제로는 읽고 싶어 한다. 그러나 읽기가 직접적으로 다른 삶을 살 수 있도록 하지 않고 텔레비전보다 더 매력적인 도구라는 점을 알지 못하기 때문에 실제로 쉬운 책조차 읽으려고 하지 않는다.

그 크기가 작다고 해도 성공은 성공을 낳는다. 그래서 우리는 우리가 할 수 있는 일들에 최선을 다해야 한다. 안타깝게도 아이들 중 몇 명은 초등학교에서 읽기에 대한 실패만을 경험한다. 초등 3학년이 끝날 무렵에는 자신을 실패자로만 인식하고 결국 읽기를 하지 않게 된다. 그러나 읽기를 원했다면 읽을 수 있었을지도 모른다. 그러므로 읽기 싫어하는 독자라는 꼬리표보다는 읽기를 두려워하는 독자라고 칭해야 한다. 이 학생들에게 필요한 것은 비난이 아니라 읽기 성공 경험이다.

그런데 이 학생의 실제적인 읽기 발달이 정말로 느리다면 어떻게 할까? 그래서 정말로 책을 읽을 수 없다면? 그래서 바로 이 장의 내용이 필요한 이유이다. 돌치(Dolch, 1953)는 적극적인 계획이 필요하다고 하였다. "현재 수준에서 흥미로운 도서를 주어 성공적인 읽기 경험을 하도록 해라. 읽기는 재미있어야 한다. 읽기가 재미있으려면 쉬워야 한다. 읽기에 적절한 양도 중요한 요소이다(p.46-50)."

먼저, 학습자의 실제 수준을 파악해야 한다. 대체로 초등 3학년 수준이면 이야기책은 쉽다. 단편동화가 적당하다. 이때 동화책은 읽기의 기본적인 방법 즉 학생들이 학습하지 못한 방법을 적용할 수 있도록 하되 최대한 쉬운 것이어야 한다. 동화 읽기를 통해 읽기의 즐거움을 경험할 수 있도록 해야 한다. 또한 교사는 이 학생들을 도와주어야 한다. 텔레비전을 끄고 가정환경을 변화시킬 수는 없으나 흥미와 이야기의 즐거움, 교사의 격려 등으로 학생들의 독서에 대한 태도 변화를 유도할 수 있다.

그러기 위해서는 그러한 책을 만들어야 한다. 일반 동화작가들은 할 수 없다. 그렇다고 작가 몇 명에게 이러한 사정을 말하고 부탁할 수도 없다. 우리만 할 수 있다. 우리보다 학습자에게 필요한 독서를 더 잘 만들어 줄 사람은 아무도 없다. 실제로 아이들을 위해 여러 가지 자료를 만들었던 경험은 교사라면 누구나 가지고 있다. 우리는 책을 만들 수 있고 출판사도 찾을 수 있다. 사실 나는 몇 해 전에 이 일을 하기로 마음을 먹었고, 내가 처음 한 일은 학생들의 관심사를 파악하는 것이었다. 이를 바탕으로 나는 『우드랜드 갱』이야기를 썼다.


## 1. 어떻게 시작할까?

동화를 쓰고 싶지만 시간이 없다면? 하루에 33개의 어휘를 쓸 시간이 있는가? 오늘부터 쓰면 된다. 만약 하루에 33개 어휘로 쓸 수 있다면 연말에는 동화를 완성할 수 있다.

등장인물은 누구여야 하고 어떤 이야기로 써야 하는가? 대체로 읽기 능력이 부족한 학생들은 남자이기 때문에 여자가 등장하는 이야기에 대해서는 별 재미를 느끼지 않을 수도 있다. 그래서 영웅 남자 주인공에 여자 두 명 정도가 등장인물로는 적당한데 만약 여자 어린이를 위한 동화를 쓰고 싶다면 이와 반대로 등장인물을 설정하면 된다. 등장인물로는 마른 아이, 장애를 가지고 있는 아이, 여러 인종의 아이, 뚱뚱한 아이, 눈이 사시인 아이, 수줍어하는 아이 등 신체적 불편함이 있다면 더 좋을 것이다. 실패를 많이 경험한 아이들이 생각하고 관심 있는 것을 찾아 플롯을 만들어야 하는데 능력이 부족한 아이가 성공으로 가는 이야기가 주된 내용이어야 한다.

학생에게 제시해 주고 싶은 롤 모델이 어떤 것이 있을지 생각해 보라. 학생들이 어떤 사람으로 성장하고 싶은지를 생각해 보고(어린이를 사랑하는 마음, 깊이 생각하는 것, 사람들 사이의 차이점을 인식하는 것, 호기심, 배려, 읽기에 대한 흥미, 취미, 애국심 등) 그 자질을 주인공에게 부여하라. 대체로 읽기를 못하는 아이들은 냉대와 불친절을 많이 겪는다. 따라서 이야기에는 이러한 내용이 담겨야 하고 이러한 점에서 학생들에게 가장 영향력 있는 이야기가 될 것이다. 위대한 작품을 쓰는 것에 목표를 두지 않아야 한다. 어린이 등장인물을 만들고 흥미로운 세상을 만든 후 어려움에 처한 주인공이 자유를 만끽하면 된다.

배경이 중요한 이유는 여러 가지가 있다. 첫째, 배경은 즐거움과 도전이 일어나게 한다. 예를 들면 동굴, 나무, 말과 함께 있는 목장, 동물원, 서커스, 터널, 광활한 공간, 계곡, 언덕, 산, 버려진 빌딩들, 버려진 장소, 밤의 장소, 해변, 보트, 거대한 도시, 박물관, 강가, 학교, 그리고 작은 시골 마을의 집들도 배경이 될 수 있다. 이 외에도 교사의 개인적인 경험을 되짚어보면 배경으로 적절한 장소가 떠오를 것이다. 마음속으로 장소를 선명하게 떠올리고 등장인물을 그 위에 놓아본 후 주인공의 행동을 상상해 본다.

배경이 중요한 또다른 이유는 익숙하지 않은 배경에 대한 이해를 높일 수 있기 때문이다. 시리즈를 만들 때에는 이야기마다 새로운 배경을 만드는 것이 중요한데 이는 이야기가 더 좋은 장소로 옮긴다는 설렘을 줄 수 있다.

내가 사용한 어휘들은 다음과 같은 근거로 선정된 어휘들이다. 첫째, 기본 어휘 1000개에서 선택하였다. 이는 읽기를 어려워하는 독자들도 읽은 내용에 대해 내면화할 수 있도록 하기 위함이다. 둘째, 소리가 비슷한 여러 글자들도 이용하는데 대체로 자음이 비슷한 글자만 사용한다. 세 번째로 나는 읽기를 어려워하는 학생들도 쉽게 알 수 있고 추가적 정보가 필요 없는 낱말들을 사용했다. (가령, 유령이나 공룡에 대한 낱말이 이들에게 익숙하므로 친숙하고 "언제"나 "어디서"와 같은 질문에 답할 필요가 없다.) 만약 학생들이 잘 모르는 낱말을 써야 한다면 그 낱말을 여러 번 노출시켜 이야기를 다 읽은 후에는 그 낱말의 뜻을 명확하게 알고 그 낱말을 기억할 수 있도록 해야 한다. 만약 길이가 긴 낱말을 사용해야 한다면 발음 체계에 대해서도 알려주어야 한다. 예를 들어, 고고학자(archeologist)라는 낱말을 알려주려면 Are-key-OLoh-gist와 같이 알려주어야 한다. 공상적이고 발음하기 어려운 이름은 피해야 한다. 동화를 읽는 독자가 주인공의 이름을 정확하게 알지 못한다면 동화를 읽을 수 없기 때문이다.

문장이나 절(clause)의 사용은 독자에게 혼란을 일으킬 수 있다. 각각 일어난 사건들을 짧은 문장으로 나타내어야 한다. 복잡한 문장을 쓰는 경향이 있다면 스스로가 쓴 글을 읽어보고 문장 구조가 복잡하지 않은지 생각해야 한다.

읽기에 어려움을 느끼는 학생들은 누가 무슨 말을 하였는지 잊어버리는 일이 잦다. 그래서 어떤 등장인물이 어떤 말을 하였는지 분명히 말을 해야 한다. 아래의 예시를 참고하라.

---

〈불분명한 사례〉

존이 말했다. "어디에서 낚시를 할까?"

"저기 큰 나무 근처에. 전에 그곳에서 낚시를 해본 적이 있어" 라고 빌이 말했다.

---

<선명한 사례>

존이 말했다. "우리는 어디에서 낚시를 해야 하니?"
빌이 말했다. "저기에 큰 나무 근처에. 우리는 전에 그곳에서 낚시를 해본 적이 있어."

일반 독자에게는 꼭 이렇게 할 필요가 없지만 읽기 능력이 부족한 독자에게는 꼭 필요한 일이다. 무엇보다도 의미가 비슷하다면 하나의 낱말만 사용했다. 예를 들면 "asked"나 "exclaimed", "questioned", "explained"라는 말보다는 "said"라는 말만 사용하는 것이 그것이다.

문단도 짧아야 한다. 한 문단은 하나의 문장이나 혹은 두 개의 문장 정도로 구성하면 된다. 그 이유는 두 가지이다. 이야기 단위가 작으면 작을수록 내용을 이해하는 데 도움이 되기 때문이다. 즉 한 문장에 들어가는 정보가 작기 때문에 좀 더 분명하게 이해를 할 수 있도록 한다. 두 번째는 읽을 내용이 적다는 사실을 독자에게 심어줄 수 있기 때문이다. 긴 설명문 문단은 읽기를 어려워하는 학생들에게는 학습부담을 줄 수 있다. 행동과 대화만으로 이야기를 이끌어 나갈 수 있어야 하고 학생들이 흥미를 가질 수 있도록 한다. 만약 어떤 것을 묘사한다면 짧게 쓰거나 등장인물의 대화를 통해 묘사를 하면 된다. 혹은 새로운 문단을 만드는 것도 방법이 된다.

장(chapter)을 시작할 때에는 삽화로 시작하도록 하고 4~5개의 문장만 제시하도록 한다. 이것은 읽기를 어려워하는 독자에게 읽기 쉬운 책처럼 보이게 하는 효과가 있다. 마지막 장은 손에 땀을 쥐는 상황으로 전개하여 다음에도 더 읽고 싶다는 생각을 불러일으켜야 한다.

일반적인 크기가 책으로 적당하지만 무겁거나 어려워 보이지 않도록 해야 한다. 그래서 책은 가볍고 간단한 것이어야 한다. 『오즈의 마법사』의 첫 번째 출간 작품이나 『The Boxcar Children』[1] 시리즈의 책 무게를 생각해 본다면 도움이 될 것이다.

편집도 중요하다. 기본적인 어휘를 읽을 줄 모르는 학생들에게는 각각의 단어를 분리시켜 하나의 덩어리로 인식할 수 있도록 하는 것이 필요하다. 그래서 글자 간, 글자 사이, 그리고 어휘와 문장, 문장들 간의 간격이 적정해야 한다. 물론 예술적인 장치도 편집에 들어가야 한다. 예술적

---

1 『The Boxcar Children』; 네 명의 아이들(고아)이 빨간 박스카에 살다가 할아버지를 찾게 되는 이야기 (역자 주)

장치를 하게 되면 같은 내용이라도 더 흥미롭게 느껴질 수 있다.

보통 쓰려는 동화는 학생들에게 맞추어져 구성된다. 나의 경우 12000단어를 쓴 동화를 크게 13장으로 나누고 이는 모두 128쪽으로 구성하였다. 이와 같은 편집은 학생들이 매우 긴 소설을 읽었다는 느낌을 받으면서도 읽기에 대한 지루함을 느끼지 않는다.

종이 색깔, 윤기, 재질 역시 중요한 요소이다. 하얀색 밋밋한 종이보다는 진하지 않은 고동색이 고전적 분위기를 자아낸다. 너무 어두운 종이는 책을 오래되고 낡은 것처럼 보이게 한다. 너무 하얀색 종이는 불안정하고 단순하고 단조로워 보인다. 얇은 것보다는 부피나 무게가 있는 종이를 사용하는 것도 좋다. 왜냐하면 두꺼운 종이는 소설을 더 풍성하게 만들어 줄 수 있기 때문이다. 그리고 밝은 색으로 처리된 것보다는 무광 처리된 종이를 사용하면 훨씬 눈의 피로를 낮출 수 있다.

그림은 독자에게 읽는 동안 휴식을 주고 상상력을 자극할 수 있도록 한다. 그러나 너무 자세한 그림은 오히려 상상을 억제하고 피로를 높일 수 있다. 내가 쓰는 방법은 간단한 실루엣 그림, 주로 스케치한 듯한 느낌의 그림을 써서 글과 글의 내용을 조화롭게 하고자 한다.

책 표지는 읽기에 어려움을 가진 독자에게 여러 가지 면에서 매우 중요한 요소이다. 다른 독자들과 마찬가지로 읽기에 어려움이 있는 독자들도 책을 통해 즐거움을 얻고 싶어하기 때문에 책 표지는 책의 내용 중 독자에게 흥미를 불러일으킬 만한 내용이 담겨야 한다. 또 뒷표지 뒤에 제시한 문장은 한 두 개의 문장으로 제시되어야 하는데 그 부분을 읽고 독자가 책이 쉬울 것이라는 인상을 받을 수 있기 때문이다. 그리고 이 모든 부분을 통해 학습자는 이 책의 시리즈물이 모두 흥미진진한 내용을 쉽게 써 두었을 것이라는 예상을 할 수 있도록 한다.


## 2. 성공적인 동화 쓰기 방법

다음의 두 예시를 살펴보고 마지막으로 어떤 점에 주의하여 동화를 써야 하는지 생각해 보자.

오슬로의 웃음이 어느 새 소름끼치는 신음소리로 변하는 순간 그의 친구가 겨우 그곳을 탈출해 안전한 곳에 도착할 수 있었다. 그는 큰 소리로 "누군가 이 곳이 위험하다는 것을 알릴 때까지 우리는 모두 위험해요. 그러니까 모든 사람들이 그 짐승을 잡을 수 있게 한

곳에 모여야 해요."라고 외쳤다.

앞선 예시는 묘사하는 부분이 너무 많아 읽기에 어려움이 있다. 그리고 오슬로라는 이름도 너무 어렵다. 그래서 다음처럼 바꾸었다.

오스카는 웃고 있었다. 시간이 조금 흐른 뒤에 그의 웃음은 소름 돋는 신음소리로 변했다. 그의 친구는 벽 너머로 점프를 했다. 그는 오스카를 힘들게 움직여서 큰 집으로 옮겼다. 이제는 안전하다. 그의 친구는 말했다. 우리는 현재 이 곳에 머무를 거야. 우리는 기다려야 한다. 누군가가 경찰에게 알릴 것이다. 그 사나운 고양이를 잡기 위해서 모두 모여야 할 것이다.

## 3. 전망

교사가 만든 동화를 활용하여 읽기를 어려워하는 학생들을 지도하기 위해서 교사는 자신이 생각할 수 있는 모든 성공적 장치를 활용해야 한다. 지속적인 실패의 경험 때문에 학생들은 스스로 학습하는 것을 두려워한다. 실제로 이 학습자들에게 필요한 것은 읽는 방법을 배우는 것이 아니라 스스로 학습하는 것을 좋아하고 책 읽기를 좋아하는 것이다. 설사 그들이 좋은 독자가 될 수 없다고 해도 말이다. 좋은 동화를 이용한다면 학생들이 독서를 좋아하고 동시에 자존감도 높아질 것이다.

# 17장

# 교사의 태도 변화를 위한
# 독서 지도 컨설팅*

*Cara L. Garcia*

"엄청 힘들겠어!" 내가 이들을 만났을 때 든 생각이었다. 몇 명은 멍한 표정으로 앉아 있었고, 다른 몇 명은 책을 읽고 있었고, 또 다른 사람들은 잡담을 나누고 있었다. 그리고 그 중 일부는 감사하게도 학습을 하기 위한 준비를 하고 있었다. 이것이 부진아 학급의 모습이라고? 아니다. 우리가 흔히 만나는 교사 연수의 한 장면이다.

교사 연수를 할 때, 나는 항상 다음 내용을 고려한다.

- 능력 개발 연수를 시간 낭비로 생각하는 교사가 있다(Rubeck, 1978).
- 학교는 끊임없이 교사에게 전문성을 신장하도록 요구한다(Ost & Ost, 1988).
- 매슬로우의 욕구 단계에서 높은 단계(자아 실현 욕구 단계)에 있는 교사들은 자율적으로 연수를 받으려고 하지만, 낮은 단계(안전에 대한 욕구 단계)에 있는 교사들은 자율

---

* 컨설팅이란 특정 분야에 전문적인 기술과 지식을 가진 전문 상담가가 컨설팅 대상자에게 상담을 통해 도움을 주는 것을 말한다. 교육, 사업 경영 등 다양한 분양에서 실행되고 있으며 문제 분석을 통해 해결 방안을 제시하는 일종의 전문적 서비스라고 볼 수 있다. 수업 컨설팅은 수업에 관련된 문제를 해결하거나 교사의 전문성을 계발하기 위해 수업 전문가인 컨설턴트가 조언을 제공하는 활동이다. (역자 주)

적으로 연수를 받으려고 하지 않는다(Hopkins, 1990).
  • 학교의 변화는 바로 교사로부터 시작된다.(McLaughlin, 1990)

    컨설팅에서 가장 중요한 요소는 '변화'에 대한 교사의 태도이다. 교사마다 변화에 대한 태도가 다르다. 교사 연수를 긍정적으로 생각하는 교사도 있고, 아닌 교사도 있다. 교사가 교실에서 수업할 때 학급 학생들의 다양한 태도를 고려해야 하는 것처럼 컨설팅 위원도 컨설팅을 받는 교사들의 태도를 고려해야 한다.

## 1. 교사의 태도를 고려한 수업 컨설팅의 중요성

    문학 중심 독서교육, 과정적 글쓰기, 총체적 평가 준거, 발생적 문식성(emergent literacy)[1], 창안적 글자쓰기(invented spelling)[2], 포트폴리오 평가, 컴퓨터를 이용한 간단한 인쇄물 발행, 하이퍼미디어를 통한 비선형 독서 경험—이것들은 모두 우리가 독서를 가르치고 교육 내용을 체계화하고 평가하는 방법에 영향을 준다. 이러한 모든 변화들은 지금 매우 빠른 속도로 이루어지고 있기 때문에 이 모든 것을 알기 위해서는 많은 노력이 필요하다. 나아가 이러한 변화들은 결코 사소하지 않다. 이것은 전통적인 방법에 기반한 교사 중심 지도 방법에서 학생과 교사가 함께 학습의 방향과 속도를 결정하고 평가를 실시하는 학생 중심 지도 방법으로 옮겨감을 의미한다.
    학생 중심 지도 방법에서 교사는 학생이 비판적으로 사고하여 학습 문제를 해결할 수 있는 잠재력을 가지고 있다고 믿는 조력자이다. 학생 중심적인 교사들은 주로 프로젝트 학습과 협동학습을 적절히 혼용한다. 이 교사들은 프로젝트의 주제를 선정하고 교수의 방향을 정하기 위해 학생들과 토의하고, 학습 속도를 결정하거나 과제를 평가할 때에도 학생들의 의견을 고려한다.
    요약하면, 독서 교육의 새로운 변화는 교수 학습 방법뿐만 아니라 자아개념도 변화시킨다. 이는 우리의 정체성에 영향을 주는 두 가지 학습 이론, 즉 성격이론과 교육심리학이론이 교차하는

---

1 발생적 문식성(emergent literacy): 유아들의 읽기, 쓰기 발달 정도를 일컫는 말. 글자가 있다는 것을 아는 것부터 정확하게 글자를 읽고 쓰는 능력까지 모두 아우르는 말. (역자 주)
2 창안적 글자쓰기(invented spelling): 아이들이 만들어 낸 글자. 글자의 형태나 의미를 담아 아이들이 개별적으로 만들어 낸 글자임. 따라서 글자의 형태나 의미가 아이별로, 시기별로 모두 다름. (역자 주)

지점이다. 이러한 강력한 영향이 수업 컨설팅과 관련되는 것은 당연하다.

열정적이고, 변화에 개방적이고, 학생 중심적인 교사들은 독서 교육의 새로운 패러다임을 따라잡기 위하여 노력한다. 그러나 열정이 없고, 변화에 거부감이 있고, 학생 중심적이지 않은 교사들은 위협받고, 압도당하고, 뒤처져있는 상태를 느낄 수밖에 없다.

학생 중심 교육으로의 변화가 위협으로 받아들여질 수 있으므로, 교육 패러다임의 혁신이 수업 실천에 지속적인 영향을 미치기 위해서는 수업 컨설팅이 수요자 중심으로 이루어져야 한다. 수요자 중심 접근은 칼 로저스(Carl Roges, 1969)의 인간 중심 심리학에서 인용한 용어이다. 심리학과 교육에서는 적극적이고 반응적인 듣기를 인간 의사소통의 특징으로 본다. 적극적이고 반응적인 듣기는 남을 돕는 직업에 종사하는 모든 사람들에게 절대적으로 필요한 의사소통 기술이다. 심리학자들은 내담자가 그들의 문제를 표현하고 해결 방법을 생각해 낼 수 있도록 적극적 듣기를 사용한다. 그들은 충고하지 않는다. 대신 내담자들이 갖는 생각의 속도와 방향을 따르고, 궁극적으로 문제를 해결할 수 있는 사람은 자기 자신이라는 신뢰를 내담자에게 반영한다. 그들은 치료 기간 중에 내담자가 해결책을 찾았는지, 그 해결책에 대하여 만족을 느끼는지 주기적으로 점검한다. 결국 치료(therapy)에 대한 평가에 내담자가 참여하는 것이다.

교육 분야에서 수요자 중심 접근은 학생 중심 교육과 성격이 동일하다. 그리고 수업 컨설팅에서 수요자 중심 접근은 컨설팅 위원이 컨설팅 방향을 정할 때 교사를 포함시키는 것을 의미한다. 컨설팅 중에 교사에게 지속적인 피드백을 요청하여 내용을 재조정하고 평가 설문에서 교사의 응답을 참고하는 것이다. 따라서 이 방법은 개별화 수업의 한 유형이다. 교사들은 자신의 흥미와 학습 속도에 따라 컨설팅에 참여하며 컨설팅 위원에게 지식을 어느 수준까지 제공 받을지 결정해야 하기 때문이다.

## 2. 수업 컨설팅의 예: 알함브라 학교 프로젝트

알함브라 학교는 캘리포니아 주 LA 도심가의 동쪽에 위치하고 있다. 이곳은 다문화 가정이 많고 대부분 중산층이며, 이주율이 낮다. 1987년 에머리 파크(Emery Park) 초등학교와 알함브라 고등학교는 과학기술 프로젝트 모델을 설립하도록 지원을 받았다. 프로젝트의 주제는 "학생 중심의 풍부한 기술 환경 제공"이었다. 페퍼다인(Pepperdine) 대학교가 이 프로젝트의 공동 수

행자였고 나는 수업 컨설팅의 컨설팅 위원으로 참여하였다.

프로젝트의 수업 컨설팅에는 교사들도 참여하였다. 교사 주도적이고 텍스트 중심 교수법 대신, 협동 학습과 문제 해결을 위해 기술(technology)을 활용한 학생 중심 교수법을 수업에 적용할 수 있도록 하는 것이 컨설팅의 목적이었다.

교사들은 학문적 철학의 변화를 받아들이고 교과 과정에 기술을 통합해야 한다는 요구에 다소 당황스러워했다. 다음 상황은 컨설팅에서 만날 수 있었던 가장 일반적인 사례이다.

스미스 선생님은 학생들과 함께 뉴스를 만들어 보려 한다. 먼저 이 교사는 학교에 상주하는 기술 지원팀의 도움을 받아 프로젝트를 계획했다. 지원팀은 교사에게 카메라 조작법을 알려주고 혹 문제가 생기면 도와준다고 하였다. 또 교사가 계획하고 있는 수업의 프로젝트가 국가교육과정 및 주(州) 교육목표와 어떻게 관련이 있는지도 알려주었다. 컨설팅 위원은 교사에게 언제 이 수업이 가능할지 물어보았고, 교사는 장비를 능숙하게 다루게 되는 시점을 예상하여 날짜를 정하였다.

이 단계를 거치면 교사는 교실 적용 단계에 들어서게 된다. 교사는 학생들에게 프로젝트에 대해 설명하고 학생들을 소집단으로 나눈 후 뉴스 대본을 쓰게 하였다. 학생들은 컴퓨터실에 가서 대본을 작성했다. 그런데 대본 작성 수업을 두어 차례 더 했는데도 뉴스 대본이 완성되지 못했다. 교사는 컨설팅 위원에게 이 상황이 통제가 되지 않는다고 털어놓았다. 그리고 이 수업을 하는 데 생각보다 훨씬 더 많은 시간이 걸린다고 걱정했다.

컨설팅 위원은 교사의 마음 속에 '진도가 늦더라도 프로젝트를 잘 진행할 수 있을 것이라는 기대와 시간도 많이 걸리는데 기대했던 성과보다 훨씬 못한 결과물이 나올지도 모른다는 불안이 공존하고 있다'라고 표현해 주었다. 그 후에 컨설팅 위원은 프로젝트 완료 시점을 정하게 하였다. 그러자 스미스 선생님은 안도감을 느낄 수 있었다. 그리고 컨설팅 위원은 학생들이 이 활동을 통해 배우는 것이 기대 이상으로 많을 것이라는 점을 교사에게 일깨워 주었다. 그래서 교사는 이 활동의 중요성을 인식하고 다시 편안하게 자신의 수업을 하게 되었다. 교사는 뉴스를 촬영하는 날 컨설팅 위원에게 교실을 방문해 줄 것을 요청했다. 이것은 학생들을 더 철저히 준비시키기 위해 교사 스스로 동기를 부여하는 것처럼 보였다.

교사는 학생 개인이나 소집단별로 대본, 분장, 카메라, 음향, 조명의 역할을 부여하였다. 학생들은 자신의 역할을 수행하면서, 뉴스 제작에서 고쳐야할 점을 논의하고 수정하였다. 이러한 활동은 수업에 대한 학생들의 흥미를 불러일으켰다. 컨설팅 위원의 조언에 따라 교사는 학생들이 제작한 뉴스를 다른 학급에도 상영하였다. 교사는 이 수업이 얼마나 잘 이루어졌는지 학생들과 토의하였다. 교사 평가와 함께 학생 자기 평가도 이루어졌다.

다음 단원에서 교사는 계획 수립 및 일정 조정, 영상 제작에도 학생들을 참여시켰다.

지난번 활동을 통해 학습한 대로 학생들은 스스로 학습의 방향을 결정하고, 학습의 속도를 조절했다. 교사는 컨설팅 위원과의 대화를 통해 예상보다 학생들이 훨씬 더 많은 것을 할 수 있다는 것을 발견했다고 하였다. 또한 교사 주도의 수업을 포기하는 것이 쉽지 않다고 했다.

두 번의 프로젝트를 마친 후, 스미스 선생님은 영상 제작 수업 프로젝트의 전문가가 되었고, 그것을 초임 교사들에게 적극적으로 안내하였다.

이 예는 수요자 중심(client-centered) 컨설팅의 본보기를 보여준다. 교사는 수업 컨설팅의 학생이 되어, 컨설팅 위원으로부터 다음과 같은 지도를 받았다.

- **자기 주도(self-direct)**
  추구하는 관심 분야를 선택하여, 기술을 다루고 학생 중심으로 수업을 계획하는 역량과 제재에 대한 지식을 자기 주도적으로 쌓아라.
  스미스 선생님은 프로젝트를 위해 캠코더, CD, 그리고 워드프로서서 사용법을 배웠다. 그리고 그녀는 데이터베이스, 스프레드시트나 다른 기술 또는 학생 중심을 실현할 수 있는 새로운 수업 방식에 대해 배우기 전에, 프로젝트에 필요한 역량과 지식을 쌓았다.

- **자기 조절(self-pace)**
  계발 모델과 혁신적인 교수 활동, 그리고 초임 교사를 안내하는 단계를 스스로 조정하라.
  스미스 선생님은 초보자로서 이 프로젝트를 수행하는 데에는 몇 주가 필요했지만, 다른 동료를 도와주기 위해서는 몇 달이 필요하다고 판단하였다.

- **자기 평가(self-assess)**
  기술을 능숙하게 다룰 수 있는지, 학생 중심으로 수업 계획을 짤 수 있는지, 제재에 대해서 풍부한 지식이 있는지 교사 자신을 평가하라.
  스미스 선생님은 자신이 뉴스 제작 초보자에서, 중급자, 그 다음으로 전문가가 되었다고 평가했다.

수요자 중심 수업 컨설팅은 교사와 교사가 해결하려는 문제가 얼마나 긴밀한가에 따라 달라질 수 있다. 이러한 연수는 기본적으로 교사가 학생들의 능력을 인지할 수 있을 것이라고 기대하며, 수업의 지속적인 변화를 이끈다. 이는 수업의 패러다임이 실증주의에서 상대주의로 변화하였고, 객관주의에서 구성주의로 변화하였음을 의미한다.

## 3. 수업 컨설팅의 전제

내가 진행하는 수업 컨설팅에서 컨설팅 위원과 교사 사이에서 일어나는 대화는 주로 교사가 학생 중심적 사고로 전환하고 있는지를 점검하는 도구가 된다. 교사의 성장을 촉진하는 과정에는 다음과 같은 요소가 포함된다. 단, 이 요소들은 선형적으로 진행되는 것은 아니다.

- 문제에 대한 교사의 인식을 확인하라. 교사가 딱히 한 쪽의 입장을 고수하지 말고 장단점을 명확하게 파악하도록 하라.
  스미스 선생님은 "이 프로젝트가 가치가 있다는 것을 알지만 시간이 많이 걸린다."는 점을 고민했다.
- 문제의 모든 부분이 균형을 이루도록 논의를 이끌어라.
  스미스 선생님은 여러 가지 문제로 고민을 하고 있었다. 만약 기한 설정이라는 방법을 생각하지 못했다면 수업을 진행하는 내내 괴로워했을 것이다.
- 딜레마의 각 양상을 충분히 검토하여 통합할 수 있도록 하라.
  스미스 선생님은 학생들이 이 수업을 통해 얼마나 많은 학습을 하고 있는지 생각해 봄으로써, 프로젝트의 효과를 인정하게 되었다. 이후에 교육과정에 더욱 적합한 교육내용을 마련하기 위해 노력했고, 학생 중심 수업의 효용성과 영향력을 인식하였다.
- 딜레마에 대한 교사의 인식과 고민은 통합된 결과물을 산출할 수 있음을 기억하라. 교사 스스로 해결책을 찾을 수 있다는 것을 믿어라.
  "다른 선생님이 당신을 도울 수 있어요." 또는 "모든 사람이 처음에는 두려워하지만, 극복했어요. 당신도 그럴 거예요."와 같은 제안이나 충고보다는 "선생님이 생각하는 속도에 따라 수업을 조정해 보면 어떨까요?"와 같은 질문이 더 효과가 있다.

위와 같은 변화 과정은 역설 모델(paradoxical model)에서 나왔다. 역설 모델은 심리치료사들이 심리치료에 일반적으로 사용하는 가장 인본주의적인 형태이다. 역설 모델은 모국어 교육에 관심이 있는 교사들에게 자연스럽게 사용되고 있지만, 교육 맥락에서는 자주 사용되지 않는다. 변화 과정에는 통합을 촉진하기 위해 딜레마의 '명제'와 '반대 명제'를 검토하는 것이 포함된다. 형태주의 이론에 따르면 딜레마의 한 명제를 뒷받침해 줄 경험이나 자료가 없을 때 그것은 배경으로 사라지고, 딜레마의 반대 명제가 부각된다. 그리고 사람들이 명제와 반대 명제를 양쪽 다 지속적으로 검토한 후, 자신의 욕구를 최적으로 충족시키는 방향으로 통합한다(Perls, Hefferline & Goodman, 1951). 이것이 변화의 역설 이론이다.

변화의 역설 이론에 따르면 사람은 그가 실현되어야만 한다고 생각하는 한쪽 명제만 따르는 것이 아니라, 딜레마의 명제와 반대 명제를 통합함으로써 변화한다(Beisser, 1971). 변증법적 과정은 현대 인지심리학의 기원 중 하나인 형태심리학에서 많이 활용되는 모델이다. 변증법은 논쟁을 해결하는 모형과 유사하지만 둘 사이에는 중요한 차이점이 있다. 그것은 갈등의 한 측면은 인식되며(명제), 다른 측면은 인식되지 않는다(반대 명제)는 점이다. 안내를 통하여 반대 명제를 인식할 수 있고, 이것으로 갈등을 명확하게 하여 갈등이 해결될 수 있다.

변증법적 과정은 형태심리학 치료에 기반을 둔다. 이것은 지시보다는 촉진(격려), 충고보다는 대화, 내용보다는 과정을 필요로 한다. 명제와 반대 명제를 생성하고, 경험하고, 해결할 수 있도록 도와줌으로써 통합할 수 있는데, 이때 내용이 아닌 과정이 통합의 조력자 역할을 하게 된다. 이러한 과정을 통해 개인은 자신만의 대안과 해결을 만들어낸다.

대체로 교사는 딜레마의 한 쪽 명제만 인식한 후 대화를 시작한다. 조력자가 제 역할을 다 하지 못한다면, 개인은 대안에 대한 탐색 없이 문제에만 빠지게 된다. 교사는 문제가 해결되지 못한 사태에 불만족스럽게 남아있게 된다. 그래서 자신이 원하는 것이 무엇인지 정확하게 알지 못한 채, 여러 번의 시도만 하게 된다. 이런 현상은 특히 과도하게 불평하거나 완벽주의를 추구하는 사람들에게 나타난다.

앞의 예에서, 만약 스미스 선생님이 오로지 혼란, 통제의 어려움, 시간 부족에만 초점을 맞추었다면, 기술을 활용한 수업은 좋지 않다거나 준비해야 할 것이 매우 많다고만 생각했을 것이다. 그리고 원래 계획에 차질이 생겼다고 여기고 "기술적 어려움 때문에" 프로젝트를 줄이거나 그만둔다고 하였을 것이다. 그러나 컨설팅 위원을 통해 그 프로젝트의 중요성을 재인지할 수 있었다. 시간 문제로 고민할 때 기한을 설정함으로써 그 문제를 해결할 수 있었다. 교사들에게 이러한 갈등은 드물지 않다. 반드시 원래 계획에 따라 교육과정을 운영해야만 한다는 믿음 때문에, 원래 가르치고자 하였던 목표를 놓치는 경우가 많다.

딜레마의 해결을 촉진하기 위해서는 인식 범위를 넘어서서 개인의 경험을 더 확장해야한다. 이는 교사가 있는 곳을 출발점으로 하여, 반대 명제를 인식하고 통합으로 나아감을 의미한다.

## 4. 수업 컨설팅의 실제

### [수업 컨설팅 사례 1] 새로운 패러다임을 표면적으로 이해한 교사를 위한 컨설팅

다음은 직관적으로 학생 중심 교육을 이해하고 있는 초등학교 교사의 사례이다. 이 교사는 국어, 수학, 과학, 사회과 수업을 통합하여 지도하고 있었고, 자기 주도, 자기 조절, 자기 평가에 학생들을 참여시키는 것에도 어려움을 느끼지 않았다. 다만 이 교사는 왜 이 방법으로 가르쳐야 하는지에 대해서는 의문을 가지고 있었다.

이 교사가 학생 중심 교육의 본질을 이해하도록 하기 위해서, 컨설팅 위원은 교사의 전문적인 결정을 검증하고, 교수 방법에 대한 이론적 기반을 제공하고, 의식적으로 그것을 인지하도록 해야 한다. 또한 평소 교사가 사용하는 프로젝트 기반 교수학습에 기술을 통합하여 지도하도록 해야 한다.

드레이퍼스와 드레이퍼스(Dreyfuss & Dreyfuss, 1986)는 전문가는 행동으로 이론을 설명할 수 있는 사람이라고 하였다. 이 교사가 전문성을 입증하기 위해서는 교수학습 활동으로 학생 중심 교육 이론을 설명할 수 있어야 한다. 아래 제시된 대화는 컨설팅 위원이 교사의 문제를 듣고 분명히 표현해 줌으로써, 교사가 명확히 문제를 인식하도록 하는 과정으로 진행되었다.


상황

교사는 방금 '우주'에 대한 수업을 끝냈다. 교사도 학생들도 완벽했다. 학생들은 우주에 대한 책을 읽고 우주에서의 생활에 대해 토의했다. 또 동영상을 이용해 우주의 절단 공간(space clips)에 대해 논의했다. 그 후에 캘리포니아의 록웰(Rockwell) 우주 시스템에 견학을 가서 캡슐 안에 들어가 보았다. 그리고 다른 학급 학생들과 함께 거대한 우주 정거장 벽화를 그렸다.

> 컨설팅 위원: 학생들이 스스로 선택해서 하는 활동이 많았으니 자기 주도(self-direction)
> 라고 할 수 있겠네요.
> [교사가 학생 중심 교육 철학에 대해 모호하게 인식하고 있는 점을 이끌어내고자 하며][3]

---

3 [  ] 안은 저자가 컨설팅 위원과 교사의 대화를 해설한 내용이다. (역자 주)

교사: 네.

컨설팅 위원: 자기 조절, 음… 학습 속도 조절은 어떻게 하였지요? 학생들 스스로 자신의 학습 속도에 대해 교사와 소통하였나요?

교사: 제가 무엇을 할지 말했을 때, 아이들이 "또 해요?"라고 말하면 수업 진행 속도를 늦춰야 합니다. 그러면 제가 아이들에게 "그래, 그럼 뭐가 필요하지?"라고 말하면 아이들은 "지루해요."라고 말할 거예요.

그러면 저는 "그래 어디 한 번 보자"라고 말합니다. 즉, 왜 아이들이 지루해 하는지 보겠다는 뜻이지요. 어떤 아이들이 모든 재료를 독차지해서 다른 아이들이 작업을 못하게 해서 지루해 할 수도 있거든요. 그러니까 그 아이들이 하는 말을 온전히 그대로 받아들이면 안 됩니다. 아이들이 언제나 진실을 말하지는 않지요.

[이 말을 자신있게 한다. 그녀는 학생들과 어떻게 의사소통을 해야 하는지 알고 있으며 어떻게 교사가 반응해야 하는지도 알고 있다.]

컨설팅 위원: 선생님은 진실을 확인하시고 싶어 하시네요.

교사: 네. 그리고 어쩌면 컨설팅 위원께서는 "매우 좋습니다. 당신이 할 수 있는 만큼 했네요."라고 느낄지도 몰라요. 혹 아이들이 더 넓은 범위에서 생각할 수 없다면 컨설팅 위원께서는 "너무 많아요."라고 말할 수도 있어요. 그럴 경우에는 학생들이 혼란을 느끼겠지요.

컨설팅 위원: 혹은 학생들이 길을 잃고 큰 그림을 보지 못할 수도 있구요.

교사: 맞아요. 그리고 학급마다 서로 다르다는 것도 아셔야 하구요. 지난해에 맡았던 학급처럼 정말로 세세한 부분까지 다루는 것을 좋아하는 학급도 있지만, 이 학급은 그렇지 않아요.

[여기서 다시, 초등교육의 다양한 수준에 대해 강하고 확고한 인식을 가지고 있음을 보여 주었다.]

컨설팅 위원: 자기 스스로 학습을 주도해 나가는 학생들이 하는 말을 잘 살펴보면 자기 평가 요소가 포함된 경우도 있어요. 어떤 것을 선택할지 결정하는 것처럼 자기 조절(self-pacing)도 마찬가지입니다. 더 선호하는 학습 속도가 있을 수 있지요. 가령 "이것을 다시 해야 할까?" 같은 것이죠.

교사: "다 끝났니? 다 되었어? 이것이 우리가 동영상에서 본 것 같니?"라고 물어보아야 하지 않을까요? 우리가 "학생들이 원하는 것에 대해" 이야기를 더 해야 한다는 말입니다. 내 말을 듣고 학생들은 더 해보려고 시도한 뒤, "네, 이제 좀 더 나아 보여요."라고 말합니다. 나는 영상으로 한 번 더 보여줬어

야만 했는데, 그건 하지 않았어요.

컨설팅 위원: 그럼 제가 다음 질문을 해 볼게요. 만약 선생님이 다시 한 번 이 수업을
한다면 어떻게 다르게 하실 것인가요?

이 교사와 함께한 수업 컨설팅에서는 딜레마에 대한 탐색이 필요하지 않았고, 모순을 끌어내거나 명제와 반대 명제를 통합하는 데 어려움도 없었다.

## [수업 컨설팅 사례 2] 새로운 패러다임에 한계를 두는 교사를 위한 컨설팅

다음 상황은 딜레마가 얼마나 미묘해질 수 있는지, 그것을 이해하는 데 얼마나 많은 시간이 걸리는지 보여준다. 그리고 통합이 일어나기 전 명제와 반대 명제를 이끌어내는 대화를 보여준다.

### 상황

교사 휴게실에서 컨설팅 위원은 자신과 함께 수업 모듈을 개발하고 있는 고등학교 외국어 교사와 학생 중심 교육에 대해 이야기를 나누기 시작했다. 이 교사는 학생 중심 교육이 특정 영역에서 한계가 있다는 글을 쓴 적이 있다.

컨설팅 위원: 우리가 모듈을 개발하면서 의견이 충돌했던 부분에 대해 잠깐 이야기를
나누어 볼까요?

교사: 물론이죠. 당신이 이 보고서들에 대한 평가를 하지 않는다면요.

컨설팅 위원: 선생님이 지난번에 쓴 글에 대해서 말하고 싶어요. 혹시 제가 잘못 이해하
고 있다면 말해주세요. 학생 중심 교육이 어떤 점에서는 한계가 있다는 생
각은 이해합니다. 그런데 선생님이 실제로는 학생 중심 접근으로 수업하고
있으니 당황스럽습니다.

교사: (웃으며) 음, 학생 중심 수업은 시간이 많이 걸립니다. 그 과정에서 학생들
이 많은 것을 배우지만 외국어를 배우지는 못합니다. 학생 중심 수업은 문
화적인 것에 더 잘 어울립니다.

[이 수업의 한 측면은 프로젝트에 활용되는 기술이고, 다른 한 측면은 학습 내용인 언어
이다. 이 각각은 고유한 철학적 기반이 있다.]

예를 들어, 내가 컴퓨터실에서 학생들을 데려가도, 그들은 국어로 글을 씁

니다. 외국어로 쓸 능력이 갖춰지지 않았기 때문이죠.

[글쓰기 과정을 통해 외국어 습득이 늘어난다는 증거는 없다. 이 교사는 아마 학생들이 자신의 글을 참고자료로 사용하도록 하였을 것이다.]

교사로서 나는 많은 활동들을 해 왔습니다. 그렇지만 언어를 배우는 것은 단지 수업의 일부분입니다. 나는 재미있게 수업하기 위해서 영화를 찍고, 현장학습을 가고, 보고서를 쓰도록 했지요.

[교사가 생각하는 언어 외 활동은 모두 "교과 외" 활동이다.]

내가 이걸 넘어서야 할지 잘 모르겠어요.

컨설팅 위원: (동의하듯 끄덕이며) 이해합니다.

교사: 저는 문법도 가르쳐야 하니까 모든 수업을 학생 중심 수업으로 하지 않았어요. 나는 언어를 학습할 때에는 협동 학습이 좋은 방법이라고 생각하지 않습니다. 습관이 될 때까지 언어는 반복 연습을 해야 합니다.

[이런 생각에 깔린 기본 전제는 다음과 같다. ① 학생 중심 교육은 너무 느리고 교육과정의 내용을 다루기에 적절하지 않다. ② 언어 학습은 직접교수법이 적당하고 학습자들끼리 상호 교수하는 것은 올바르지 않다.]

컨설팅 위원: 선생님은 학생 중심 교육의 가치도 인정하시고 직접교수법(teacher direct-edness)의 필요성도 인정하시면서 양쪽을 다 적용하고 계시네요.

[교사가 말한 것을 다시 반영하려고 애쓰며.]

교사: 저는 캘리포니아에서 30년 동안 가르쳤는데 학생 중심 교육도 하나의 유행이지 않을까 싶어요. 우리는 학생들에게 도움이 되는 장점만 취하면 되지요. 그래야만 학생들은 새로운 사회에 대한 준비를 할 수 있으니까요. 사실 저는 학생 중심 교육에 대한 실제를 보지 못했어요. 그냥 그 결과를 문서로 작성한 것만 읽었어요.

[이 반응은 방어적으로 보인다. 그러나 교사의 목소리는 전혀 방어적이지 않았으며 온화하다.]

그리고 나는 어휘와 문법을 포기할 수 없어요. 어휘와 문법을 알아야만 언어를 이해할 수 있어요. 사실 말로만 하는 수업을 좋아하지는 않아요. 저는 학생 중심 교수법을 오래전부터 사용했다고 생각해요. 그렇게 명명되기 전부터 저는 협동학습을 사용해 왔어요.

[협동학습에 대한 이 교사의 의견은 양면성이 있다. 초반에 이 교사는 협동 학습에 비판적이었지만 지금은 협동학습에 찬성하고 있다.]

잘난 척 하는 것은 아니에요. 사실 저는 엄한 교사라는 평판이 있어요. 제 수업은 외국어 이외에도 많은 것들을 해야 하기 때문에 학생들이 힘들다고 해요.

[내용은 방어적으로 보이나 어조는 그렇지 않다.]

문법을 알아야 하지만 언어를 즐겁게 배우기도 해야 합니다.

컨설팅 위원: (잠시 멈춘다) 이해합니다. 선생님의 말씀 한 번 더 생각해보겠습니다. 다음에 또 이야기를 나눌 수 있지요?

[교사가 학생과 교육과정에 대해 혼란을 느끼기 보다는 마음을 터놓았다는 것에 감사한 마음이 들었다.]

교사: (어깨를 으쓱하며) 물론이죠.

다시 살펴보면 이 교사는 학생들이 언어를 습득하기 위해서는 그들보다 훨씬 많은 지식을 가진 전문가가 필요하고 교사 중심 지도법이 필요하다고 인식하고 있다. 그리고 행동주의에서 강조하는 습관 형성을 통해 언어 지도가 이루어진다고 생각하고 있다. 모든 학생이 전문가 없이 동료의 도움만으로도 모국어를 습득할 수 있다는 인지 심리학적 사실을 제시했어도, 이 교사는 시간이 많이 걸린다는 반대 의견을 냈을 것이다. 다시 말해 이 교사는 학생 중심 교수법을 사용하여 언어를 배우는 것이 가능할 수도 있지만 고등학교 수업 시간 중에는 불가능하다고 판단한 것이다.

이 교사에게 외국어 지도 방법을 변화시키는 일은 쉽지 않을 것이다. 학생 중심 지도 방법을 가능한 많이 사용해야 한다고 생각하지 않기 때문이다. 교사는 학생 중심 지도가 가능한 경우도 있지만, 자신의 경우에는 해당되지 않는다고 이미 결론지었다. 그럼에도 불구하고 컨설팅 위원은 외국어 학습을 위한 사이트에 가입하여 지도해 보면 어떻겠냐고 권유해 보았다. 또한 "학생들이 알지 못하는 사람에게 편지 쓰기"를 과제로 내면 어떻겠냐고 권유해 보았다. 컨설팅 위원은 편지 쓰기를 통해 문법과 어휘 학습이 이루어지는지를 관찰할 것이다. 컨설팅 위원은 실제로 학습이 이루어질 것이라고 믿고, 이 프로젝트가 직접 교수법보다 어떤 점에서 체계적이지 않은지 교사와 토의할 것이다.

이 교사는 더 활동적이고 학생 중심적인 수업을 하지만, 그러한 활동이 "표면적"이고 "지엽적"이라고 생각하는 이중적인 태도를 보이고 있다. 이 교사가 언제 어디서 얼마나 학생 중심 수업을 원하는지를 알기 위해서 대화를 계속 진행하였다.

## [수업 컨설팅 사례 3] 새로운 패러다임을 거부하는 교사를 위한 컨설팅

다음의 예는 진정한 자기 주도(self-direction)가 아닐 때 교사가 느끼는 변화의 과정이 얼마나 위협적이고 혼란스러운지 보여준다.

학교 관리자가 컨설팅 위원에게 한 특수 교사를 만나보도록 요청하였다. 그 교사의 학생들은 수업 시간에 교실에서 컴퓨터를 사용하고 싶어했다. 학교 관리자는 이 교사가 초등학생을 위한 컴퓨터 언어 학습 프로그램에 관심이 있을지도 모른다고 하였다.


상황

컨설팅 위원은 교사휴게실에 있는 교사에게 다가간다.


컨설팅 위원: 안녕하세요? 선생님께서 언어 경험 수업을 위해 소프트웨어를 활용 하고 싶어 한다고 들었어요.

교사: 네? 저는 학생들이 컴퓨터를 사용하는 걸 본 적이 없어요.

[이것은 수업 방법의 변화를 거부하는 말이다.]

컨설팅 위원: 하지만 학생들이 커서 직업을 가질 때에는 컴퓨터를 사용하지 않을까요? 현재 우리가 처한 상황에서, 특수 교육에서 무엇을 가르쳐야 하는지에 대한 관계자들의 요구가 있을 것입니다. 우리는 그들의 요구에 부응할 필요가 있습니다.

[약간 위협적인 표현을 만들어]

교사: (마지못한 어조로) 네, 저도 압니다.

컨설팅 위원: 옆 반 선생님의 이야기를 들으니 선생님께서는 언어 경험 교육에 관심이 많다고요? 혹시 학생들끼리 모둠을 만들어 이야기를 받아 적게 하고 그것을 소책자로 만들거나, 학습지를 하는 대신 시각 어휘 사전을 만들어 보거나 하면 어떨까요?

교사: 아니오, 우리 반 학생들은 다 읽을 수 있어요. 그리고 워드도 다룰 수 있고요. 저는 학생들과 해야 할 프로그램이 따로 있어요. 대체로 학생들은 각 반 교사들이 부여한 개별 과제를 하지만 저는 "시민의식" 프로젝트를 같이 하고 있어요. 대부분의 학생들은 프로그램을 완료했고요.

["나는 다르다"는 표현은 다른 대접을 요구하는 것이다. 이는 프로젝트의 목적에 따르지 않으려는 것을 의미한다.]

컨설팅 위원: 그럼 다음 수업에서 언어 경험 프로그램을 사용해 보시면 어떨까요? 그리고 어떤 것이 더 좋은 방법인지 비교해 보세요. 과제를 해 오지 않은 학생들에게 언어 경험 프로그램을 사용하시면 훨씬 더 큰 효과를 얻으실 수 있을 거예요.

[교사가 원래 사용하는 전략이 모든 요구를 충족하지 못한다는 점과 그 요구가 어떻게 다음에 충족될 수 있는지를 지적하며]

교사: 네. 그렇지만 언제 다시 프로젝트를 하게 될지는 모르겠어요.

[풀죽은 소리로, "네…아니오"라고 하며 동요를 보였다]

컨설팅 위원: 원하지 않는다는 말씀이신가요?

["네" 혹은 "아직은"과 같이 한 쪽 입장을 명확하게 선택하기를 원하며]

교사: (조용히, 탁자를 내려다보며) 네.

[반대 명제가 드러나기 때문에 명료화는 성공적이다. 지금 우리는 원하는 것과 해야 하는 것 사이의 갈등을 확인하게 되었다. 문제는 해결될 수 있다.]

컨설팅 위원: 선생님께서 언어 경험 프로그램을 사용하시고 싶지만 이것이 얼마나 효과가 있을지에 대해 걱정하고 있다는 걸 잘 알고 있어요.

[가지고 있는 딜레마를 분명하게 표현한다. 완전하지는 않지만 원하는 것과 해야 하는 것을 모두 인식할 수 있다. 이제 이 교사는 자신만의 통합된 관점을 만들어 내야 한다.]

교사: (끄덕거리고, 어깨를 으쓱하며) 맞아요.

컨설팅 위원: 그럼 한 번 시험 삼아 해보시겠어요? 이것이 학생들과 선생님께 어떤 도움이 될지 생각해 볼까요? 선생님께서 수업에 이용하기에 적당한지 판단해 보세요. 선생님 판단으로 이 프로그램이 적절하지 않다면 그만 둘 수 있어요.

[이것은 "왜 제 말대로 하지 않지요? 학생들은 훨씬 좋아할 텐데"보다 훨씬 과정 중심적인 제안이 된다. 알 수 없는 결과에 대해 정직하고 개방적으로 접근하는 방법이다.]

교사: (끄덕거리며)

컨설팅 위원: 이 프로그램은 학생들이 아동학대, 절도와 같이 실제 삶에서 겪는 문제와 관련이 있어요. 이러한 문제에 대해 어떻게 할 것인지 학생들 스스로 결정하는 것이지요. 혹시 조금 관심이 생기나요?

[나는 결코 포기하지도 않고, 무언가를 하라고 지시하지도 않을 것이라는 것을 보여주었다. 교사가 느끼는 불안감에 반비례해서 내 목소리는 낮고 부드럽다. 내가 이 이야기를 할 때 이 교사는 나를 바라보며 관심이 있음을 드러냈다.]

교사: 학생들이 좋아할 것 같네요.

컨설팅 위원: 금요일에 다시 오겠습니다. 10시에 교실에서 시연을 한 번 해도 될까요?

교사: 네, 그렇게 하세요.

컨설팅 위원: 좋아요. 그럼 그때 보죠!

이 교사는 자신이 옳다고 생각하는 방향에 대해 계속 언급하다가 반대 명제가 등장하자 변화하게 되었다. 이것이 바로 변증법적 대화이다. 교사는 자신이 가지고 있는 딜레마의 양 측면을 인지함으로써 스스로 타협안을 마련하였다. 자기 주도적으로 약속을 하였으므로 명령에 굴복한 것도 아니고, 프로젝트가 끝나길 기다리며 어쩔 수 없이 이어나간 것도 아니다. 이 교사는 프로젝트에 편안하게 참여하여 자신에게 맞는 방법을 알게 될 것이다.

이 대화가 이루어진 이후로 이 교사는 소프트웨어를 활용하여 수업을 진행하였다. 이 교사는 학생들이 프로그램을 가지고 공부를 잘하고 있다고 말했다. 이러한 만족감은 그녀가 딜레마를 해결하고 통합에 이르렀음을 의미한다. 얼마 후 학교 관리자는 이 교사가 다른 사이트에도 접속하였으며 몇 시간 동안이나 이 프로그램을 살펴보았다고 말해 주었다.

이러한 변화의 경험은 그녀가 기대하는 것에 대한 의심이나 반응을 확인하고 설명하고 직면하는 대화가 있기 전까지 혼란으로 나타났다.


## 5. 전망

컨설팅 위원이 교사가 가지고 있는 두려움을 감소하거나 해결하기 위해 교사 입장에서 접근하지 못할 때, 수업 컨설팅의 효과는 감소한다. 이 장에서는 한 개인이 가지는 갈등을 통해 해결점을 찾는 변증법적 대화를 제시했다. 알함브라 학교 프로젝트에서 관찰된 변증법적 대화는 교사가 변화에 대해 가지는 경험이 복합적이라는 것을 보여준다.

나는 교사 연수 강사들이 비형식적 상황에서 대화를 할 때에도 변증법적 대화를 하기를 권한다. 이러한 대화를 통해 변화 과정이 얼마나 복잡한지 알 수 있다. 각 개인이 어렵게 얻은 해결책은 곧 처음과 같은 노력을 해야 함을 의미한다. 거대한 목표를 향해 개인 대 개인의 진보를 보여주는 것은 곧 수업 컨설팅이 추구해야 할 목표이다.

# 독서에서 정의적인 요인의 중요성

*Larry Mikulecky*

지난 십 년 동안 청소년과 성인을 대상으로 독서 연구를 하면서 평생 독서 습관 형성의 중요성을 설명하는 몇 가지 중요한 근거를 마련할 수 있었다. 이들 근거는 학습 결손(learning loss)과 독서에 대해 인식된 자아 효능감(perceived self efficacy)과 관련이 있다. 그리고 이들 요인들 각각은 또한 규칙적인 연습과 독서의 즐거움과도 관련이 있다.

## 1. 학습 결손(learning loss)

몇 년 전에 필자는 독서 능력이 또래보다 2년 이상 뒤떨어진 학생들을 돕는 프로그램에 참여한 적이 있다(Mikulecky, 1990). 우리는 학급의 하위 25%의 학생들은 학교에서 거의 책을 읽지 않고, 저녁 시간에 조금 책을 읽으며, 시간을 자유롭게 활용할 수 있는 여름에는 사실상 아무것도 읽지 않는다는 것을 알 수 있었다. 2년 동안 그들을 평가한 결과 사실상 독서 능력에서의 퇴보를 발견할 수 있었다. 학생들은 어쩔 수 없이 적은 양의 독서라도 해야 하는 학교에서는 약간 개선되는 면을 보였다. 하지만 그나마 가지고 있었던 독서 능력은 여름 내내 급격히 떨어져 그동안에 얻은 것보다 여름 내내 잃어버리는 것이 더 많은 지경에 이르렀다.

독서가 학교에서 그리고 방과 후에 어떻게 활용되는지를 면밀하게 관찰해 보면, 이러한 학습 결손은 결코 놀랄만한 일이 아니다. 수많은 연구들에서 대부분의 청소년들이 학교에서 독서 활동을 거의 하지 않고, 심지어 숙제도 하지 않는다고 밝히고 있다. 각종 자료들은 10년이 넘는 동안

한결같이 대부분의 고등학교 학생들이 교실 수업과 관련된 읽기와 쓰기 활동을 거의 하지 않는다고 말하고 있다.

애플비(Applebee, 1981)는 3% 정도의 학생들이 한 문단 정도의 글을 쓸 줄 알고, 학생들이 수행한 쓰기 활동의 대다수는 교과서나 학습지의 질문에 대한 응답이었다고 보고했다. 학교에서 다루어지는 정보의 대부분은 강의나 교사가 중심이 되는 수업을 통해 배포되었고, 독서가 실제로 이루어지는 것은 일차적으로 짧은 학습지나 교과서 단원의 마지막에 제시된 질문에 답하기 위함이었다. 굿래드(Goodlad, 1983)가 1000곳 이상의 교실을 대상으로 관찰한 결과 학생들이 학교에서 보내는 시간의 70%는 듣기를 하는데 할애되었고, 이러한 듣기 활동의 상당 부분도 교사의 말을 듣는 것이라는 것을 알 수 있었다. 읽기나 쓰기를 즐기기는 커녕 연습하는 시간조차 매우 적었다.

몇몇 교사들은 바라건대 독서 연습이 가정에서 숙제를 하는 동안 이루어져야 한다고 주장한다. 하지만 청소년들의 숙제 패턴에 관한 미국 국가교육발전평가(U.S. National Assessment of Educational Progress)의 조사 결과를 살펴보면, 이러한 주장이 대부분의 학생들에게는 헛된 바람이라는 것을 알 수 있다(Langer et al., 1990). 중학교 2학년 학생들 중 거의 30%는 숙제를 하는데 하루에 30분도 시간을 쓰지 않았고, 고등학교 2학년까지는 학생들의 40% 정도가 그러했다. 평가단은 또한 하루에 숙제를 통해 이루어지는 학생들의 독서량에 대해서도 조사했다. 전체 학습을 통틀어서 중학교 2학년 학생들의 경우 61%는 하루에 10쪽 내외의 독서를 하는 것으로 나타났고, 30% 이상은 하루에 5쪽도 채 읽지 않았다. 이러한 통계 수치는 고등학교 2학년 학생들에게 거의 비슷하게 나타났다. 고등학교 2학년 학생들 중 56%가 매일 10쪽이 안되는 양의 책을 읽는다고 응답했고, 30% 이상은 하루에 5쪽도 읽지 않는다고 답했다. 이 조사 결과를 통해 학생들 중 대다수가 학교에서나 집에서 숙제를 하면서도 충분한 독서를 하지 않고 있다는 것을 알 수 있다. 학생들이 하루에 5~10쪽 미만의 책을 읽는 것과 관련된 논의는 또 다른 문제이며, 이와 관련된 논의는 이 책 전반에 걸쳐 다루어졌다.

학창 시절 하루에 5쪽 미만의 독서를 하고 여름에는 사실상 거의 독서를 하지 않는 학생들 중 30%는 독서 능력이 지속적으로 떨어질 가능성이 높다. 왜냐하면 이들에게는 어떠한 긍정적인 독서 습관도 형성되어 있지 않았고, 이들에게 독서 능력이란 상당 부분 "사용할 것인가 아니면 잃어버릴 것인가?"의 문제이기 때문이다. 독서 습관과 태도 그리고 읽기 기능을 함께 다루지 않는 편향된 교육은 시간 낭비일 수 있다. 이러한 교육이 지속되면 얻는 것이 적기 때문에 오래 가지 못하며, 읽고 쓰는 것을 싫어하는 학습의 부작용은 평생 학습을 필요로 하는 현대 사회에 치명적으로 작용할 수도 있다.

청소년을 대상으로 한 연구 외에도 필자는 직장과 성인 독서 프로그램에 정기적으로 참여하여 연구를 수행하고 있다. 그러던 중에 독서 능력이 떨어지는 고등학교 졸업생들과 대화를 나눌 수 있는 기회가 자주 있었다. 이들 중 상당수는 12세 아동들의 평균 읽기 능력보다 떨어졌다. 또한, 그들 중 일부는 수 십 년 동안 최소 수준을 넘어서는 독서를 거의 하지 않았다. 이들은 보통 학창 시절 이후 충분한 독서 연습을 하지 않고 있으며, 독서를 싫어하고 인쇄물 중심의 활동을 성공적으로 수행하는 것이 부적절하다는 생각을 가지고 있다고 말한다. 독서 능력에 대한 사회적 요구가 증가함에 따라 이들 성인은 생산적이고 균형 잡힌 삶을 살아가기 위해 무엇을 해야 하는가라는 질문에 대해 지적으로나 정서적으로 준비되지 않은 스스로를 발견하게 된다. 교육이 그들에게 실패를 안겨준 것이다. 이것은 결국 그들에게 한 번도 적절한 독서 습관을 길러준 적이 없기 때문이다.

## 2. 태도, 습관, 지각된 자아 효능감

지난 3년 동안, 필자는 성인 독서 프로그램에 대해 광범위한 연구를 실시했다. 이 프로그램 평가는 부분적으로 읽기 기능뿐만 아니라 읽기에 대한 신념, 연습, 열정을 아우르는 정의적 개념에 기초하고 있다. 읽기와 성인의 관계를 범주화하기 위한 라이틀(Lytle, 1990)의 신념, 연습, 과정, 계획 체계가 이 모형의 중요 요소로서의 역할을 하고, 이것이 읽기 행동, 기능, 태도를 평가하는 프로그램을 안내한다. 이 광범위한 체계는 인생을 통틀어 읽기 교육의 효과를 판단하는 것을 가능하게 한다. 이 모형은 미쿨레키와 로이드(Mikulecky & Lloyd, 1992)의 연구에 자세하게 소개되어 있다. 인터뷰와 설문지, 개인 맞춤형 읽기 검사는 다음에 제시된 것처럼 다양한 영역에 걸쳐 나타난 학습자의 변화를 평가한다.

### 독서에 대한 신념

- 읽고 쓰는 능력을 갖춘 사람이란 누구인가에 대한 인식
- 읽고 쓰는 능력을 갖춘 사람으로서 자아에 대한 인식
- 보다 나은 읽고 쓰는 능력을 갖는 것을 향한 열망

### 읽기 연습

- 가정에서 읽고 쓰기를 하는 양과 유형
- 직장에서 읽고 쓰기를 하는 양과 유형

### 과정과 능력

- 사고 구술 시나리오(예를 들면, "이 소식지나 이 그래프를 읽을 때 가장 먼저 무엇을 할 것인가? 그 다음에는 무엇을 할 것인가?"에서 사용하는 전략)
- 개인 맞춤형 읽고 쓰는 능력 평가를 위해 개발된 다양한 자료에 대한 종합적 이해
- 학습자별 자료를 통해 얻어진 빈칸 메우기 시험 점수
- 보편적인 읽고 쓰는 능력이 프로그램의 목표일 경우: 표준검사

### 독서에 대한 계획

- 자신을 위한 1년, 5년, 10년 단위의 계획
- 그러한 계획에서 읽기와 쓰기 교육에 대한 인식

### 가정의 독서 환경

- 가정에서 활용 가능한 도서와 쓰기 자료
- 자녀의 읽기, 쓰기 연습
- 가정에서 이루어지는 일반적인 읽기와 쓰기 연습 및 시범보이기

직장 독서 프로그램에서는 아래의 영역에 대해서도 평가한다.

### 생산성

- 직무수행과 관련된 읽기, 쓰기 능력
- 참여율
- 정기적인 피드백

앞에 제시된 기본 틀은 분야마다 공통된 인터뷰와 설문지 항목이 혼합된 형태이며, 이를 토대로 읽고 쓰는 능력에 대한 학습자 맞춤형 수행 평가 자료 개발이 가능하다.

독서에 대한 신념 및 계획과 관련하여 태도상의 변화를 평가하기 위한 복합적인 근거가 있다. 하나는 학습자들이 자신의 독서 능력에 대해 믿는 것이다. 반두라(Bandura, 1989)의 자기효능감에 대한 연구에 의하면, 자신의 능력에 대해 높이 인식하고 있는 학습자들은 자신의 독서 능력에 대한 개인적인 확신이 부족한 학습자들에 비해 더 열심히 공부를 하고, 문제에 직면해서도 과업을 계속해서 수행하며, 비슷한 능력을 가진 학습자 보다 더 성공하는 경향을 보인다. 하지만 자신의 독서 능력에 대한 믿음이 낮은 학습자들은 노력보다는 자기 회의와 변명을 늘어놓는다. 독서 능력이 낮은 성인들은 특히 자신의 능력에 대해 낮고 협소한 시야를 가지고 있는 경향이 있다. 이러한 인식은 주로 학교에서 형성되는 경우가 많았다. 학습자들에게 독서 능력에 대해 보다 광범위하고 정확한 인식을 갖게 하고, 좀 더 상세한 개인적인 교육 계획을 개발할 수 있도록 도움을 주는 프로그램은 그러한 학습자들이 수업이 끝난 후에도 학습을 계속 이어나가게 하고 교실 밖에서 읽기와 쓰기를 활용할 수 있도록 격려해줄 가능성이 높다.

독서 연습 그리고 가정의 독서 환경을 알아보기 위한 설문지와 인터뷰 항목은 정해진 기간(보통 7일) 동안의 독서 활동을 평가한다. 이 평가를 통해 활동의 폭과 깊이 그리고 빈도의 측면에서 결과를 수치화시키는 것이 가능하다. 독서 능력을 신장시키는 데는 상당히 많은 시간을 필요로 하기 때문에 교육이 직장, 가정, 가족들 간의 연습을 증가시켜 줄 수 있는지 확인하는 것은 매우 중요하다. 학교 역시 이러한 독서 습관 형성에 미치는 영향에 대해 조사할 수 있다. 오직 교실에서만 이루어지는 독서 연습 프로그램은 예상되는 학습자들의 성과 측면에서 볼 때 매우 제한적이다. 쉽게 말해서 학생들이 독서 능력을 기르기에 충분한 연습 시간을 제공하지 못한다.

이 모형은 이제 미국 전체에 걸쳐 성인 독서 프로그램과 직장 독서 프로그램에 참여하는 수백 명의 성인들을 대상으로 적용되고 있다. 학습자의 성과 측면에서 가장 효과적인 프로그램은 기능뿐만 아니라 태도와 연습에 대해서도 다루는 것이다. 자신의 독서 능력 향상에 대해 정기적인 피드백을 받고 자신이 좋아하는 영역에서 교실을 벗어나서까지 독서를 하는 학습자들은 자신의 효능감에 대한 인식을 높이는 데 보다 많은 관심을 기울인다. 그들은 보다 많은 연습을 하고, 보다 많은 교육에 대한 열망을 보이며, 이를 통해 자신의 능력을 향상시킨다. 사실, 반두라(Bandura, 1989)의 연구는 학습자 자신의 변화된 자아 이미지가 어려운 과제에 대해서도 지속적인 시도를 해볼 수 있는 마음가짐을 갖게 만들며, 이는 결과적으로 어느 정도 능력은 갖고 있지만 자신감이 떨어지는 또래들보다 더 좋은 성과를 내게 된다는 것을 의미한다.

## 3. 긍정적인 독서 태도 형성

　독서에 대한 사랑은 삶을 풍요롭게 만든다. 하지만 그것보다 훨씬 더 중요한 것이 있다. 생애 독서의 측면에서 평생 학습의 습관을 갖는 것은 우리의 교육적 노력을 헛된 것으로 만들지 않고 학교에서 이루어지는 단기간의 읽기 교육 성과가 여름 방학 내내 또는 실제로는 살아가면서 사용하지 않는다 하더라도 사라지지 않게 도와준다. 긍정적인 독서 습관과 태도의 형성을 간과하는 편향된 교육은 우리들 모두에게 잠재적인 위험이 될 수 있다. 지엽적인 기능들을 가르치려고 시도하는 교육은 일종의 자원 낭비이며, 이것이 지속될 경우 더 많은 학생들을 잃게 된다. 그것은 또한 부정적인 독서 습관과 태도를 형성시킨다. 이렇게 되면 선진국의 많은 학생들이 삶을 살아가는 데 필요한 교육을 받지 못하게 되는 것을 그대로 지켜만 보고 있는 것이나 다름없다.

　독서를 싫어하고, 자신의 독서 능력이 떨어진다고 확신하고, 무계획적으로 일상적인 독서 프로그램에 참여하는 것은 글로벌 경제 시대에서 스스로의 선택권을 제한하게 된다. 하지만 이것은 한 개인의 문제가 아니다. 왜냐하면 독서를 잘하지 못하는 이들은 직장을 갖지 못하거나 매우 낮은 월급을 주는 직장을 갖게 되어 공동체가 유지되고 발전하는 데 필요한 세금을 적게 내거나 아예 낼 수 없기 때문이다. 또한 그들이 자신들의 자녀에게 제공하는 부정적인 독서 교육 환경은 아이들의 독서 능력을 신장시키기 위해 노력하는 교사들을 더욱 힘들게 만든다. 지난 수 십 년간 학교에서 봐왔던 것처럼, 우리가 무엇을 하느냐가 중요하다. 우리는 매일 미래의 문제와 해결 방안이라는 씨앗을 심는다. 독서 습관과 독서에 대한 사랑을 높이는 것은 분명 우리들 모두가 살고 싶어하는 세상에서 꼭 필요한 것이다.